古典文獻研究輯刊

六 編

潘美月・杜潔祥 主編

第 **14** 冊

南北朝史部遺籍考

廖吉郎 著

國家圖書館出版品預行編目資料

南北朝史部遺籍考／廖吉郎著 — 初版 — 台北縣永和市：花木
蘭文化出版社，2008〔民97〕

目 2+188 面；19×26 公分
（古典文獻研究輯刊 六編；第 14 冊）

ISBN：978-986-6657-12-2（精裝）
1. 史部目錄　2. 南北朝著作　3. 存本、輯本書目　4. 研究考訂
016.62　　　　　　　　　　　　　　　　　　97000980

ISBN - 978-986-6657-12-2

9 789866 657122

古典文獻研究輯刊
五　編　第十四冊　　　　　　ISBN：978-986-6657-12-2

南北朝史部遺籍考

作　　者　廖吉郎
主　　編　潘美月　杜潔祥
責任校對　蔡世明
企劃出版　北京大學文化資源研究中心
出　　版　花木蘭文化出版社
發 行 所　花木蘭文化出版社
發 行 人　高小娟
聯絡地址　台北縣永和市中正路五九五號七樓之三
　　　　　電話：02-2923-1455／傳眞：02-2923-1452
電子信箱　sut81518@ms59.hinet.net
初　　版　2008 年 3 月
定　　價　六編 30 冊（精裝）新台幣 46,500 元　　版權所有·請勿翻印

南北朝史部遺籍考

廖吉郎　著

作者簡介

廖吉郎，南投縣人，民國二十七年生於草屯鎮。歷任中、小學教師、國立台灣師範大學教授等，九十二年退休。之後，夫妻到處遊歷，行跡及於世界百餘國。

當肄業臺灣師大國文研究所時，以受教於金陵楊家駱教授，撰成《兩晉史部遺籍考》（民國59年，嘉新文化基金會出版）。後承行政院國科會學術獎助，陸續撰成《南北朝史部遺籍考》（60年）、《兩漢三國史部遺籍考》（61年）、《唐代史部遺籍考》（62年）。又應約撰成〈六十年來之晉書研究〉（63年，正中書局《六十年來之國學》），完成斷句本《二十五史·魏書》之斷句（64年，新文豐圖書公司），編注《歷代散文選》（65年，與台灣師大同事共同完成，南嶽出版社），撰寫《劉向》、《王安石》（67年，台灣商務印書館，《中國歷代思想家》），修訂出版《兩漢史籍研究》（70年，廣東出版社），譯述司馬光《資治通鑑·漢紀13～25》（73年，文化圖書公司），探討台灣地區中學生及中、小學教師國語演說所犯語言錯誤（78年、79年，與台灣師大同事共同研究，行政院國科會研究報告），合編《國音及語言運用》（81年，與台灣師大同事共同編寫，三民書局），新編《荀子》，並加以校勘、注譯、翻譯（91年，國立編譯館、鼎文書局）。又逐年在台灣師大《國文學報》等刊物發表論文數十篇，撰寫如《800字小語·天下父母心》（頁114，85年，文經社）之文章若干篇。

除教學與研究之外，曾參與多種學術活動及社會服務，如參加各項研討會，擔任競賽評審、考試院典試委員，指導各類考試命題，編寫僑務委員會函授僑胞之教材《中華文化》（76年）、《應用文》（82年、94年），拍攝《中華文化》錄影帶（88年，僑委會中華函校），編審教育部《重編國語辭典》（台灣商務印書館印行）及三民書局之《大辭典》等是。

提　要

本書總為十一章，章內分節，南北朝人所撰史籍，各以事義相從，納諸節中。其節內又依一、二之序，以部勒群籍。全文都二十二萬餘言，所考書籍凡一百多種。南北朝今傳史部遺籍，於此可得其梗概。

兩晉史學，實與清談同盛。南北朝之世，又踵事增華，文籍間出，撰者如林。著錄於《隋志》之名著，即多至難以勝數，況又有為所失載者。今如所見之裴駰《史記集解》、范曄《後漢書》、劉昭《續後漢志》、裴松之《三國志注》、沈約《宋書》、蕭子顯《南齊書》、魏收《魏書》、崔鴻《十六國春秋》、釋慧皎《高僧傳》、楊衒之《洛陽伽藍記》、酈道元《水經注》、阮孝緒《七錄》等史部諸作，或為存本，或為輯佚所得，均堪不朽。今所考述，乃並及有存、輯之本。至已佚之書，既未得見，則暫不為記述。而胡運既訖，隨即統一，今所考南北朝史部遺籍，乃並及隋人著本，以其年祚既短，學術又難因易姓而遽改也。

寧凡南北朝人所著述之書名卷數、流傳著錄，以逮全書之內容淵源、思想史實、真偽得失、各家品評，以至於群籍之作者，凡所考及，皆為敘次，冀有以見其著作之原委，而辨章其學術也。

目次

述　例

一、昔劉向校書，每一書已，輒條其篇目，撮其指意，錄而奏之，歆卒父業，又
　　總群書而奏其《七略》，其所部次條別，宣明大道者，頗便後學，故有云：「目
　　錄學者，欲人即類求書，因書究學之專門學術也。」（姚名達著《目錄學》）
　　今考我國南北朝時期，雖爲歷史上一長期混亂之時代，惟其學術，則仍得在
　　累積中繼續成長，加以時代之需要，承學之士，乃多史籍之作。然諸史志所
　　著錄者，率逐代散亡。因就知見所及，爲索其遺籍，別其門類，誌其源流，
　　敍其所能知，而命篇曰《南北朝史部遺籍考》，既冀有以明此一時代之史學，
　　亦所以進窺其承先啓後之一斑也。

二、四部之法，定於魏、晉，而史部類隸之繁，蓋自阮孝緒《七錄》始，《隋志》
　　因緣其書，更旁徵前修，而爲之挹削離合，自是以後，及《四庫》書目所定，
　　惟類名及其分合之變易耳。今考南北朝史部遺籍，大抵依準前史所分類目以
　　部居章節，舉凡正史、別史、編年、雜史、載記、傳記、政書、時令、簿錄
　　以及地理、春秋諸類之作，並有考述。至其歸類之或有出入，以理能互通，
　　書有兩用也。而所以出彼入此者，亦必有徵，非敢專輒。

三、班固依劉歆《七略》爲《漢書・藝文志》，而以《世本》、《楚漢春秋》及《太
　　史公書》入〈六藝略・春秋家〉，蓋以《春秋》爲史之大原也。迨荀勗《中經
　　新簿》分著四部，別「史記、舊事、皇覽簿、雜事」於丙部，阮孝緒撰《七
　　錄》，〈記傳錄〉記史傳，由是經與史分。今考南北朝史部遺籍，首「春秋學」
　　者，溯其源也。

四、自阮孝緒《七錄・記傳錄》之列著「土地部」，《隋志・史部》更爲「地理」，
　　唐、宋以下諸官、私目錄，皆莫之或易。知地理之書，向亦屬史學範圍。其
　　後，以分工愈細，書籍日繁，遂以附庸，蔚成大國。今考南北朝史部遺籍，

乃仍諸史志之舊，闕專章詳焉。

五、魏、晉之弊，極於永嘉，遂開南北朝之局，而隋又以陳宣帝太康十二年庚子
　　（580 年，翌年即爲隋文帝開皇元年。）代周，胡運既訖，文化大變。及開皇
　　九年己酉（589 年），陳後主亡（時禎明三年），隋又一統。今考南北朝史部遺
　　籍，乃附及隋人之著作，以其年祚既短，學術又難因易姓而遽分也。

六、本書總爲十一章，章內分節，南北朝人所撰史籍，各以事義相從，納諸節中。
　　其節內又依一、二之序，以部勒群籍。全文都二十二萬餘言，所考書籍凡一
　　百多種。南北朝今傳史部遺籍，於此可得其梗概矣。

七、兩晉史學，實與清談同盛，南北朝之世，又踵事增華，文籍間出，撰者如林，
　　著錄於《隋志》之名作，即多至難以勝數，況又有爲所失載者。今如所見之
　　裴駰《史記集解》、范曄《後漢書》、劉昭《續後漢注》、裴松之《三國志注》、
　　沈約《宋書》、蕭子顯《南齊書》、魏收《魏書》、崔鴻《十六國春秋》、釋慧
　　皎《高僧傳》、楊衒之《洛陽伽藍記》、酈道元《水經注》、阮孝緒《七錄》等
　　諸作，或爲存本，或爲輯佚所得，均堪不朽。今所考求，乃並及其有存、輯
　　之本。至已佚之書，既未得見，則不敢侈爲記述也。

八、舉凡南北朝人所著述之書名卷數、流傳著錄，以逮全書之內容淵源、思想史
　　實、眞偽得失、各家品評，以致於群籍之作者，凡所考及，皆爲敘次，冀有
　　以見其著作之原委，而辨章其學術也。

九、先儒昔賢，博學多識，於南北朝人之遺籍，或能及見全豹，或嘗審爲研求，
　　發言著論，自有其不朽者，雖詳略不同，今並取以參稽。凡所引用，則各注
　　所出。或有一愚之得，語必有徵。至所挂漏紕謬，輕重不同者，懼不能免，
　　博雅大方，幸垂教之。

第一章　南北朝人之春秋左氏學

　　自孔子據魯史而次《春秋》，七十子之徒，口受其傳指。及後，遂有五家之學〔註 1〕，《漢志》所錄《左氏傳》（三十卷）、《公羊傳》、《穀梁傳》、《鄒氏傳》及《夾氏傳》者（以上並十一卷）是也。而班固所見，鄒氏已無師，夾氏未有書，後之學者，乃得三家耳。其《公羊》之學則有漢・何休《解詁》；〔註 2〕《穀梁》之學則有晉・范寧《集注》；〔註 3〕並與乎晉・杜預之《春秋左氏經傳集解》〔註 4〕鼎足而三。杜氏蓋以諸家所傳《左氏春秋》，為雜取《公》、《穀》以釋《左氏》，遂錯綜微言，分經之年，與傳之年相比附，其義類各隨而解之，以成一家之言者也。〔註 5〕迄於南北朝，三傳之學，《左氏》稱盛，然多隨代散亡，今所見者，唯陳・沈文阿撰《春秋左氏經傳義略》、陳・王元規撰《春秋左氏傳義略》、後魏・

〔註 1〕　《漢書・藝文志・春秋類序》曰：「及末世，口說流行，故有公羊、穀梁、鄒、夾之傳，四家之中，公羊、穀梁立於學官，鄒氏無師，夾氏未有書。」王先謙《補注》：「周壽昌曰：王吉傳能為騶氏《春秋》。據此當時應有師授，因未立學官失傳耳。先謙曰：鄒氏有書無師，蓋據班氏時言之。」《補注》又曰：「《後漢書・范升傳》云：《春秋》之家有騶、夾，如令《左氏》得置博士，騶、夾並復求立。是後漢時騶、夾私學猶存，其後迺盡亡耳。」

　　　　《隋書・經籍志・春秋類序》曰：「漢初有公羊、穀梁、鄒氏、夾氏四家並行，王莽之亂，鄒氏無師，夾氏亡。」

　　　　又許慎《說文解字・敘》曰：「北平侯張蒼獻《春秋左氏傳》。」段《注》：「孝惠三年，乃除挾書之律，張蒼當於三年後獻之，然則漢之獻書，張蒼最先，漢之得書，首《春秋左傳》。而平帝時乃立博士，何也？秦禁挾書，而蒼身為秦柱下御史，遂藏《左氏》，至漢弛禁而獻之，亦可以知秦法之不行也。」

〔註 2〕　《隋書・經籍志・春秋類》著錄何休注《春秋公羊解詁》十一卷。

〔註 3〕　《隋書・經籍志・春秋類》著錄范寧集解《春秋穀梁傳》十二卷。

〔註 4〕　《隋書・經籍志・春秋類》著錄杜預撰《春秋左氏經傳集解》三十卷。

〔註 5〕　其詳可參見拙著《兩晉史部遺籍考》第一章第二節〈晉人之春秋左氏學〉（嘉新水泥公司文化基金會研究論文第 213 種）。

賈思同撰、姚文安、秦道靜述《春秋傳駁》、後魏・衛冀隆撰《難杜》、隋・劉炫撰《春秋左氏傳述義》、《春秋攻昧》、《春秋規過》，及蘇寬撰《春秋左傳義疏》等八部耳，且並經佚失而後爲清儒輯佚所得。衛氏《難杜》見於王謨《漢魏遺書鈔・經翼》第三冊，餘七部除俱見於馬國翰《玉函山房輯佚書・經編・春秋類》（嫏嬛館本、重印本、楚南書局本）外，劉炫《春秋左氏傳述義》及《春秋規過》則別有王謨〔註6〕、黃奭〔註7〕等輯本。茲並考如後。

第一節　《春秋左氏傳》之義疏
——沈文阿、王元規、劉炫及蘇寬等諸家書

　　陳・沈文阿《春秋左氏經傳義略》、陳・王元規《春秋左氏傳義略》、隋・劉炫《春秋左氏傳述義》及蘇寬《春秋左氏傳義疏》等並爲義疏之學。

一、沈文阿《春秋左氏經傳義略》

　　沈氏《義略》，《隋志》著錄二十五卷，作「春秋左氏經傳義略，陳國子博士沈文阿撰」。《唐書・經籍志》稱，《春秋義略》沈文阿撰；〈藝文志〉作《沈文阿義略》，並多《隋志》二卷。陸德明《釋文・序錄》謂文阿撰《春秋義疏》闕下帙，王元規續成之，按《義疏》當即《義略》。元規少從沈氏受業，通《春秋左氏》、《孝經》、《論語》、〈喪服〉，《隋志》並著有王元規續沈文阿《春秋左氏傳義略》十卷（詳見本節下文），則文阿書見於兩《唐志》著錄而轉多於《隋志》者，豈或合有元規所續者耶？鄭樵《通志・春秋類》著錄《春秋左氏經傳義略》二十五卷，注云：「陳國子博士沈文阿」，嚴可均輯《全陳文》，於卷十二〈沈文阿傳略〉載沈氏有《春秋左氏經傳義略》二十五卷，蓋並據《隋志》著錄者。

　　沈文阿，字國衛，吳興武康人。父峻，以儒學聞於梁世，曾授桂州刺史，不行。文阿性剛彊，有膂力。少習父業，研經章句。祖舅太史叔明、舅王慧興，竝通經術，而文阿頗傳之。察孝廉，累遷兼國子助教、五經博士。梁簡文之在東宮，引爲學士，深相禮遇。及撰《長春義記》，多使文阿撮集異聞以廣之。侯景寇逆，簡文別遣文阿招募士卒，入援京師。城陷，與張嵊共保吳興。嵊敗，文阿遂竄于山野。景素聞其名，求之甚急。文阿窮迫，不知所出，乃登樹欲自縊，遇有所親救之，便自投而下，折其左臂。及景平，紹泰元年（555年），入爲國子博士，尋領步兵校尉，兼掌儀禮。

〔註6〕見《漢魏遺書鈔・經翼》第三冊。
〔註7〕見《漢學堂叢書（黃氏逸書考）經解・春秋類》。

自泰清之亂，臺閣故事無有存者，文阿父峻，梁武世嘗掌朝儀，頗有遺稿，於是斟酌裁撰，禮度皆自之出。及高祖受禪，文阿輒棄官還武康。高祖大怒，發使往誅之。時文阿宗人沈恪爲郡，請使者寬其死，即面縛鎖頸致於高祖。高祖視而笑曰：「腐儒，復何爲者？」遂赦之。高祖崩，文阿與尚書左丞徐陵、中書舍人劉師知等，議大行皇帝靈座之制。及世祖即皇帝位，剋日謁廟，文阿引古證今，以爲皇帝拜廟還，宜御太極殿，以正南面之尊，又謂以今坐正殿，當止行薦璧之儀，無賀酒之禮，詔可施行。尋遷通直散騎常侍，兼國子博士，領羽林監，仍令於東宮講《孝經》、《論語》。陳文帝天嘉四年癸未（563 年）卒，時年六十一，詔贈廷尉卿。所撰《儀禮》八十餘卷（《南史》本傳作八十餘條）、《經典大義》十八卷，竝行於世（《南史》又載文阿有《春秋》、《禮記》、《孝經》、《論語》義記七十餘卷），諸儒多傳其學。〔註8〕如沈氏者，亦一代之鴻儒，其草創禮儀，蓋叔孫通之流亞矣。

　　沈氏以家學淵源，博採先儒異同，自爲義疏，治三禮、三傳，〔註9〕而尤明《左氏》，〔註10〕所著《春秋左氏經傳義略》，當頗有可觀者，然以義疏之學，盛於隋、唐，是以沈於義例粗可，〔註11〕於經傳固不及劉炫之聰惠辯博（劉炫有《春秋左氏傳述義》、《春秋攻昧》、《春秋規過》，詳見本節下文及本章第二節。）唐孔穎達之校先儒優劣，既崇杜預《春秋左氏經傳集解》矣，於撰《正義》之時，乃據劉爲本，而以沈氏補其闕焉。

　　沈書不見於《陳書》本傳，《南史》卷七十一〈文阿傳〉載文阿有《春秋》等義記七十餘卷，則其《春秋左氏經傳義略》或在其中，其書今佚，以陸德明《釋文》、丁度《集韻》及孔穎達《春秋正義》等屢引，馬國翰遂據以輯爲一卷，其說義引禮爲多，蓋旁參王肅之學者也。〔註12〕

二、王元規《春秋左氏傳義略》

　　王氏之書，《隋志》著錄十卷，稱王元規續沈文阿《春秋左氏傳義略》，鄭樵《通志》同，嚴可均《全隋文》卷九之述王元規，亦謂續沈文阿《春秋左氏傳義略》十卷，當據《隋志》著錄者也。

〔註 8〕見《陳書》卷三十三〈沈文阿傳〉。
〔註 9〕見《陳書》卷三十三〈沈文阿傳〉。
〔註10〕《梁書》卷四十八〈沈峻傳〉：「子文阿傳父業，尤明《左氏傳》，大清中，自國子助教爲五經博士。」
〔註11〕孔穎達《春秋正義·序》：「晉、宋傳授，以至於今，其爲義疏者，則有沈文何、蘇寬、劉炫，然沈氏於義例粗可，於經傳極疎。」按「沈文何」當即「沈文阿」之誤。
〔註12〕見馬國翰《玉函山房輯佚書·陳沈文阿撰春秋左氏經傳義略輯本序》。

　　王元規，字正範，太原晉陽人。八歲而孤，兄弟三人隨母依舅氏往臨海郡，時年十二，郡土豪劉瑱者資財巨萬，以女妻之，元規母以其兄弟幼弱，欲結彊援，元規泣請曰：「因不失親，古人所重，豈得苟安異壤，輒婚非類。」母感其言而止。元規性孝，事母甚謹，晨昏未嘗離左右。少好學，從吳興沈文阿受業，十八歲通《春秋左氏》、《孝經》、《論語》、〈喪服〉。梁中大通元年（529 年），舉高第，時名儒咸稱賞之。簡文之在東宮，引爲賓客，每令講論，甚見優禮。及侯景寇亂，攜家屬還會稽。天嘉中，除始興王府功曹參軍，領國子助教，轉鎮東鄱陽王府記事參軍，領助教如故。後主在東宮，引爲學士，親受《禮記》、《左傳》、〈喪服〉等義，賞賜優厚，遷國子祭酒。新安王伯固嘗因入宮，適會元規將講，乃啓請執經，時論以爲榮。俄除尚書祠部郎，每國家議吉凶大禮，常參預焉。四方學徒不遠千里來請道者，常數十百人。後主禎明三年己酉（589 年）入隋，爲秦王府東閣祭酒，年七十四卒於廣陵。著有《春秋發題辭及義記》十一卷、《續經典大義》十四卷、《孝經義記》兩卷、《左傳音》三卷、《禮記音》兩卷。〔註 13〕

　　王氏以少好學而從沈文阿受業，沈既以治三禮、三傳而尤明於《左氏》，元規遂亦以《春秋》顯，自梁代諸儒相傳爲《左氏》學者，皆以賈逵、服虔之義難駁杜預，凡一百八十條，元規乃得引證通析，使無復疑滯，〔註 14〕王氏之於《春秋左氏》學，蓋亦有得矣〔註 15〕。其續《春秋左氏傳義略》十卷，《釋文·序錄》所謂梁東宮學士沈文阿撰《春秋義疏》闕下帙東宮學士王元規續成之者是也。《陳書》本傳稱元規著《春秋發題辭及義記》十一卷，「義記」蓋即「義略」，則「發題辭」當爲一卷而在「義略」之前，今並佚。陸德明《釋文》引有數節，馬國翰乃據輯爲一卷，依《隋志》標題，而注云：「陳·王元規撰」。

三、劉炫《春秋左氏傳述義》

　　劉炫《春秋左氏傳述義》，《隋志》著錄四十卷，注云：「東京太學博士劉炫撰」，《唐書·經籍志》作：「《春秋述議》三十七卷，劉炫撰。」〈藝文志〉省稱《述議》，亦著錄三十七卷，卷數並與《隋志》異。按，《北史》卷八十二〈劉炫傳〉稱炫有《春秋述議》，卷數與《隋志》合（「述議」，《隋志》作「述義」。《隋書》卷七十五〈劉炫傳〉所載，則書名、卷數，並與《北史》同）。考《唐書·經籍志》著錄炫有《春

〔註 13〕見《陳書》卷三十三〈王元規傳〉。
〔註 14〕見《陳書》卷三十三、《南史》卷七十一〈王元規傳〉。
〔註 15〕王氏於梁中大通元年（529 年），以《春秋》舉高第，名儒咸稱賞之。見《陳書》卷三十三〈王元規傳〉。

秋規過》三卷（詳見本章第二節），《唐書・藝文志》同，而《規過》三卷乃不見《北史》本傳與《隋志》之著錄，知本傳及《隋志》當並以《規過》三卷合於《述議》三十七卷之內，迨兩《唐志》始予分錄。〔註16〕《宋史・藝文志》及《崇文總目》所載，並僅存一卷，蓋其時已亡其三十九卷。

　　劉炫，字光伯，河間景城人。少以聰敏見稱，與信都劉焯閉戶讀書，十年不出。炫眸子精明，視日不眩，強記默識，莫與爲儔。左畫圓、右畫方、口誦、目數、耳聽，五事同舉，無所遺失。周武帝平齊，瀛州刺史宇文亢召爲戶曹從事，後刺史李繪署禮曹從事，以吏幹知名。隋開皇中，奉敕與著作郎王劭同修國史，俄直門下省，以待顧問。又詔諸術者修天文律曆，兼於內史省考定群言，內史令博陵李德林甚禮之。炫雖遍直三省，竟不得官，爲縣司責其賦役，炫自陳於內史，內史送詣吏部尚書，韋世康問其所能，炫自爲狀曰：「《周禮》、《禮記》、《毛詩》、《尚書》、《公羊》、《左傳》、《孝經》、《論語》，孔、鄭、王、何、服、杜等注，凡十三家，雖義有精粗，竝堪講授。《周易》、《儀禮》、《穀梁》，用功差少，史、子、文集、嘉言、故事咸誦於心，天文、律曆窮覆微妙，至於公私文翰，未嘗假手。」吏部竟不詳試，然在朝知名之士十餘人，保炫所陳不謬，於是除殿內將軍。時牛弘奏求天下遺逸之書，炫遂僞造書百餘卷，題爲《連山易》、《魯史記》等，錄上送官，取賞而去。後有人訟之，經赦免死，坐除名，歸于家，以教授爲務，廢太子勇聞而召之。既至京師，敕令事蜀王秀，遷延不往，秀大怒，枷送益州。既而配爲帳內，每使執仗爲門衛。俄而釋之，典校書史。及秀廢，與諸儒修定五禮，授旅騎尉。煬帝即位，牛弘引炫修律令。時盜賊蜂起，穀食踊貴，經籍道息，教授不行，炫與妻子，相去百里，聲聞斷絕，鬱鬱不得志，乃自爲贊，冀親故後人得照其心而見其迹也，所申四幸一恨，語多自伐。〔註17〕時在郡城，糧餉斷絕，其門人多隨盜賊，哀炫窮乏，詣城下索炫，郡官乃出炫與之。未幾，賊爲官軍所破，炫飢餓無所依，復投縣官。縣官意炫與賊相知，恐爲後變，遂閉門不納，時

〔註16〕姚振宗《隋書經籍志考證》卷六（《春秋左氏傳述義》四十卷東京太學博士劉炫撰」條）云：「按，本傳載《攻昧》，不載〈規過〉，是〈規過〉即在《攻昧》十卷中，乃其中之一篇，非別爲一書。《唐日本國書目》載《述議》止三十卷，近得其實，疑本志四十卷，並〈攻昧〉在其間也。」蓋以爲《北史・劉炫傳》既載炫著《春秋攻昧》十卷後，又總《攻昧》十卷之數入於《述議》三十卷之中，而併稱炫有《春秋述議》四十卷，然則合《述議》、《攻昧》、《規過》之數，當止得四十卷，是以《隋志》僅著錄炫有《春秋左氏傳述義》四十卷。據此，兩《唐志》之俱稱炫有《春秋攻昧》十二卷、《規過》三卷、《述議》三十七卷者，蓋有所復出。

〔註17〕其贊語詳見《北史》卷八十二〈劉炫傳〉。

夜冰寒，因此凍餧而死。〔註18〕其後門人謚曰「宣德先生」。著《論語述議》十卷、
《春秋攻昧》十卷、《五經正名》十二卷、《孝經述議》五卷、《春秋述議》四十卷、
《尚書述議》二十卷、《毛詩述議》四十卷，《注詩序》一卷、《算術》一卷，并所
著文集，皆行於世。〔註19〕

　　按，《隋書》卷七十五〈儒林傳·序〉謂：煬帝即位，復開庠序，國子郡縣之
學，盛於開皇之初，徵辟儒生，使相與講論，於時舊儒，多已凋亡，二劉拔萃出
類，學通南北，博極古今，後生鑽仰，莫之能測。又〈劉焯傳〉稱：劉炫聰明博
學，名亞於焯，時人稱二劉焉。〔註20〕知劉炫學實通儒，才堪成務，周、隋經學，
誠以二劉為大宗，視沈文阿、蘇寬等諸為義疏者，炫實為翹楚。然以性躁，又好
俳諧，多自矜伐，頗輕侮當世，遂不容於執政，而失意於宦途，卒死溝壑，雖著
作甚多，今並亡佚。其書孔穎達乃以為聰惠辯博，固亦罕儔，探賾鉤深，則未能
致遠。其經注，易者必具飾文辭；其理致，難者乃不入其根節。然比諸義疏，猶
有可觀（見《春秋正義·序》），故孔氏之奉敕刪定《春秋》，遂據以為本，而以沈
文阿書補其闕焉（沈有《春秋左氏經傳義略》，已見本節前文。）馬國翰《玉函山
房輯佚書》，乃據孔氏《正義》所引，輯存上、下二卷，計至定公十二年止，共得
一百四十五條。王謨《漢魏遺書鈔》亦鈔得一卷，計一百三十四條。別又有黃奭
輯本一卷，見於《漢學堂叢書·經解·春秋類》。又陳熙晉有《春秋述義拾遺》八
卷，存《廣雅書局叢書》中。炫說以孔氏之刪定，得散見於其《正義》之中，亦
天幸也。

四、蘇寬《春秋左傳義疏》

　　蘇氏《義疏》，不見於隋、唐諸志。以孔穎達《春秋正義·序》所謂：晉、宋傳
授，以至于今，其為義疏者，則有沈文阿（「阿」原作「何」，今正。）蘇寬、劉炫。
知蘇寬在其時，亦嘗用力於《左傳》義疏之學。

　　蘇寬，始末未詳，北平《北海圖書館月刊》二卷六號（民國18年6月出版），

〔註18〕《隋書》卷七十五〈劉炫傳〉稱，炫時年六十八。
〔註19〕見《北史》卷八十二〈劉炫傳〉。又同卷〈劉焯傳〉云：「劉焯……少與河間劉炫
　　　　結盟為友，同受《詩》於同郡劉軌思，受《左傳》於廣平郭懋，常問《禮》於阜
　　　　城熊安生，皆不卒業而去，」按，劉軌思說《詩》甚精，事見《北齊書》卷四十
　　　　四及《北史》卷八十一本傳。熊安生從陳達受《三傳》，從房虯受《周禮》，事徐
　　　　遵明，服膺歷年，後受《禮》於李寶鼎，遂博通《五經》。然專以《三禮》教授弟
　　　　子，常受其業，擅名於後者，有劉焯、劉炫等，事見《周書》卷四十五及《北史》
　　　　卷八十二本傳。
〔註20〕見《北史》卷八十二〈劉焯傳〉。

載其入藏中文書書目，有《春秋左氏傳義疏》一卷，題後魏・蘇寬撰，清・馬國翰輯，越縵堂藏玉函山房本。又按馬氏〈序〉有云：「疏有釋衞冀隆《難杜》二條，意蘇爲北儒賈思同、秦道靜之流也。」〔註21〕考衞冀隆、賈思同、秦道靜並爲後魏人，〔註22〕又《隋志》所載既因緣《七錄》，而詳南略北，今以其失錄蘇書，知蘇當北人也。

蘇書已佚，孔穎達奉敕刪定《春秋》時，以爲蘇氏《義疏》，全不體本文，唯旁攻賈、服，使後之學者，鑽仰無成。然其《正義》亦時引蘇說，以與杜氏相證，馬國翰遂得據以輯存一卷，題曰「春秋左傳義疏，蘇寬撰」。計自隱公元年起，至襄公十七年止，共得二十四節，其於成公十一年及襄公九年，有釋衞冀隆《難杜》各一條，知蓋黨同於賈思同者也。

第二節　《春秋左氏傳》之駁難
——賈思同《春秋傳駁》、衞冀隆《難杜》及劉炫《春秋攻昧》、《春秋規過》

自晉世杜預，專取丘明之傳，以釋孔氏之經，撰爲《春秋左氏經傳集解》之後，毀譽交至，如《梁書》（卷四十八）、《南史》（卷七十一）〈崔靈恩傳〉之謂：靈恩遍通五經，尤精三禮、三傳，先在北習《左傳》服解，不爲江東所行，及改說杜義，每申服難杜，遂著《左氏條義》以明之，〔註23〕時有助教虞僧誕，又精杜學，因作申杜難服，以報靈恩者是也。隋之劉炫，又逞其惠辯，條一百餘處，以非毀杜《注》，是所謂生於木而還食其木者也，至孔氏之撰定《正義》，又第杜爲甲矣。今南北朝人所撰諸書，率皆散亡，輯佚所得，止賈思同《春秋傳駁》、衞冀隆《難杜》、劉炫《攻昧》、《規過》諸書耳。

一、賈思同《春秋傳駁》

賈氏之《傳駁》，隋、唐諸志俱不著錄，豈以《隋志》因梁《七錄》，略北詳南，而唐時賈氏之書，又已不存耶？考思同本傳載其嘗與衞冀隆互相是非，積成十卷，故張鵬一《隋書經籍志補》卷一〈經部・春秋三傳類〉乃據以補錄，題云：「駁杜氏

〔註21〕見馬國翰《玉函山房輯佚書・蘇寬撰春秋左傳義疏輯本》。
〔註22〕馬國翰《玉函山房輯佚書》有後魏賈思同撰，姚文安、秦道靜述《春秋傳駁》一卷，王謨《漢魏遺書鈔》有後魏・衞冀隆撰《難杜》一卷，並見本章第二節。
〔註23〕《隋書・經籍志・經部・春秋類》有崔靈恩撰《春秋左氏傳立義》十卷。

春秋難十卷，賈思同。」

　　賈思同，字士明，齊郡益都人。少勵志行，雅好經史，與兄思伯年少時俱為鄉里所重。試守縈陽太守，尋即真。元顥之亂，思同與廣州刺史鄭光護並不降，莊帝還宮，封營陵縣開國男，邑二百戶，除撫軍將軍給事黃門侍郎青州大中正，又為鎮東金紫光祿大夫，仍兼黃門，尋加車騎大將軍左光祿大夫。遷鄴後，與國子祭酒韓子熙並為侍講，授靜帝杜氏《春秋》，拜侍中。興和二年（540年）卒，贈使持節都督青、徐、光三州諸軍事驃騎大將軍尚書右僕射司徒公青州刺史，諡曰文獻。〔註24〕

　　按，思同經明行修，與其兄思伯蓋所謂並標儒素者。當其侍講也，授靜帝杜氏《春秋》。國子博士遼西（今河北盧龍縣北三十里）衛冀隆為服氏之學，遂上書難杜氏《春秋》六十三事（衛氏《難杜》詳見本節下文），思同乃復駁冀隆乖錯者十一條（《北史》本傳稱一十餘條），互相是非，積成十卷，詔下國學，集諸儒考之，事未竟而思同卒。卒後魏郡（故治在今山東歷城縣東北三十里）姚文安、樂陵（今山東樂陵縣西南三十里）秦道靜復述思同意，冀隆亦尋物故，浮陽（故城在今河北滄縣東南四十里）劉休和又持冀隆說，然亦未能裁正。〔註25〕知思同者，主於杜氏者也。孔穎達《春秋正義》引有「衛冀隆《難杜》、秦道靜答」五條，散見於桓公七年、八年、十四年、宣公八年及襄公九年之中，又引衛氏難、蘇氏釋二條，見於宣公八年及成公十一年，於隱公八年、文公十一年、襄公十六年中又別有「衛冀隆《難杜》」、「不署姓名者駁釋」之文，計得三條，蓋隱括賈、秦之駁義者也，馬國翰《玉函山房輯佚書》乃據以輯存一卷，標曰「春秋傳駁」，其依史題賈思同撰者，原其始也，題姚文安、秦道靜述者，明一家之學也。〔註26〕

二、衛冀隆《難杜》

　　衛冀隆《難杜》，亦不見於《隋志》著錄，《魏書》卷七十二、《北史》卷四十七附〈賈思同傳〉，載冀隆上書難杜氏《春秋》六十三事，然未明卷數。其說蓋於衛氏物故之後，雖劉休和仍持其說，然亦未能裁正，遂令散亡。

　　衛冀隆，始末未詳，考〈賈思同傳〉既云：「與國子祭酒韓子熙竝為侍講，授靜帝杜氏《春秋》。」又云：「思同之侍講也，國子博士遼西衛冀隆，精服氏學，上書難杜氏《春秋》六十三事，思同復駁冀隆乖錯者十一條，互相是非，積成十卷。」（《魏書》卷七十二）則衛冀隆當亦靜帝時人，時任國子博士，與思同一學

〔註24〕見《魏書》卷七十二、《北史》卷四十七附〈賈思同傳〉。
〔註25〕見《魏書》卷七十二、《北史》卷四十七附〈賈思同傳〉。
〔註26〕見《玉函山房輯佚書·賈思同撰春秋傳駁序》。

杜氏，一精服學，遂相與駁難，蓋猶梁桂州刺史崔靈恩之與助教虞僧誕也。〔註27〕又史云：「遼西衛冀隆。」則遼西當爲郡名，乃後魏置，治肥如，在今河北盧龍縣北三十里地，隋廢，〔註28〕此蓋衛氏之里籍也。衛、賈之議，既互不稍讓，遂詔下國學，欲集諸儒考之，事未竟而思同卒，時在興和二年（見《魏書》卷七十二附〈賈思同傳〉），而冀隆亦尋物故，知衛氏卒年當在思同之後不久。此衛冀隆生平可考之概略也。

衛氏以國子博士，於賈思同授靜帝杜氏《春秋》之時，上書難杜六十三事，而思同竟止以十餘條復駁冀隆，則衛氏之學，亦非疏淺，故於物故之後，遂有劉休和之復持其說，以對抗山東賈、姚、秦諸人之論，然亦未能裁正。今其駁難之語，雖詳不可知，亦散見於孔氏《正義》之中，馬氏《玉函山房輯佚書》賈思同《春秋傳駁》輯本中，計得十條，王謨《漢魏遺書鈔》亦有後魏‧衛冀隆《難杜》一卷，知其是非得失，今亦可見一斑。

三、劉炫《春秋攻昧》及《春秋規過》

劉氏二書皆不見於《隋志》著錄，其《春秋攻昧》，《北史》本傳（卷八十二）載十卷，兩《唐志》及《通志》並作十二卷，而《新唐志》與《通志》俱省稱《攻昧》。《春秋規過》，《北史》炫本傳不載，兩《唐志》及《通志》並著錄三卷，《唐藝文志》及《通志》亦省「春秋」二字。馬國翰以爲兩《唐志》著錄《規過》三卷、《述議》三十七卷者，即《隋志》所載《述義》四十卷之分著。〔註29〕姚振宗《隋志考證》（卷六「劉炫春秋左氏傳述義」條）以爲本傳載《攻昧》，不載〈規過〉，是〈規過〉即在《攻昧》十卷中，乃其中之一篇，非別爲一書，又以《唐日本國書目》載《述議》止三十卷，遂疑《隋志》四十卷亦併《攻昧》在其中也。據此，則《春秋述議》、《攻昧》、《規過》總計當止四十卷，兩《唐志》之分錄，則有所復出矣。

劉炫有《春秋左氏傳述義》，並其始末，已見本章第一節。其以強記默識，固罕有其儔者，然好自矜伐，輕毀當世，遂不得志。既作《春秋左氏傳述義》，又指杜《注》之失，蓋以杜之諍友自居，故曰「規過」。於杜《注》之外，眾說有不合者，摘以駁難之，蓋自以爲示其惡惡也。

《書‧仲虺之誥》有曰：「佑賢輔德，顯忠遂良，兼弱攻昧，取亂侮亡，推亡固

〔註27〕崔靈恩申服難杜，虞僧誕申杜難服，事見《梁書》卷四十八、《南史》卷七十一〈崔靈恩傳〉。

〔註28〕見臧勵龢等編《中國古今地名大辭典》。

〔註29〕見《玉函山房輯佚書‧春秋規過輯本序》。

存，邦乃其昌。」《說文》曰：「昧，爽且明也。从日‧未聲，一曰，闇也。」段《注》：「昧者，未明也。」又曰：「闇者，閉門則光不明。」則炫書之名「攻昧」者，蓋謂攻其所未明者也。其書已佚，孔氏《正義》嘗引炫難賈逵、何休、服虔及或說，反覆掊擊，馬國翰以爲蓋即《攻昧》之佚文也〔註30〕。

孔穎達以炫性好非毀，習於杜義而攻杜氏，故於所撰《春秋正義》，乃稱其義疏猶有可觀，於其規杜，則以爲文義淺近，所謂捕蟬於前，不知黃雀又在其後者也。孔氏更舉僖公三十三年經一節及襄公二十一年傳一節爲例，而痛斥炫之妄規，〔註31〕言頗激切。孔氏以其事歷歷，猶尚妄說，況其餘之錯亂。則炫之索垢求瘢以規杜失一百五十餘條者，〔註32〕孔氏蓋不以爲然。其左杜右劉之狀，《春秋正義‧序》言之詳矣。

《攻昧》及《規過》之文，既散見於孔氏《春秋正義》之中，馬國翰遂據以輯存，計得《攻昧》一卷十條；〔註33〕《規過》上、下二卷，凡一百七十九條（孔氏〈正義序〉謂規杜氏之失凡一百五十餘條，此得一百七十九條者，馬氏〈春秋規過輯本序〉以爲或有一條內連及數事，《正義》分載各經傳注下者。）又王謨亦輯成《規過》一卷，〔註34〕存《漢魏遺書鈔‧經翼》第三冊中。黃奭《漢學堂經解》有《規過》輯本一卷，陳熙晉於《廣雅書局叢書‧經類》有《春秋規過考信》三卷，孫耀卿《販書偶記》有薛承宣輯補《規過》三卷。〔註35〕今觀其書，以炫性之躁競，馬國翰遂以爲適肖其人。〔註36〕

夫《春秋》既以一經而歧爲多家，《左氏》亦以一傳而依違各異，學問之事，豈容易哉！當南北朝之時，以政治之混亂，儒學因而寖衰，世俗所重，唯爭一韻之奇，察一字之巧耳。是以連篇累牘，不出月露之形，積案盈箱，猶是風雲之狀。而朝廷又據此以擢士，於是閭里乃相率指儒素爲古拙，用詞賦爲君子。既棄聖賢之軌模，

〔註30〕見馬國翰〈春秋攻昧輯本序〉。又王謨《漢魏遺書鈔》亦疑此即屬《攻昧》文。
〔註31〕見孔氏〈春秋正義序〉。按，清‧邵瑛有《劉炫規杜持平》六卷，冀釋兩家之紛爭，周中孚以爲誠讀《正義》者所不可少之書也。詳見《鄭堂讀書記》卷十一。
〔註32〕馬國翰《玉函山房輯佚書‧春秋規過輯本序》謂：「《正義》所引，乃有一百七十餘條，或有一條內連及數事，《正義》分載各經傳《注》下者，然其佚說，固散見《正義》中矣。」
〔註33〕馬國翰〈春秋攻昧輯本序〉稱九節，蓋失計一條。
〔註34〕王謨《漢魏遺書鈔》謂：「規過」乃規杜《注》之失，「攻昧」文無可考，未詳所指。今散見《正義》，其中有旁攻賈、服及何休語，疑即屬《攻昧》文，非《規過》也。凡共鈔出一百七十二條。
〔註35〕見《四庫書目續編》卷二〈春秋左傳類〉。
〔註36〕見《玉函山房輯佚書‧春秋攻昧輯本序》。

而朝政日亂矣。今考南北朝之春秋左氏學，因並及於隋人之成績，雖僅寥寥數人，其人其事，亦瑕瑜互見，然於義疏之學，以及對於杜義之探討，亦頗能啓迪後學，而爲後代經師所稱引。今之爲左氏學者，或亦有取諸。

第二章　南北朝人對正史之撰注

　　正史之名，見於《隋志》，其敘云：「自是世有著述，皆擬班、馬，以爲正史。」是也。考古之天子、諸侯，皆有國史以紀言行，後世多務，其道彌繁。及孔子之刪《書》，上自〈堯典〉，下至〈秦誓〉，觀其君臣和諧於朝，約束賞罰，而民莫敢違之狀，知所丁寧委曲者，亦史之一端也。周衰史廢，《春秋》所筆削，尤爲謹密，故《文史通義・書教篇》曰：「《書》亡而入於《春秋》。」又《校讎通義・宗劉篇》曰：「二十三史皆《春秋》家學也。」是《春秋》爲史之大原矣。〔註1〕然《春秋》比事以屬辭，自有未能悉備者，左氏恐人人各安其意而失其眞，故備論其事之始末以爲之傳，其勢有然也。至漢武帝，司馬談爲太史，乃據《左氏》、《國語》、《世本》、《戰國策》、《楚漢春秋》，接其後事，成一家言，談卒遷繼，而有《史記》之成，此則變編年而爲紀傳之體。及班《漢》出，又易通代之書爲斷代之史。自是作者代興，勝劣雖異，然莫不鉤深囊括，以考見一代之興衰。今如劉宋・范曄《後漢書》、梁・沈約《宋書》、蕭子顯《南齊書》，及北齊・魏收《魏書》等，乃皆南北朝人所撰作之正史而於今並傳爲不朽者。他如劉宋・裴駰《史記集解》、隋・蕭該《漢書音義》、梁・劉昭《續漢書注》及劉宋・裴松之《三國志注》等，咸爲訓釋音義者，雖《四庫・史部類敘》嘗嚴正史之目云：「凡未經宸斷者，則悉不濫登。蓋正史體尊，義與經配，非懸諸令典，莫敢私增。」然如《史記索隱》、《補後漢書年表》、《兩漢刊誤補遺》之類，《四庫》館臣乃各附本書，用資參證。今考南北朝人撰注之正史。遂循其例，且依朝代之先後，而按注釋與撰作之不同，具陳如後。

〔註1〕《文史通義・答客問》曰：「史之大原，本乎《春秋》。」

第一節　四史之注釋
　　——裴駰《史記集解》、蕭該《漢書音義》、劉昭《續漢書注》、
　　裴松之《三國志注》

　　自漢·司馬遷上起黃帝，下訖漢武，合十二本紀、十表、八書、三十世家、七十列傳爲通代紀傳體史書後，世亦頗有著述者，然不足相繼。至後漢而有班氏之《漢書》，乃斷自高祖，終於孝平帝王莽之誅，爲十二紀、八表、十志、七十傳。及晉受命，海內大同，陳壽又集魏、蜀、吳三國史事，撰爲六十篇之《國志》，計魏四紀、二十六列傳，蜀十五列傳，吳二十列傳。劉宋范曄亦造《後漢》，進退各家，爲十紀、八十列傳，而今本一百二十卷者，其三十卷之書，以范無志，梁·劉昭遂取晉·司馬彪《續漢書》之〈志〉注以補之。此《史記》、《漢書》、《後漢書》、《三國志》今總稱之曰「四史」也。爲《四史》作注者，乃不乏人，以魏、晉、六朝人尤重《漢書》，故習《漢書》而爲之注釋者亦多，然至唐·顏師古之集眾家訓釋於一編，諸爲《漢書》作注者，蓋因此而漸就廢棄矣。今檢南北朝人於諸正史之注釋，其有存本或輯本可得而考者，乃裴氏父子及蕭、劉諸書也。

一、裴駰《史記集解》

　　裴氏《集解》，《隋志》著錄，稱「《史記》八十卷，宋南中郎外兵參軍裴駰注。」唐·司馬貞〈索隱序〉曰：「宋外兵參軍裴駰又取經傳訓釋作《集解》。」〈索隱後序〉曰：「中兵郎裴駰，亦名家之子也，作《集解》注本。」司馬貞以家傳是書，不敢失墜，所見即爲八十卷，兩《唐志》所載卷並同，而稱裴駰《集解》。是裴書當原本八十卷，至《宋史·藝文志》所著錄之析爲一百三十卷，稱司馬遷《史記》裴駰等《集注》者，蓋非裴氏之舊。《四庫全書》據江蘇巡撫採進本有《史記集解》一百三十卷，《提要》云：「此本爲毛氏汲古閣所刊，析爲一百三十卷，原第遂不可考，然注文猶仍舊本。」（卷四十五〈史部一·正史類〉）知毛氏刊板亦依《史記》篇數析之。〔註2〕今考高似孫《史略》卷一〈史記注〉雖猶著錄裴駰《史記注》八十卷，然宋人如晁公武及陳振孫等所見，蓋已非原本〔註3〕。

〔註2〕王鳴盛《十七史商榷》卷一（「《史記集解》分八十卷」條）云：「《漢志》：《史記》百三十篇，無卷數，裴駰《集解》則分八十卷，見司馬貞〈史記索隱序〉，《隋志》始以一篇爲一卷，又別列裝《注》八十卷，新、舊《唐志》亦然，不知何人刻《集解》亦以一篇爲一卷，疑始于宋人，今予所據常熟毛晉刻正如此，裝氏八十卷之舊，不可復見，不知其分卷若何？」
〔註3〕晁公武《郡齋讀書志》卷五〈史部·正史類〉著錄《史記》一百三十卷，注云：「右漢太史令司馬遷續其父談書，……舊有裴駰爲之解。」陳振孫《直齋書錄解題》卷

　　據諸史志所著錄，裴氏八十卷書，當本自別行。如《隋志‧正史類》既著錄「《史記》一百三十卷、《目錄》一卷，漢中書令司馬遷撰」一條，又別出「《史記》八十卷，宋南中郎外兵參軍裴駰注」一條；《舊唐志‧正史類》既著錄「《史記》一百三十卷司馬遷作」一條，又別出「八十卷裴駰集解」一條；《新唐志‧正史類》亦載「司馬遷《史記》一百三十卷」外，又別出「裴駰集解《史記》八十卷」一條。皆前載司馬遷書而後列裴氏《集解》，且卷數皆不相符合，知此時正文與注必猶未相附。至《宋史‧藝文志》則唯見「司馬遷《史記》一百三十卷裴駰等集注」一條，是宋時《集解》蓋已附入正文。其失八十卷之數，固知已依《隋志》所著錄《史記》卷數析之。然原第雖失，注文當仍如舊作。自後刊刻既多，流傳既久，人或各以意增，校讎亦不免粗疏。至如明監本之以《索隱》、《正義》附入其後，又妄加刪削，訛舛之多，遂至難以勝數。而坊本之失更甚，是又出監本下矣〔註4〕。

　　考《史記》三家注之合刻，固當不自明代監本始，《四庫簡明目錄》以為宋元豐刊本已然。據趙澄〈史記板本考〉（載《史學年報》一卷三期）所得，以為《集解》、《索隱》合刻蓋始於宋人南渡之後（據〈拜經堂藏書題跋記〉），至於三種《注》之合一，趙氏謂如宋‧黃善夫本屬實，則當以此為始，否則在元世祖至元‧彭寅翁《崇道精舍本》以前，從不見有記載明確之三種《注》合刻本。今以《宋志‧正史類》並載「司馬遷《史記》一百三十卷裴駰等集注」、「張守節《史記正義》三十卷」、「司馬貞《史記索隱》三十卷」，固知各家《注》之合刻，當在《集解》附入正文之後，蓋為進一步取其閱讀之便捷也。

　　按，裴駰，字龍駒，河東聞喜人。裴松之子，官至南中郎外兵曹參軍。裴松之嘗鳩集傳記，廣增異聞，注陳壽《三國志》，傳為不朽（詳見本節下文），是以《史記索隱‧後序》稱駰為名家子，所注司馬遷《史記》與松之書並行於世。其事蹟附見《宋書》卷六十四及《南史》卷三十三〈裴松之傳〉。

　　考裴駰之集解《史記》，乃以徐廣《史記音義》，雖粗有發明，但恨簡略，遂採經傳百家及先儒舊說以益之。張守節所謂：諸子、諸史雜書及先儒解釋善者，而裴駰並引為注，又徐中散作《音訓》，校集諸本異同，或義理可通者，稱一本云，又一本云，自是別記異文，裴氏亦引之為注者是也（《史記正義‧論注例》）。裴氏〈史記集解序〉曰：

　　　　班固有言曰：司馬遷據《左氏》、《國語》，采《世本》、《戰國策》、《楚

　　　　四〈正史類〉著錄《史記》一百三十卷，稱漢太史令夏陽司馬遷子長撰，宋南中郎
　　　　參軍河東裴駰集注。
〔註4〕見《四庫提要》卷四十五《史記集解》。

－15－

漢春秋》，接其後事，訖于天漢。其言秦、漢詳矣，至於采經摭傳，分散數家之事，甚多疏略，或有抵牾，亦其所涉獵者廣博，貫穿經傳，馳騁古今上下數千載間，斯已勤矣。又其是非頗謬於聖人，論大道，則先黃老而後六經，序游俠，則退處士而進姦雄，述貨殖，則崇勢利而羞賤貧，此其所蔽也。〔註5〕然自劉向、揚雄博極群書，皆稱遷有良史之才，服其善序事理，辯而不華，質而不俚，其文直，其事核，不虛美，不隱惡，故謂之實錄。駰以爲固之所言，世稱其當，雖時有紕繆，實勒成一家，總其大較，信命世之宏才也。考較此書，文句不同，有多有少，莫辨其實，而世之惑者，定彼從此，是非相貿，眞僞舛雜，故中散大夫東莞徐廣研核眾本，爲作《音義》，具列異同，兼述訓解，粗有發明，而殊恨省略。

此裴氏之所以博取訓釋以集解《史記》者。蓋以採諸家之說，並參以經史，故名《集解》。其增演徐氏，采經傳百家，並先儒之說，〔註6〕凡有裨益《史記》者，則刪其游詞，取其要實，盡皆抄內。義有可疑，則數家並列，不敢偏棄（裴駰〈自序〉），其謹愼勤勉亦可知矣。

裴氏引書體例，凡是徐氏《義》，稱徐姓名以別之，餘者悉是駰注解及集眾家義（見《史記·五帝本紀》第一《集解》）。又如《漢書音義》稱臣瓚者，莫知姓氏（《索隱》曰：「按，即傅瓚。」），則直云瓚曰；都無姓名者，但云《漢書音義》。以徐廣書略出音訓，兼記異同，〔註7〕故以爲本，而駰亦時見己意，別曰「駰案」。〔註8〕至有未詳，則付闕如。故王鳴盛《十七史商榷》謂：

> 裴《注》上半部頗有可觀，其下半部則簡略，甚至連數紙不注一字，〈世家〉自陳涉以下，〈列傳〉自張耳、陳餘以下，裴於徐廣舊《注》外，但襲取服虔《漢書注》、晉灼、臣瓚及蔡謨《漢書音義》，裴所自爲者，十無一二。《漢書》之所取者，《史記》也，今《史記》注反取《漢書》注以爲《注》，陋矣。大約自戰國以前，關涉經傳者，尚屬用心，一入漢事，

〔註5〕晁公武《郡齋讀書志》卷五（〈史部·正史類〉「《史記》一百三十卷」條）則曰：「班固嘗譏遷論大道……而羞賤貧，愛遷者多以此論爲不然，予謂遷特感當世之所失，憤其身之所遭，寓之於書，有所激而爲此言耳，非其心所謂誠然也。」
〔註6〕《正義》曰：「駰採九經、諸史，並《漢書音義》，及眾書之目而解《史記》。」又曰：「先儒謂孔安國、鄭玄、服虔、賈逵等是也。」
〔註7〕司馬貞〈補史記序〉云：「至如徐廣略出音訓，兼記異同，未能考覈是非，解釋文句。」又〈史記索隱序〉：「逮至晉末，有中散大夫東莞徐廣始考異同，作《音義》十三卷。」〈史記索隱後序〉：「宋中散大夫徐廣《義》一十卷，唯紀諸本異同，於義少有解釋。」
〔註8〕後之刊行駰書者，或刪此「駰案」二字，如宋大字板集解本是也。詳見趙澄〈史記板本考〉（載《史學年報》一卷三期）。

即無足取。(卷一「裴《注》下半部簡略」條)。

裴氏蓋以人心不同,聞見異辭,班氏所謂疏略抵牾者,依違不敢悉辯(〈集解序〉),故寧闕而弗敢臆說也。

然裴氏《集解》亦有其援據之浩博處,取捨之間,自有依準,張守節《正義》嘗論述之,曰:「《史記》文與《古文尚書》同者,則取孔安國《注》。若與伏生《尚書》同者,則用鄭玄、王肅、馬融所釋;與《三傳》同者,取杜元凱、服虔、何休、賈逵、范寧等《注》;與《三禮》、《論語》、《孝經》同者,則取鄭玄、馬融、王肅之《注》;與《韓詩》同者,則取毛《傳》、鄭《箋》等釋;與《周易》同者,則依王氏之《注》。(《史記正義·論注例》)

《四庫提要》又補《正義》所述之闕曰:

> 然如《國語》多引虞翻《注》,《孟子》多引劉熙《注》,《韓詩》多引薛君《注》,而守節未著於目。(卷四十五「《史記集解》一百三十卷」條)。

至於王鳴盛所見,則更不止此,《十七史商榷》卷一「裴《注》所采」條曰:

> 裴《注》,于《尚書》則引鄭元、馬融、王肅《注》,不但引偽孔安國;於《左傳》,則引賈逵、鄭眾、服虔《注》,不但引杜預;於《穀梁傳》,則引糜信《注》,不但引范寧;於《國語》,則引賈逵、虞固《注》,不但引韋昭;於《孟子》,則引劉熙《注》,不但引趙岐;於《戰國策》,則引篡母邃孫檢《注》,不但引高誘;又引《尚書大傳》、《韓詩章句》、《司馬法》、《孫子兵法》、《尸子》、《魯連書》、《皇覽》、《楚漢春秋》、茅盈《內紀》,劉向《別錄》、譙周《古史考》、皇甫謐《帝王世紀》,及宋忠《世本注》、左思《齊都賦注》、王肅《禮記注》。(古書現存為其所引者不數)。

知裴駰所掇拾,雖重在訓詁音義,而其博大,蓋有乃父之風(按,駰父裴松之之注《三國志》,係以史實之徵引為主,詳見下文),諸書為所引而今皆佚亡者,率賴此編得窺一斑,寧非天幸。至其引文,又或粗見微意,而未窮研討,或時有冗長,至於盤錯,知當亦有訛誤,[註9]然要亦史遷之功臣也。其後有司馬貞、張守節之流,又為贊述,《史記》一書,乃更能彬彬成誦矣。

二、蕭該《漢書音義》

蕭氏《音義》,《隋志·正史類》著錄十二卷,注云:「國子博士蕭該撰。」唐《日本國見在書目》及兩《唐志》卷並同。《宋史·藝文志》則存三卷。據宋·宋祁《筆

〔註9〕王鳴盛《十七史商榷》卷二有「〈殷本紀〉裴《注》誤」、卷六有「裴《注》引衛宏非是」等各一節。

記》謂：「余曾見蕭該《漢書音義》若干篇，時有異議，然本書十二篇，今無全本。顏監集諸家《漢書》注，獨遺此不收，疑顏當時不見此書，今略紀於後云。」蓋蕭書早佚，宋時已殘缺矣。

蕭該，蘭陵人，梁鄱陽王恢之孫。少封攸侯，荊州平，與何妥同至長安。性篤，學《詩》、《書》、《春秋》、《禮記》，竝通大義，尤精《漢書》，甚爲貴遊所禮。開皇初，賜爵山陰縣公，拜國子博士。奉詔與妥正定經史，然各執所見，遞相是非，久而不能就，上譴而罷之。該後撰《漢書》及《文選》音義，咸爲當時所貴。〔註10〕時《漢書》學者，蓋蕭該爲其宗也。〔註11〕

蕭氏以南人北遊，而知名於長安，既精《漢書》，爲時所宗，則所撰《漢書音義》，當有可觀者。考班固《漢書》，既多存古義，義蘊宏深，非訓釋無以會通，昔在東漢，馬融以一代大儒，已伏閣下受業於班昭，後之學者，或爲集注，或作音義，據《隋志》所載，自應劭以下，乃有服虔、韋昭、劉顯、夏侯詠、蕭該、包愷、晉灼、陸澄、韋稜、姚察、孟康、劉孝標、梁元帝等諸家之多。蓋《漢書》多本之《史記》，通《漢書》之義訓，即已通《史記》之半，故魏晉六朝人重《漢書》而薄《史記》，習《漢書》者，亦多於《史記》，注釋之多，殆由此矣。〔註12〕至於蕭該之書，雖解釋詳明，然唐·顏師古之集諸家作以注《漢書》，竟遺此而不收。考蕭書時有異議，既爲宋祁所見，雖非完本，然亦足採。是以寧宗慶元中，建安劉之問亦嘗取以入於《漢書》注中刻行。是唐時蓋已不易見矣。〔註13〕

今其書雖亡，以曾被採引，清·臧庸遂據以輯得三卷，又有〈敘錄〉一卷，見於《拜經堂叢書》（同述觀本、景同述觀本）中。又《木犀軒叢書》中，亦有《漢書音義》三卷、補遺一卷。王仁俊《玉函山房輯佚書續編正史類》中，別有輯本一卷。

三、劉昭《續漢書注》

劉氏《續漢志注》三十卷，今存，此晉·司馬彪《續漢書》中之〈志〉也。〔註14〕故劉昭〈注補續漢志序〉有云：「司馬《續書》，總爲八〈志〉，……王教之要，國典之源，粲然略備，可得而知矣。范曄《後漢》（詳見本章第二節），良誠（當有一衍字）跨眾氏，序或未周，〈志〉遂全闕，……迺借舊〈志〉，注以補之，……

〔註10〕見《北史》卷八十二《蕭該傳》，《隋書》卷七十五附《蕭該傳》。
〔註11〕《北史》卷八十二〈何妥傳〉曰：「裴時學士之自江南來者，蕭該、包愷並知名。」又《包愷傳》曰：「于時《漢書》學者，以蕭、包二人爲宗。」。
〔註12〕見金毓黻《中國史學史》第七章〈唐宋以來之私修諸史注釋之史〉。
〔註13〕見王先謙〈漢書補注序例〉。
〔註14〕詳見拙著《兩晉史部遺籍考》第二章第一節。

分爲三十卷，以合范史。」是司馬彪《續漢書・志》乃原本八篇，昭注范史時，以其無〈志〉，遂取以補闕，而析爲三十卷。《梁書・劉昭傳》（卷四十九）稱昭集注《後漢》一百八十卷，〔註15〕《隋志》云一百三十五卷，《注》云：「梁剡令劉昭注。」兩《唐志》止存五十八卷，〔註16〕《新唐志》云：「劉昭補注。」（按，《舊唐志》作「補撰」），《宋志》則唯存《補注後漢志》三十卷。意昭注《後漢》，隋、唐之時，已漸殘佚，自章懷太子李賢之別注范史，昭注《後漢書》至宋遂獨存其〈志〉三十卷。而是時，昭、賢之注，必自別行，故有宋乾興元年（1022年）孫奭之奏請合刻，遂以之合范史〈紀〉、〈傳〉，共成一百二十卷之書，昭注彪〈志〉，因以流傳。〔註17〕

劉昭，字宣卿，平原高唐人。幼清警，七歲通老、莊義。既長，勤學，善屬文，外兄江淹早相稱賞。初，昭伯父肜，集眾家《晉書》注干寶《晉紀》，爲四十卷，至昭，又集《後漢》同異，以注范曄書，世稱博悉，出爲剡令，卒官。集注《後漢》一百八十卷、《幼童傳》十卷、《文集》十卷。〔註18〕

昭蓋以覽彪《志》之燦然略備，而惜范史無〈志〉之憾，遂仿褚先生之補司馬《史記》及馬氏之接班固殘缺，引彼先志，以相成之。其注補〈續漢書八志序〉言之明矣，其序云：

臣昭曰：「……司馬《續書》，總爲八〈志〉，〈律曆〉之篇，仍乎洪、

〔註15〕 王鳴盛以爲「八十」當作「三十」，見《十七史商榷》卷二十九（「劉昭、李賢注」條）。

〔註16〕 按，《唐藝文志》又有劉熙注范曄《後漢書》一百二十二卷，章宗源《隋志考證》（卷一〈史部・正史〉）以爲「熙」乃「昭」之訛。王先謙則不以爲然，其〈後漢書集解・述略〉曰：「前爲范書作注者，劉昭而外，尚有吳均、劉熙二家，……熙有《孟子注》七卷，……而范《注》一百二十二卷，惟《新唐志》載之，《宋志》復不著錄，則亦晚出旋佚，其得失舉無可考。」

〔註17〕 《後漢書集解・述略》曰：「以《續志》補范，昉自劉昭，昭之《後漢書注》，固已合〈志〉於〈紀〉、〈傳〉矣，然此自劉氏一家之學，范書原本，則仍止〈紀〉十卷，〈傳〉八十卷，未嘗闌入《續志》也。章懷爲范作《注》，自係據范原本，間引《續志》之說，必別白之曰《續漢志》，又析范書九十卷爲一百卷，以展成數，明見《唐志》，皆爲無〈志〉之證，《宋志》不數章懷分出之卷，故仍題九十卷，推考太宗淳化五年初刻本，及眞宗景德元年校定本，猶無《續志》也。及眞宗乾興元年，孫奭誤以《續志》三十卷爲昭自作以述范者，始奏請合刻補闕，國子監奉牒，依奏施行。」按，孫奭奏具見《後漢書集解・述略》注引。其謂范曄作之於前，劉昭述之於後，蓋誤以〈志〉爲昭所撰述。昭注范史，其後率多殘缺，而所注彪〈志〉，竟得倖存，是以《宋志》所著錄者，唯范曄《後漢書》九十卷章懷太子李賢《注》及劉昭補注《後漢志》三十卷二書也。

〔註18〕 見《梁書》卷四十九、《南史》卷七十二〈劉昭傳〉。

邕所構，〈車服〉之本，即依董、蔡所立，〈儀祀〉得於往制，〈百官〉就乎故簿，並藉據前修，以濟一家者也。王教之要，國典之源，粲然略備，可得而知矣。……范曄《後漢》，良誠跨眾氏，序或未周，〈志〉遂全闕。國史鴻曠，須寄勤閑，天才富博，猶俟改具。若草昧厥始，無相憑據，窮其身世，少能已畢。遷有承考之言，固深資父之力，太初以前，班用馬《史》。十〈志〉所因，實多往制。……續〈志〉、昭〈表〉，（馬續、班昭）以助其間，成父述者，夫何易哉！……曄遺書自序，應徧作諸志，前漢有者，悉欲備製，卷中發論，以正得失。書雖未明，其大旨也。……徒懷續緝，理懸鈎遠，迺借舊《志》，注以補之。狹見寡陋，匪同博遠，及其所值，微得論列，分為三十卷，以合范史，……昔褚先生補子長之削少，馬氏接孟堅之不畢，相成之義，古有之矣，引彼先志，又何猜焉。……」

此昭之所以取彪《志》欲注以補范史之闕者也。夫辭語婉贍，可得起改，覈史見事，必歸相沿，踵成之義，古已有之，爲備一代之典，冀求完璧，此又昭所以集諸《後漢》異同以注范史者。推此志也，豈止稱其博悉而已。其書苟能流傳，則於徵實考憲，亦當裨益匪淺。雖劉知幾嘗曰：「竊惟范曄之刪《後漢》也，簡而且周，疏而不漏，蓋云備矣，而劉昭採其所捐，以爲補注，言盡非要，事皆不急，譬夫人有吐果之核，棄藥之滓，而愚者乃重加捃拾，潔以登薦，特此爲工，多見其無識也。」（《史通·補注篇》）然亦以此，知昭所采輯，蓋亦略如裴松之《三國志注》。觀後之論者，有以壽書賴《注》而益重，以《注》中所引諸書，後多亡佚，因被徵引，得存一斑，則苟昭所注范史猶存，章懷之《注》，將不能獨美，是知幾之譏，但爲史家精嚴之法立說耳。

昭之取注彪《志》以合范史〈紀〉、〈傳〉，自是劉氏一家言，范氏原書，當亦別行。及章懷又爲范書作注，自是據其原本，此王先謙已言之詳矣，則其〈志〉三十卷，章懷當以爲非范氏原書，故注不及焉。〔註19〕其後章懷注〈紀〉、〈傳〉孤行，昭注彪《志》不顯，故有宋孫奭者，乃奏請合刻。是今本之《後漢書》，實合范曄、李賢、司馬彪、劉昭四家之作，有統稱「范曄《後漢書》章懷太子李賢注」者，則嫌無別，其既並列爲正史，固宜分別題名，以訂宋、明刊本之失。

今觀昭所注〈志〉，乃徧及經傳，非專采《後漢》同異也。〔註20〕以司馬《續漢書》外，眾家《後漢》，措意於〈志〉者，本自無多，而又阨於永嘉，故無多可采，昭〈自序〉所謂，狹見寡陋，匪同博遠，及其所值，微得論列者是也。

其所注之司馬八〈志〉，今所見者，依次計爲第一卷〈律曆〉上、第二卷〈律曆〉

〔註19〕見錢大昕《十駕齋養新錄》卷六（「司馬彪《續漢書·志》附范史以傳」條）。
〔註20〕見王先謙《後漢書集解·述略》。

中、第三卷〈律曆〉下、第四卷〈禮儀〉上、第五卷〈禮儀〉中、第六卷〈禮儀〉下、第七卷〈祭祀〉上、第八卷〈祭祀〉中、第九卷〈祭祀〉下、第十卷〈天文〉上、第十一卷〈天文〉中、第十二卷〈天文〉下、第十三卷〈五行〉一、第十四卷〈五行〉二、第十五卷〈五行〉三、第十六卷〈五行〉四、第十七卷〈五行〉五、第十八卷〈五行〉六、第十九卷〈郡國〉一、第二十卷〈郡國〉二、第二十一卷〈郡國〉三、第二十二卷〈郡國〉四、第二十三卷〈郡國〉五、第二十四卷〈百官〉一、第二十五卷〈百官〉二、第二十六卷〈百官〉三、第二十七卷〈百官〉四、第二十八卷〈百官〉五、第二十九卷〈輿服〉上、第三十卷〈輿服〉下。今考其〈天文志〉下卷及〈五行志〉第四卷，通編乃並無注，不知佚於何時，以孫奭奏有「始因亡逸，終遂補全，綴其遺文，申之奧義」之言，則昭之注本，其時固已佚缺，《宋志》所見三十卷書，豈即經綴文申義而獲補全者，然則今之所存，非昭原本歟？其書自附范書〈紀〉、〈傳〉九十卷之後，雕印《後漢》者，率以爲式，明毛氏汲古閣刻本猶然。及監本爲欲與《史》、《漢》一例，乃廁於范書〈紀〉之後，〈傳〉之前，並不載司馬氏之名，又改劉昭之「注補」爲「補並注」，故有疑〈志〉爲范氏作者，亦有疑爲劉氏所補而兼注者，皆繆改之失。劉昭之注補，有〈序〉一篇，各本多失刊載，王先謙《集解》乃全文收錄，又爲正其妄改之失，亦云勤矣。〔註21〕

四、裴松之《三國志注》

裴氏《三國志注》，《隋志・正史類》著錄，題云：「《三國志》六十五卷，〈敍錄〉一卷，晉・太子中庶子陳壽撰，宋・太中大夫裴松之注。」《唐書・經籍志》於壽書、裴注，則分著於正史、僞史兩類，於正史類著稱「《魏國志》三十卷，陳壽撰，裴松之注」，僞史類著錄「《蜀國志》十五卷，陳壽撰，《吳國志》二十一卷，陳壽撰，裴松之注」，《唐書・藝文志》作陳壽《魏國志》三十卷、《蜀國志》十五卷、《吳國志》二十一卷，注云：「並裴松之注」，皆著錄於〈正史類〉。考兩《唐志》之析分著錄，蓋以壽乃鳩合三國史以著魏、蜀、吳三書之故，且魏、蜀、吳三國之鼎峙原未嘗渾一也。《舊唐志》之列壽書二志於僞史，異於《魏志》之列於正史，豈以意在帝魏。《新唐志》之三志並著於正史，則蓋明其無所謂帝某僞某矣。迨《宋史・藝文志》

〔註21〕見王先謙《後漢書集解・律曆志上》第一「梁剡令劉昭注補」下引盧文弨曰。又於〈律曆志上〉第一條下《集解》曰：「先謙曰：官本此志依明監本式，接連后紀，第一行頂格，作《後漢書》卷十一，至〈輿服志〉下爲卷四十、三行低二格，云梁剡令劉昭補并注，三行低一格，云〈律曆志〉第一，四行低二格，云〈律曆志〉，後式並同。」又《續漢志集解》第一〈校補〉云：「謹案明監本實即承用宋乾興本舊式，蓋由孫奭誤以此志爲昭所撰補，又自爲之注，故其題亦誤。」

－21－

之著錄「陳壽《三國志》六十五卷裴松之注」，乃仍《隋志》之舊而少〈敘錄〉一卷。其書今存，列爲正史第四。

裴松之，字世期，河東聞喜人。生於晉簡文帝咸安二年壬申（372 年），卒於宋文帝元嘉二十八年（451 年），年八十。自幼博覽墳籍，立身簡素。晉孝武太元中拜殿中將軍，除新野太守，以事難不行，拜員外散騎侍郎。義熙初，爲吳興故鄣令，在縣有治績，入爲尙書祠部郎。宋武帝北伐，領司州刺史，以松之爲州主簿，轉治中從事史。既克洛陽，以松之有廊廟之才，召爲世子洗馬，除零陵內史，徵爲國子博士。太祖元嘉三年（426 年）分遣大使巡行天下，以觀察吏政，而訪求民隱，松之使湘州，甚得奉使之義，論者美之。轉中書侍郎，司、冀二州大中正。上使注陳壽《三國志》〔註 22〕，乃鳩集傳記，增廣異聞。既成奏上，上善之曰：「此爲不朽矣。」出爲永嘉太守，勤恤百姓，吏民便之，入補通直爲常侍，復領二州大中正，尋出爲南琅邪太守。十四年（437 年）致仕，拜中散大夫，尋領國子博士，進大中大夫，博士如故。所著《文論》及《晉紀》，並行於世。〔註 23〕

所注陳壽《三國志》，乃博采三國異同，上搜舊聞，旁及遺逸，務在周悉。凡壽所不載而事可存錄者，無不畢取。同說一事，而辭有乖雜，或出事本異，疑不能判者，並皆抄內；紕繆顯然，言不附理者，則隨違矯正；其時事當否，及壽有小失，亦以意論辯。撰集期月，乃於元嘉六年己巳（429 年）七月二十四日寫校呈上，有〈上三國志注表〉一篇，言之詳矣。其注書義例，蓋有四端，曰補闕、備異、懲妄、論辯是也。二十五史之中，論者頗多《三國志》之簡潔，然撰後一百三十餘年，〔註 24〕乃以宋文帝之傷其載事疏略，遂命松之爲之注，故其所採輯，據錢大昕《二十二史考異》卷十五所計，乃有一百四十餘種史料之多，見於趙翼《廿二史箚記》卷六「裴松之《三國志注》」條所載，也有：謝承《後漢書》、司馬彪《續漢書》、《九州春秋》、《戰略序傳》、張璠《漢記》、袁暐《獻帝春秋》、孫思光《獻帝春秋》、袁宏《漢記》、習鑿齒《漢晉春秋》、孔衍《漢魏春秋》、華嶠《漢書》、《靈帝紀》、《獻帝紀》，《獻帝起居注》、《山陽公載記》、《三輔決錄》，《獻帝傳》、《漢書地理志》、《續漢書郡國志》、蔡邕《明堂

〔註 22〕陳壽《三國志》，詳見拙著《兩晉史部遺籍考》第二章第三節（嘉新水泥公司文化基金會研究論文第 213 種）。

〔註 23〕見《宋書》卷六十四、《南史》卷三十三〈裴松之傳〉。又裴松之上〈三國志注表〉自署銜名爲「中書侍郎西鄉侯臣裴松之上」，《釋文‧敘錄》亦稱「裴松之，字士期，河東人，宋太中大夫、西鄉侯」。嚴可均《全宋文》卷十七〈裴松之傳〉乃編曰：「……進太中大夫，封西鄉侯，……」然《宋書》、《南史》皆不言松之封西鄉侯。

〔註 24〕自晉惠帝元康七年丁巳（297 年）陳壽病卒，至宋文帝元嘉六年己巳（429 年）裴松之撰集寫校呈上，計歷一百三十二年。

論》、《漢末名士錄》、《先賢行狀》、《汝南先賢傳》、《陳留耆舊傳》、《零陵先賢傳》，《楚國先賢傳》、荀綽《冀州記》、《襄陽記》、《英雄記》、王沈《魏書》、夏侯湛《魏書》、陰澹《魏記》、魏文帝《典論》、孫盛《魏世籍》、孫盛《魏世春秋》，《魏略》、《魏世譜》、《魏武故事》、《魏名臣奏》、《魏末傳》、吳人《曹瞞傳》、《魚氏典略》、王隱《蜀記》、《益都耆舊傳》、《益都耆舊雜記》、《華陽國志》、《蜀本紀》、王隱《蜀記》、郭仲記《諸葛五事》、郭頒《魏晉世語》、孫盛《蜀世譜》、韋曜《吳書》、胡沖《吳曆》、張勃《吳錄》、虞溥《江表傳》、《吳志》、環氏《吳紀》、虞預《會稽典錄》、王隱《交廣記》、王隱《晉書》、虞預《晉書》、干寶《晉紀》、《晉陽秋》、傅暢《晉諸公贊》、陸機《晉惠帝起居注》、《晉泰始起居注》、《晉百官表》、《晉百官名》、《太康三年地理記》、《帝王世紀》、《河圖括地象》、皇甫謐《逸士傳》、《列女傳》、張隱《文士傳》、虞喜《志林》、陸士《異林》、荀勖《文章敘錄》、《文章志》、《異物志》、《博物記》、《列異傳》、《高士傳》、《文士傳》、孫盛《雜語》、孫盛《雜記》、孫盛《同異評》、徐眾《三國評》、袁子《傅子》、干寶《搜神記》、葛洪《抱朴子》、葛洪《神仙傳》、衛恒〈書勢序〉、張儼《默記》、殷基《通語》、顧禮《通語》、摯虞《決疑》、《曹公集》、《孔融集》、《傅咸集》、《嵇康集》、《高貴鄉公集》、《諸葛亮集》、《王朗集》、庾闡《揚都賦》、《孔氏譜》、《庾氏譜》、《孫氏譜》、《嵇氏譜》、《劉氏譜》、《王氏譜》、《郭氏譜》、《陳氏譜》、《諸葛氏譜》、《崔氏譜》、華嶠《譜敘》、《袁氏世紀》、《鄭玄別傳》、《荀彧別傳》、《禰衡傳》、《荀氏家傳》、《邴原別傳》、《程曉別傳》、《王弼傳》、《孫資別傳》、《曹志別傳》、《陳思王傳》、《王朗家傳》、《何氏家傳》、《裴氏家記》、《劉廙別傳》、《任昭別傳》、《鍾會母傳》、《虞翻別傳》、《趙雲別傳》、《費褘別傳》、《華佗別傳》、《管輅別傳》、《諸葛恪別傳》、何邵《王弼傳》、繆襲《仲長統昌言表》、傅元《會稽邵氏家傳》、陸機《顧譚傳》、《陸氏世頌》、《陸氏祠堂像贊》、陸機《陸遜銘》、《機雲別傳》、蔣濟《萬機論》、陸機《辨亡論》等一百餘種書（按，趙氏謂五十餘種。非是。），皆注出書名，採輯之博，較原書多出數倍，凡六朝舊籍今所不傳者，可由此而一一見其厓略，且又多首尾完具。是以書成之日，帝覽而即善之曰：「此為不朽矣！」唐·劉知幾以下，言三國之志者，即以裴《注》為本，〔註25〕而考證之家，轉相引據者，反多於陳壽本書。其所鳩集，《四庫》館臣乃更為之析為六類，以為：一在引諸家之論，以辨是非；二在參諸書之說，以核譌異；三在傳所有之事，以詳其委曲；四在傳所無之事，

〔註25〕 見《史通·正史篇》。又李詳《正史源流急就篇》曰：「案裴《注》皆錄整文，不同翦截，世推與劉孝標《世說注》、酈道元《水經注》、李善《文選注》並美，而裴為勝。」

—23—

以補其闕佚；五在傳所有之人，以詳其生平；六在傳所無之人，附以同類。〔註26〕知如松之者，可謂備注家之能事，傳三國之事者，蓋莫此爲盛矣。

裴《注》既以采掇異同，刊補脫漏，務在周悉，爲例固不免失純。其傷蕪雜，或詳略不同者，據《四庫》館臣所舉，乃所在多是。如〈袁紹傳〉中之胡毋班，本因爲董卓使紹而見，乃注曰：「班嘗見太山府君及河伯，事在《搜神記》，語多不載。」斯已贅矣；〈鍾繇傳〉中，乃引陸氏《異林》一條，載繇與鬼婦狎昵事；〈蔣濟傳〉中，引《列異傳》一條，載濟子死爲泰山伍伯，迎孫阿爲泰山令事。此類鑿空語怪，凡十餘處，悉與本事無關，而深於史法有礙。又其初意，似亦欲如應劭注《漢書》之考究訓詁，引證故實，故於《魏志・武帝紀》「沮授」字，注「沮」音「菹」；「獷平」字，則引《續漢書・郡國志》注：「獷平，縣名，屬漁陽。」其引古事爲注，至連數簡。〔註27〕是以劉知幾已嘗評之曰：

> 少期集注《國志》，以廣承祚所遺，而喜聚異同，不加刊定，恣其擊難，坐長煩蕪，觀其書成表獻，自比蜜蜂兼採，但甘苦不分，難以味同萍實者矣。〔註28〕

知幾以爲裴松之《三國志注》，乃好事之子，思廣異聞，而才短力微，不能自達，遂掇眾史之異辭，補前書所闕〔註29〕。然觀今言三國之事者，乃皆以裴《注》爲本，則松之雖少裁斷，然爲史注，適足以徵事考信，垂鑑後世，亦注例之一端，而開後世以新法，〔註30〕以爲補史讀之可也。

第二節　正史之撰作
——范曄《後漢書》、沈約《宋書》、蕭子顯《南齊書》、魏收《魏書》

今傳二十五史之中，爲南北朝人所作者，有范曄《後漢書》、沈約《宋書》、蕭

〔註26〕見《四庫全書總目提要・史部・正史類》「《三國志》六十五卷」條。
〔註27〕見《四庫提要・史部・正史類》「《三國志》六十五卷」條。
〔註28〕見《史通・補注篇》。
〔註29〕同上註。
〔註30〕李詳《正史源流急就篇》曰：「陳振孫《書錄解題》，言益都王暐撰《唐餘錄史》三十卷，有紀、有志、有傳，又博采諸家小說，倣裴松之《三國志注》，附其下方。又本朝朱竹垞、鍾淵映亦用此例注歐公《五代史》，未成，至乾隆末年，南昌彭氏元瑞、萍鄉劉氏鳳誥，復憑竹垞之稿，廣稽四部，成書七十四卷，皆原本裴氏。」按，吳士鑑撰《晉書斠注》一百三十卷，蓋亦用裴注之法，采擷略備，頗便省覽。

子顯《南齊書》、魏收《魏書》等。茲分述於后：

一、范曄《後漢書》

范氏《後漢書》，《隋志》著錄，題云：「《後漢書》九十七卷，宋太子詹事范曄撰。」兩《唐志》所載並作九十二卷，而又別出《論贊》五卷，〔註31〕《宋史・藝文志》則止作九十卷。如以范史十〈帝紀〉、八十〈列傳〉篇各爲卷之數計之，惟《宋志》與今本合。隋、唐志所錄，當由〈紀〉、〈傳〉之有繁重，而分合各異，〔註32〕實則范氏〈紀〉、〈傳〉，歷代相傳，未聞有所亡佚也。

按，范曄，字蔚宗，順陽人。〔註33〕晉安帝隆安二年（398 年）生，車騎將軍泰少子，寧孫。少好學，博涉經史，善爲文章，能隸書，曉音律。年十七，州辟主簿，不就。義熙十四年戊午（418 年），爲高祖相國掾。宋武帝永初元年（420 年）爲彭城王義康冠軍參軍。（義康，宋高祖第四子，生時曄年十二。）年二十七，入補尚書外兵郎。二十九歲，出爲荊州別駕從事史，尋召爲秘書丞。父憂（時元嘉五年，西元428 年，曄年三十一）去職。服終，爲征南大將軍檀道濟司馬，領新蔡太守。上命道濟北征魏，曄憚行，辭以腳疾，上不許，使由水道統載器仗部伍，乃行。元嘉九年（432年），爲司徒從事中郎。頃之，遷尚書吏部郎，其年冬，〔註34〕以彭城太妃薨，僚故並集東府，曄與弟等深夜酣飲，開北牖聽挽歌爲樂，義康大怒，左遷宣城太守。不得志，乃刪眾家《後漢書》爲一家之作，於屈伸榮辱之際，未嘗不致意焉。在郡數年，遷長沙王義欣鎮軍長史，加寧朔將軍。兄暠爲宜都太守，嫡母隨暠在官十六年，母亡，報之以疾，曄不時奔赴，及行，又攜妓妾自隨，爲御史中丞劉損所奏，太祖愛其才，不罪也。服闋，轉爲始興王濬後軍長史，領下邳太守。及濬爲揚州刺史，未親政事，

〔註31〕《崇文總目》卷二「《後漢書》九十卷」條繹按云：「《隋志》、《唐志》、《通志略》並九十七卷，今本一百二十卷。」其謂《唐志》亦九十七卷者，蓋以兩《唐志》皆別有蔚宗《後漢書論贊》五卷（《宋志》不著錄），遂併此計之。

〔註32〕今本范書之十〈紀〉、八十〈列傳〉，唐章懷太子賢之注，乃析分爲百卷，計〈帝紀〉第一、〈后紀〉第十、〈列傳〉第十八、二十、三十、五十、六十四、六十九、七十、七十二等各卷並有上下。賢蓋襲隋、唐分合之例，而展成數，至《宋志》則合其子卷數之，故仍九十。

〔註33〕按，張述祖〈范蔚宗年譜〉謂即今河南內鄉（載民國 29 年 12 月燕京大學歷史學會出版《史學年報》第三卷第二期），徐浩《廿五史述要》第三「《後漢書》」條謂爲河南淅川。

〔註34〕按《宋書》卷六十九、《南史》卷三十三〈范曄傳〉並作元嘉元年（424 年）。此依張述祖〈范蔚宗年譜〉之據《宋書・義康傳》云：「元嘉……九年……太妃薨，解侍中，辭班劍。」句改。張氏謂前人如錢大昕、王鳴盛、趙翼、李慈銘、陳澧等，俱未言及。

悉以委曄〔註35〕。尋遷左衛將軍、太子詹事，與右衛將軍沈演之，對掌禁旅，同參機密。庾炳之、何尙之、徐湛之等，亦皆居要職，與曄朝夕共事。〔註36〕曄長不滿七尺，肥黑，禿眉鬚，善彈琵琶，能爲新聲，上欲聞之，屢諷以微旨，曄僞若不曉，終不肯爲。上嘗宴飮歡適，謂曄曰：「我欲歌，卿可彈。」曄乃奉旨，上歌既畢，曄亦止弦。後，魯國孔熙先（少曄十八歲）藉嶺南遺財，與曄外甥謝綜諸弟共博，故爲拙行，以物輸之，乃得綜引，與曄爲戲。熙先故爲不敵，前後輸曄物甚多，而漸以誘使共謀立彭城王義康，以報嘗保其父免入贓貨之罪。〔註37〕熙先遂廣結朋黨，以既爲大事，宜須義康意旨，曄乃作〈義康與湛之書〉，宣示同黨。元嘉二十二年（445 年）九月，征北將軍衡陽王義季、右將軍南平王鑠出鎭，上於武帳岡祖道，曄等期以其日爲亂，許耀侍上，扣刀以目曄，曄不敢視，不得發。十一月，徐湛之上表告狀，於是悉出檄書及同惡人名、手墨翰跡詔外，綜及熙先兄弟竝皆款服。上則在延賢堂遣使夜問曄以異謀，曄倉卒怖懼，不即首款，上重遣問曰：「卿與謝綜、徐湛之、孔熙先謀逆，竝已答款，猶尙未死，徵據見存，何不依實？」曄對曰：「設使竊發僥倖，方鎭便來討伐，幾何而不誅夷，且臣位任過重，一階兩級，自然必至，如何以滅族易此？」上復遣問曰：「熙先近在華林門外，寧欲面辨之乎？」曄辭窮，乃曰：「熙先苟誣引臣，臣當如何？」熙先聞曄不服，笑謂殿中將軍沈邵之曰：「凡諸處分，符檄書疏，皆范曄所造及治定，云何於今，方作如此抵蹋邪？」上示以墨迹，曄乃具陳本末曰：「久欲上聞，逆謀未著，又冀其事消弭，故推遷至今，負國罪重，分甘誅戮。」〔註38〕明日，

〔註35〕按，時沈約父璞爲濬主簿，以曄性疏，太祖乃詔璞曰：「神畿之政，既不易理，濬以弱年臨州，萬物皆屬耳目，賞罰得失，特宜詳審。范曄性疎，必多不同，卿腹心所寄，當密懷在意，彼雖行事，其實委卿也。」璞每有所懷，輒以密啓，及至施行，必從中出，曄以爲聖明留察故深，更恭愼從事。」（見張述祖《范蔚宗年譜》）。

〔註36〕時元嘉十九年（442 年）曄年四十五，見張述祖《范蔚宗年譜》。張氏又云：「此諸人中，先生蓋爲卓出，故每恃才傲物，攻訕朝士。嘗撰《和香方》，其敍云：『麝本多忌，過分必害，沈實易和，盈斤無傷，靈藿盧燥，詹唐黏溼，甘松蘇合，安息鬱金，捺多和羅之屬，并被珍於外國，無取於中土，又棗膏昏鈍，甲煎淺俗，非惟無助於馨烈，乃當彌增於尤疾也。』其中所言，悉比類朝士，麝本多忌，比庾炳之，靈藿盧燥，比何尚之，詹唐黏溼，比沈演之，棗膏昏鈍，比羊玄保，甲煎淺俗，比徐湛之，甘松蘇合，比慧琳道人，沈實易和，以自比。是故同僚多不能容，而傾陷之謀作矣。」

〔註37〕按元嘉十年（433 年）孔熙先父默之，時爲廣州刺史，以贓貨下廷尉，彭城王義康保持之。十七年（440 年），義康與上嫌隙既成，時孔熙先爲散騎常侍，乃密懷報效義康。詳見《宋書》卷六十九〈范曄傳〉及張述祖《范蔚宗年譜》。

〔註38〕按，其夜，上使尚書僕射何尚之視之，問曰：『卿事何得至此？』曄曰：『君謂是何？』尚之曰：『卿自應解！』曄曰：『外人傳庾尚書見憎，計與之無惡，謀逆之事，聞孔熙先說此，輕其小兒，不以經意，今忽受責，方覺爲罪，君方以道佐世，使天下無

仗士送曄付廷尉入獄，問徐丹陽所在，然後知爲湛之所發。曄本意謂入獄便死，而上
窮治其獄，遂經二旬，曄有生望，獄史因戲之曰：「外傳詹事或當長繫。」曄聞之驚
喜。將出市，曄最在前，於獄門，顧謂綜曰：「今日次第當以位邪？」綜曰：「賊帥爲
先。」在道語笑，初無暫止。及見家人，曄妻先下撫其子，回罵曄曰：「君不爲百歲
阿家，不感天子恩遇，身死固不足塞罪，奈何枉殺子孫？」曄所生母泣曰：「主上念汝
汝無極，汝曾不能感恩，又不念我老，今日奈何？」妻云：「罪人阿家，莫憶莫念，
妹及妓妾來別。」曄悲涕流漣。綜母以子弟自蹈逆亂，獨不出視，曄語綜曰：「姊今
不來，勝人多也。」曄轉醉，子藹亦醉，取地土及果皮以擲曄，呼曄爲別駕數十聲。
曄問曰：「汝恚我邪？」藹曰：「今日何緣復恚，但父子同死，不能不悲耳！」曄常謂
死者神滅，欲著〈無鬼論〉，至是與徐湛之書云：「當相訟地下。」又語人寄語何僕射：
「天下決無佛鬼，若有靈，自當相報。」曄及諸所連及者並伏誅。時宋文帝元嘉二十
三年乙酉（445 年），年四十八。撰有《後漢書》及《集》十五卷等。〔註39〕

　　所撰《後漢書》，乃於元嘉中以事左遷宣城太守，不得志，遂刪眾書而爲一家之
作。故《史通・正史篇》曰：「《漢紀》殘缺，至晉無成，泰始中，秘書丞司馬彪，
始討論眾書，綴其所聞，……號曰《續漢書》，又散騎常侍華嶠，刪定《東觀記》，
爲《漢後書》，……自斯已往，作者相繼，爲編年者四族，創紀傳者五家，推其所長，
華氏居最。至宋宣城太守范曄，乃廣集學徒，窮覽舊籍，刪煩補略，作《後漢書》。」
知范氏所作乃踵事增華，爲有所據依者也。〔註40〕

　　冤，弟就死之後，猶望君照此心也。」事見《宋書》卷六十九〈范曄傳〉。又按，後
　　之學者，固皆視曄爲叛逆也，然至清・王鳴盛，則始辨其冤（見《十七史商榷》卷
　　六十一「范蔚宗以謀反誅」條），次有陳澧之《申范》（見民國十二年國粹學報社印
　　行《古學彙刊》第二集第十八冊）及傅維森之《缺齋遺稿・讀宋書范蔚宗傳書後》
　　（壬戌北京印），所論略同，張述祖撰《范蔚宗年譜》，乃據以采擷申述，以爲三氏
　　之辨，大都中情合理。
〔註39〕詳見《宋書》卷六十九、《南史》卷三十三、嚴可均《全宋文》卷十五〈范曄傳〉及
　　　　張述祖《范蔚宗年譜》。
〔註40〕又陳振孫《直齋書錄解題》卷四（〈正史類〉「《後漢書》九十卷」條）云：「案《唐
　　　　藝文志》，爲《後漢史》者，有謝承、薛瑩、司馬彪、劉義慶、華嶠、謝沈、袁山松
　　　　七家，其前又有劉珍等《東觀記》，至蔚宗，乃刪取眾書爲一家之作。」
　　　　高似孫《史略》卷二「《後漢書》」條云：「按，後漢明帝詔班固、陳宗、尹敏、孟冀
　　　　撰〈世祖本紀〉及〈建武功臣傳〉，又詔劉珍李尤等譔〈建武以來至永初紀傳〉，又
　　　　詔伏無忌、黃景作〈諸王恩澤侯〉及〈單于西羌地理志〉，邊詔、崔寔、朱穆、曹壽
　　　　作〈皇后外戚傳〉、〈百官表〉、〈順帝功臣傳〉，凡百十四篇，曰《漢記》。嘉平中，
　　　　馬日磾、蔡邕、楊劇、盧植又續《漢記》、至吳謝承作《漢書》，司馬彪作《續漢書》，
　　　　華嶠、謝沈、袁山松又作《後漢書》，往往皆因《漢記》之舊爲之，是固爲有所據依，
　　　　而曄史又出於諸史之後，尤爲有據依者乎。」

范書原擬爲十〈紀〉、八十〈列傳〉、十〈志〉，合爲百篇（見《史通・正史篇》），蓋取與班氏《漢書》相應。又以范〈獄中書〉嘗云：「〈紀〉、〈傳〉例爲舉其大略。」劉昭〈注補序〉亦云：「曄……〈序例〉所論，備精與奪。」章懷注〈光武紀〉、〈安紀〉並曾引范〈敘例〉之文，知范又別有〈敘例〉。以《隋志》別著范《後漢書讚論》四卷，《唐志》作《論贊》五卷，則范書亦有《論贊》別行。今以其〈紀〉、〈傳〉先成，而後因罪被收，十〈志〉遂闕。章懷注〈帝后紀・十・皇女〉下引云：「沈約〈謝儼傳〉：范曄所撰十〈志〉，一皆託儼搜撰，垂畢，遇范敗，悉蠟以覆車，宋文帝令丹陽尹徐湛之就儼尋求，已不復得，一代以爲恨，其〈志〉皆闕。」《後漢書・后紀》云：「僚品秩事，在〈百官志〉。」〈東平王蒼傳〉云：「語在〈禮樂〉、〈輿服志〉。」〈蔡邕傳〉云：「事在〈五行〉、〈天文志〉。」又《南齊書・百官志》序云：「蔚宗選符梗概。」〈檀超傳〉云：「立十志，……〈百官〉依范曄。」〔註41〕據此，則范〈志〉齊時當尙有存者，《史通・編次篇》云：「舊史以表、志之帙，介於紀、傳之間，降及蔚宗，肇加釐革。」知范氏於〈志〉，亦嘗屬意，其蠟以覆車之說，王先謙以爲恐特指餘〈志〉未成者也（見《後漢書集解・述略》注），及劉昭注書，已稱全闕，今書所有，則爲劉昭借司馬彪《續漢書・志》注以補之者也（詳見本章第一節）。至其〈序例〉，蓋亦未全備，故劉昭〈補志序〉云：「序或未周。」今則僅見於諸書之徵引耳。以《隋書・魏澹傳》云：「范曄云：『《春秋》者，文既總略，好失事形，今之擬作，所以爲短。紀傳者，史、班之所變也，網羅一代，事義周悉，適之後學，此焉爲優，故繼而述之。』」《後漢書・光武紀上》（王莽地皇三年）章懷注云：「例曰：『多所誅殺曰屠。』」〔註42〕〈光武紀上〉（建武五年）注文又云：「臣賢案：范曄〈序例〉云：『帝紀略依《春秋》，唯孛慧、日食、地震書，餘悉備於志。』」〈安帝紀〉注云：「〈序例〉曰：『凡瑞應自和帝以上，政事多美，近於有實，故書見於某處，自安帝以下，王道衰缺，容或虛飾，故書某處上言也。』」《史通・序例篇》曰：「魏收作例，全取蔚宗，貪天之功，以爲己力。」又《魏書・魏收自敘》曰：「其史三十五例。」〔註43〕知范氏之例，蓋詳載其筆削大法也。

按，隋、唐諸志所著錄之後漢著述，在范前者，固不止此，今則唯曄書與袁宏《後漢紀》並存（袁宏《後漢紀》及諸家《後漢書》詳見拙著《兩晉史部遺籍考》第二章〈後漢三國史之撰作〉）。

〔註41〕 見王先謙《後漢書集解・述略》注及張述祖《范蔚宗年譜》引。

〔註42〕 按，《隋志・正史類》著錄「《漢書纘》十八卷范曄撰」，兩《唐志・雜史類》並有范曄《後漢書纘》十三卷，以范曄〈序例〉今本不見，姚振宗遂以爲章懷所引，或出此書（見姚氏《隋書經籍志考證》卷十一〈史部・正史類〉「《漢書纘》十八卷」條）。

〔註43〕 以上並見張述祖《范蔚宗年譜》引。

范氏於所撰書，自視甚高，故其在獄中，與諸甥姪書自序嘗云：「既造後漢，轉得統緒，詳觀古今著述及評論，殆少可意者，班氏最有高名，既任情無例，不可甲乙辨，後贊於理近無所得，唯志可推耳，博贍不可及之，整理未必愧也。吾雜傳論，皆有精意深旨，既有裁味，故約其詞句，至於〈循吏〉以下，及〈六夷〉諸序論，筆勢縱放，實天下之奇作。其中合者，往往不減〈過秦篇〉，嘗共比方班氏所作，非但不愧之而已。欲徧作諸志，前漢所有者，悉令備，雖事不必多，且使見文得盡。又欲因事就卷內發論，以正一代得失，意復未果。贊自是吾文之傑思，殆無一字空設，奇變不窮，同合異體，乃自不知所以稱之。此書行，故應有賞音者。紀傳例爲舉其大略耳，諸細意甚多，自古體大而思精，未有此也，恐世人不能盡之，多貴古賤今，所以稱情狂言耳。」（見《宋書·范曄傳》）其以書稱「後漢」，固求與班書相應，蓋亦承謝承等《後漢書》之名也。雖謂因罹罪被收，身在獄中，恐世人不能盡之，所以稱情狂言，然觀其所進退，自亦體大而思精矣。

今其所存〈紀〉、〈傳〉，計爲十〈紀〉，共十二卷，八十〈列傳〉，共八十八卷，上起光武，下終孝獻（25～220 年），括一百九十五年史蹟，亦斷代史也。十〈紀〉之中，蓋以殤帝即位之時，生僅百餘日，在位一年，無事可述，故附入〈和帝紀〉，沖、質二帝，亦各在位一年，事跡亦附入〈順帝紀〉，少帝在位半年，旋爲董卓廢爲宏農王，事跡乃附入〈靈帝紀〉，〔註 44〕故東漢帝系，傳世十三，然帝紀止九，而以后紀殿焉。至《晉書》（卷四十四）載華嶠之著《後漢》，以爲皇后配天作合，前史作〈外戚傳〉，以繼篇末，非其義也，故易爲〈皇后紀〉，以次〈帝紀〉。又《史記·外戚世家·索隱》曰：「外戚紀后妃也，……王隱則謂之紀，而在列傳之首。」則范之有〈后紀〉，蓋襲華、王之舊也。八十列傳之中，彙傳凡十有一，曰〈黨錮〉、〈循吏〉、〈酷吏〉、〈宦者〉、〈儒林〉、〈文苑〉、〈獨行〉、〈方術〉、〈逸民〉、〈列女〉、〈四夷〉是也。其〈黨錮〉、〈宦者〉、〈文苑〉、〈獨行〉、〈方術〉、〈逸民〉、〈列女〉等，當爲范氏所創者，〔註 45〕凡黨宦卓行之士，盡納其中而或爲後史所仿。至其論摩太史，別具見解，贊用詩體，以代序述，蓋馬、班之遺範，且爲范氏欲借以正一代得失而自視爲「吾文之傑思」者也。其以隋、唐二志之別著爲目，《四庫提要》（卷四十五）遂疑在唐前或與本書別行，然劉知幾所見，則已綴篇末，〔註 46〕故胡玉縉（《補正》卷十三）乃以爲當由後人抽出別行者。又所見范書之以贊繼論，亦有以爲未必

〔註 44〕徐浩《廿五史述要》云：「安帝崩後，閻后立北鄉侯即位，在位八月薨，例應立紀，而范書無之，史家論其失。」（第二編〈本論〉第三〈後漢書〉）
〔註 45〕詳見徐浩《廿五史述要》第二編〈本論〉第三〈後漢書〉及張述祖《范蔚宗年譜》。
〔註 46〕見《史通·論贊篇》。

范意如此，蓋范見刑時，書未大成也。〔註47〕今之卷目，自亦爲後人所加，未必史氏之舊，蓋以取便編輯，且易於尋檢，是以學者相襲焉。

考范書之於屈伸榮辱之際，未嘗不致意焉，〔註48〕故《後漢書‧班固傳》論曰：「彪、固譏遷，以爲是非頗繆於聖人，然其議論，常排死節，否正直，而不敘殺身成仁之爲美，則輕仁義賤守節愈矣。」王鳴盛《十七史商榷》云：「此雖華嶠之辭，而蔚宗取之，故蔚宗遂力矯班氏之失，如〈黨錮〉、〈獨行〉、〈逸民〉等傳，正所以表死節，褒正直，而敘殺身成仁之爲美也，而諸列傳中，亦往往見重仁義、貴守節之意。」〔註49〕其貴德義，抑勢利，進處士，黜姦雄，論儒學則深美康成，褒黨錮則推崇李杜，宰相無多述，而特著逸民，公卿不足采，而特尊獨行。〔註50〕蓋承其祖寧之緒論，深有慨於漢學之興衰，乃於教化，推言終始，而三致意焉（邵晉涵《南江書錄》。又李慈銘《籀詩廛足之室日記》亦嘗推論之。），此亦可見范史旨趣之一斑。故論者於廿五史之中，或推《後漢》爲第一。〔註51〕

范氏以窮覽《東觀記》等載籍而後進退爲一家言，取資既宏，則整理筆削，亦見良工心苦，王鳴盛推詳書法類次，信其悉合班書，〔註52〕其書既成於《三國志》之後百餘年，固當有改削於《三國志》者，〔註53〕而如於陳壽〈魏紀〉之書天子以公領冀州牧、爲丞相、爲魏公、爲魏王之類，范曄《後漢書‧獻帝紀》則直筆爲「曹操自領冀州牧」、「曹操自立爲丞相」、「曹操自立爲魏公加九錫」、「曹操自進號爲魏王」，此固因所值之時不同，亦足見范氏之有史法。至以其亦易〈外戚〉爲〈后紀〉，而〈肅宗紀論〉、〈二十八將論〉、〈桓譚、馮衍傳論〉、〈袁安傳論〉、〈劉、趙、淳于、江、劉、周傳序〉、〈班彪傳論〉等，章懷並注爲華嶠之辭，章宗源等遂謂范史本於華書，〔註54〕然考《晉書》卷四十四〈華表傳〉云：「永嘉喪亂，經籍遺沒，嶠書存者五十餘卷。」吳士鑑《斠注》云：「五，亦作三」，《史通‧正史篇》曰：「遭晉室東徙，三惟一存。」則嶠書九十七卷，三唯一存者，存三十餘卷矣，是范曄之時，嶠書已少可依據，其三譜十典，范氏未倣其例，亦未沿其名，知范史采擇既眾，而

〔註47〕見王先謙《後漢書集解‧述略》。
〔註48〕見《南史》卷三十三〈范曄傳〉。
〔註49〕見張述祖《范蔚宗年譜》引。
〔註50〕見《廿五史述要》第二編第三〈後漢書〉引。
〔註51〕見張立志《正史概論》第三章〈後漢書〉。
〔註52〕見王先謙《後漢書集解‧述略》。
〔註53〕張立志《正史概論》第三章〈後漢書〉云：「關於漢獻帝、曹操及荀彧、董卓、公孫瓚、陶謙、袁紹、袁術、劉表、呂布等人，及東夷、烏桓、鮮卑之事，多因《三國志》，而頗有改削移置及增補。」
〔註54〕見章宗源《隋志考證》卷一（〈史部‧正史〉「華嶠《漢後書》十七卷」條）。

心裁獨出，其於華嶠之作，謂有所依違則可，謂全本華書，則有不盡然者，王先謙《後漢書集解‧述略》注所謂「〈班固傳‧論〉然亦身陷大戮以上，則著爲略華嶠之辭，蓋實以嶠辭未善改之。」者是也。故王氏又曰：「范時舊籍，《唐志》多存，而章懷《注》中，識其所因於華氏者，亦僅寥寥六事，不關紀傳正文。」（《後漢書集解‧述略》）

范史之編次卷帙，以〈敘例〉既亡，莫能盡識，然考《史通‧編次篇》則曰：「舊史以〈表〉、〈志〉之帙，介於〈紀〉、〈傳〉之間，降及蔚宗，肇加釐革，沈、魏繼作，相與因循。」今《魏書》志正在傳後（沈約《宋書》不然者，蓋爲後人所易置，詳見本節後文），知范史固亦當如此（浦起龍《史通通釋》按語則以爲此祇就現行范本，指其位置如此，勿泥作范自手定也）。又考《史通‧題目篇》曰：「范曄舉例，始全錄姓名，歷短行於卷中，叢細字於標外，其子孫附出者，注於祖先之下，乃類俗之文案孔目、藥草經方。」又〈因習篇〉曰：「范曄既移題目於傳首，列姓名於卷中，而猶於列傳之下，注爲《列女》、《高隱》（范史本題《逸民》，此云《高隱》，蓋避唐諱）等目。」則知范史乃自有題目。又《後漢書集解》附〈官本目錄注〉云：「十〈紀〉、八十〈列傳〉各小題，皆范所自定……至卷首目錄，乃傳是書者所加，唐以前蓋固有之，列小題於前，次子目於後，原以小題過簡，非子目不明也，轉寫者或見子目已詳，反覺小題爲贅，任意芟去，亦尙有芟未盡者，如汲古閣本猶存『光武十王』（〈列傳〉第三十二）一小題是矣。」〈列傳〉第三十二《集解》引黃山曰：「四字官本作小注，……準此類推，則前之宗室、四王、三侯及後之〈黨錮〉、〈循吏〉、〈酷吏〉、〈宦者〉、〈儒林〉上下、〈文苑〉上下、〈獨行〉、〈方術〉上下、〈逸民〉、〈列女〉各小注，均當照此式大書，而第四十卷與第四十五卷之次行，並應有『明八王』、『章八王』主目，今皆不然者，悉由寫官任意刊削改易也。」（《後漢書‧目錄》第三十二卷〈光武十王集解〉）據此，則知今本卷目固爲後人所移加，而削改之餘，亦可以略見古本之規模。今以其十〈紀〉、八十〈列傳〉觀之，莫不各有微意存焉。其分篇分卷，蓋各以類相從，列傳則法《史記》，不以時代先後，而各就其人之生平。又法班氏之多附載有關政論及詞采壯麗之文。〔註55〕其附載遺事人名，取捨之間，亦頗允當。〔註56〕凡同事者，用類敘法，以一人立傳，而表著其餘。敘事亦力避複

〔註55〕如〈崔實傳〉載其政論，〈桓譚傳〉載其〈陳時政〉一疏，〈王符傳〉載其《潛夫論》中五篇，又〈班固傳〉載其〈兩都賦〉，〈杜篤傳〉載其〈論都賦〉，〈劉梁傳〉載其〈和同論〉等是。

〔註56〕如〈郎顗傳〉載占驗七事，〈郭太傳〉載遺事九條，此又略仿《史記》扁鵲等傳體，〈儒林傳〉五經各先載班書所記源流，而後以東漢習經者著爲傳，尤見各有師法。

疊，如〈吳漢傳〉敍其破公孫述之功，則〈述傳〉不復詳載。蓋亦悉心核訂，而求
其簡該者也。至如謂和熹后終身稱制之非，而后崩後則朝政日亂，以見后之能理國；
論隗囂謂其晚節失計，不肯臣漢，而能得人死力，則亦必有過人者，亦見其立論持
平，褒貶允當。是以趙翼乃稱其有學有識，未可徒以才士目之也。〔註57〕然其推稱，
固不自趙氏始，范之〈獄中書〉，沈約已云並實，故存之（《宋書・范曄傳》）。劉昭
之為范書作《注》，亦序云：「范曄《後漢》，良跨眾氏。」唐・劉知幾觀其所取，亦
謂頗有奇工，〔註58〕又美其簡而周，疏而不漏，亦云備矣。〔註59〕於漢中興史者，
則極言為唯袁、范二家而已，〔註60〕故李慈銘之讀范史，亦謂其敍致嚴謹，接續分
明（《越縵堂日記》咸豐庚申西元 1860 年 9 月 23 日）。又謂蔚宗刪繁舉要，多得其
宜，其論贊剖別賢否，指陳得失，皆有特見（咸豐辛酉西元 1861 年 6 月 26 日）。王
先謙為作《集解》，亦曰：「范蔚宗氏《後漢書》，拔起眾家之後，獨至今存，其褒尚
學術，表章節義，既不蹈前人所譏班、馬之失，至於比類精審，屬詞麗密，極才人
之能事，雖文體不免隨時，而學識幾於邁古矣。」其崇重如此。

　　范固不失為良史，然不免為後人所譏評，如《史通・列傳篇》曰：「案范曄《漢
書》紀后妃六宮，其實傳也，而謂之為紀；陳壽《國志》載孫、劉二帝，其實紀也，
而呼之曰傳。考數家之所作，其未達〈紀〉、〈傳〉之情乎？」〈書事篇〉曰：「至於
〈方術篇〉及諸蠻夷傳，乃錄王喬、左慈、廩君、槃瓠，言唯迂誕，事多詭越，可
謂美玉之瑕，白圭之玷，惜哉！無是可也。」〈論贊篇〉曰：「范曄改彼述名，呼之
以贊，尋述贊為例，篇有一章，事多者則約之使少，理寡者則張之令大，名實多爽，
詳略不同，且欲觀人之善惡，史之褒貶，蓋無假於此也。然固之總述，合在一篇……
蔚宗《後書》……乃各附本事，書於卷末，篇目相離，斷絕失次，……夫每卷立論，
其煩已多，而嗣論以贊，為黷彌甚，……至若范曄之虛美隗囂……必備加擊難，則
五車難盡……。」又《郡齋讀書志》（卷第五「《後漢書》九十卷」條）云：「……其
自負如此，然世多譏曄創為〈皇后紀〉，及采《風俗通》中王喬、抱朴子中左慈等詭
譎事，列之於傳，又讚辭佻巧，失史之體云。」《直齋書錄解題》（卷四「《後漢書》
九十卷」條）亦云：「其自視甚不薄，謂諸傳序論，精意深旨，實天下之奇作。然頗
有略取前人舊文者，注中亦著其所從出。至於論後有贊，尤有以為傑思，殆無一字

〔註57〕見《廿二史箚記》卷四（「《後漢書》編次訂正」條）。
〔註58〕《史通・書事篇》：「范曄博采眾書，裁成漢典，觀其所承，頗有奇工。」
〔註59〕《史通・補注篇》曰：「竊惟范曄之刪《後漢》也，簡而且周，疏而不漏，亦云備矣，
　　　　而劉昭采其所損，以為補注，言盡非要，事皆不急，譬夫人有吐果之核，棄藥之滓，
　　　　而愚者乃重加掊拾，潔以登薦，持此為工，多見其無識也。」
〔註60〕見《史通・正史篇》。

虛設，自今觀之，幾於贅矣。蔚宗父泰、祖寧皆爲時名臣，蔚宗乃以怨望反逆，至於滅族，其與遷、固之人禍、天刑不侔矣，然豈作史之罪哉？」《史略》（卷二〈後漢書〉）謂：「范曄之傳，其失尤多，若董宜之忠毅而概之以〈酷吏〉，鄭眾之嚴明直諒而概之以〈宦者〉，蔡琰忍恥妻胡，概之〈列女〉，王柯深仁孝義，概之〈獨行〉，若此之類眾矣。」又謂：「……曄之言張詡如此，自謂可過班固，觀其所著序論，如鄧禹、竇融、馬援、班超、郭秦諸篇，略具氣象，然亦何能企固萬一耶？」馬端臨（《文獻通考》卷一百九十一）引水心葉氏謂：「范曄類次齊整，用律精深，但見識有限，體致局弱，爲可議耳」。邵晉涵（《南江書錄》）則以爲：「夫史以記實，綜其人之顛末，是非得失，灼然自見，多立門類奚爲乎？名目既分，別有經緯萬端，不名一節者，斷難以二字之品題，舉其全體，而況人之有隱慝與叢惡者，二字之貶，轉不足以蔽其辜，宋人論史者，不量其事之虛實，而輕言褒貶，又不顧其傳文之美刺，而爭此一二字之名目爲升降，輾轉相遁，出入無憑，執簡互爭，腐毫莫斷，范氏厲之階也。」又如《後漢書補注》謂其襲舊史而未加深考，《日知錄》舉其傳文矛盾，《二十二史考異》敘其文字繁複，《十七史商榷》指其敘事無根各點，以及史之無表，自蔚宗作俑等，並爲論者所病。然則仁智各異，所見不同，故王先謙（《後漢書集解・述略》）乃云：「而晁公武、陳振孫、洪邁輒援《史通》所指摘一二事，過相非薄，雖范之夸詡，形同空穴來風，而劉知幾徧訶前人，即馬、班亦訾謷備至，何有於范，顧所指如創爲〈皇后紀〉及傳王喬、左慈詭譎事，何焯已明其不足爲累，矧呂后有紀，昉自馬、班，華嶠著《後漢書》，……特易爲〈皇后紀〉以次〈帝紀〉，則范之〈后紀〉，固因而非創。柏翳石槨，《史記・秦紀》書之；圯上授書，穀城化石，前書〈張良傳〉仍載之。王、左詭譎雖多，既已迸入〈方術〉，尚安足疵？」又云：「范〈獄中書〉，沈約已云：『自序並實』，劉昭首爲范書作注，亦云良跨眾氏，知幾雖嘗短范，然仍極稱其長曰：『簡而且周，疏而不漏。』論早定矣！翟公巽作《東漢通史》，偶議范書冗漏，〔註61〕王應麟歎曰：『史裁如范，千古能有幾人，公巽何物？妄加譏貶耶？』」〔註62〕王氏遂以爲晁、陳、洪之於范，拾《史通》牙慧，以人廢言，並力詆贊爲佻巧，失史家之體，豈有異於蚍蜉之撼樹，亦與公巽同爲不自量也。

〔註61〕按《困學紀聞集證》（卷之十三上）云：「翟公巽謂：范蔚宗書，語近詞宂，事多注見，其自敘云：『比方班氏，非但不愧。』今叢陋乃爾，豈筆削未定，遂傳之耶？乃刪取精要，總合傳注，作《東漢通史》五十卷。」

〔註62〕《十七史商榷》（卷三十八〈後漢書〉「翟公巽重修」條）云：「《困學紀聞》：翟公巽謂蔚宗書宂陋，別作《東漢通史》。吁！史裁如范，千古能有幾人，公巽何物，妄加譏貶重修，王氏妄載之，何爲無識甚矣！」則「王應麟」當作「王鳴盛」。

今廿五史中，蓋以史實之先後爲序，次范書於陳壽《國志》之前，而定爲正史第三，世言中興史者，莫不取徵焉。注其書者，梁有吳均、〔註63〕劉昭，〔註64〕皆已不傳。今所存者，唯唐·章懷太子李賢等所注者耳。〔註65〕及清人之注《後漢》，則惠棟有《後漢書補注》二十四卷，頗爲用力。王先謙則以憾惠氏之注，與章注別行，爰推其奧義，又外徵諸說，請益同人，間加已意，成《集解》一書，都一百二十卷，〔註66〕蓋爲集大成者，今行於世。會稽李慈銘，則有《後漢書札記》七卷，李氏於各史，嘗自謂於范書最爲留意（咸豐辛酉西元1861年6月12日），其拾鱗爪於類書，採斷簡於舊注，而旁及金石，兼搜逸籍，亦范氏之功臣。〔註67〕

〔註63〕《梁書》卷四十九〈吳均傳〉：「注范曄《後漢書》九十卷。」
〔註64〕《梁書》卷四十九〈劉昭傳〉：「集注《後漢》一百八十卷。」按，今除所注司馬彪《續漢八志》三十卷外，其紀傳已爲章《注》所取代，詳見本章第一節。
〔註65〕章懷太子李賢，唐高宗之子，事跡具《舊唐書》卷八十二、《新唐書》卷八十一〈章懷太子賢傳〉。其注，參用裴駰、裴松之之體，於音義則省其異同，於事實則去其駢拇，徵引之廣博，訓釋之精富，爲史注之善者。劉攽《刊誤》譏其末數卷援引多誤，當以分曹授簡，各有疏密，又急於成書，無暇覆檢耳。據《新唐書》章懷本傳載，與章懷共任爲《後漢》注者，有張大安、劉訥言、格希元、許叔牙、史藏諸、成元一、周寧賢等（見《廿五史述要》第二編〈本論〉第三〈後漢書〉）。
又李詳《正史源流急就篇》注：「章懷兼能引劉珍、謝承、司馬彪、華嶠等書，考其異同，皆方今研班、范書者所取涉也。」
按范書〈紀〉、〈傳〉，篇共九十，篇爲一卷，已見《宋志》。章懷作注，分〈光武紀〉、〈皇后紀〉、〈桓馮列傳〉、〈蘇、楊、郎、襄列傳〉、〈班彪列傳〉、〈馬、蔡列傳〉、〈袁、劉列傳〉，及〈儒林〉〈文苑〉〈方術〉三彙傳各爲上、下，遂增十卷，明見《唐志》。然分卷固不自章注始，《梁書·昭傳》已謂集註《後漢》一百八十卷矣。
〔註66〕按王先謙《後漢書集解·序》：「國朝惠棟全書補注，刊見《粵海堂叢書》中，無人爲之合併，余服膺此書有年，於遺文奧義，覆加推闡，惠氏外，廣徵古說，請益同人，所得倍夥，爰取而刊行之。」
又《後漢書集解·述略》：「近儒致力於《後漢書》，莫勤於惠棟，所著《後漢書補注》，既已備載，而侯康之《後漢書補注續》、沈銘彝之《後漢書注又補》，均主羽翼惠氏，有可采者，亦應不遺，他如陳景雲《兩漢書舉正》、王鳴盛《十七史商榷》、錢大昕《三史拾遺》、《廿二史考異》、錢大昭《兩漢書辨疑》、趙翼《廿二史箚記》、洪亮吉《四史發伏》、沈欽韓《兩漢書疏正》、周壽星《兩漢書注補正》，於《後漢書》博引旁徵，所見有同有異，但經采取，各著其名，間或意涉未安，竊附己說，及出友朋商訂者，並加識別，以存其眞。」
〔註67〕民國十八年七月《國立北平圖書館月刊》第三卷第一號載《後漢書三國志札記》出版廣告云：「會稽李越縵先生，嘗自謂於兩《漢書》用力最勤。……《後漢書札記》七卷……拾鱗爪於類書，採斷簡於舊注，旁及金石，兼搜逸籍……蓋先生本欲爲范書作集解，故《後漢》一書，較之《前漢》，其精審尤有過之。」
又王重民《李越縵先生著述考》（「《後漢書札記》七卷」條）云：「按《越縵堂日記》，知先生本擬爲《後漢書集解》，如同治十一年十四日記：『輯注《後漢書》第四十卷〈孝明八王傳〉。』十五日記：『輯注《後漢書》第五十一卷，〈列傳〉第四十一〈李

　　范〈志〉既亡，劉昭逐取《續漢·八志》注以補其闕。其後，補《後漢書》之〈志〉者，盧文弨有《續漢書志注補》，徐紹楨有《後漢書朔閏考》。補〈郡國志〉者，黃大華有《郡國沿革考》，周明泰有《後漢縣邑省併表》，錢大昭有《後漢郡國令長考》（丁錫同補）。補《後漢書·藝文志》者，錢大昭有《補續漢書藝文志》一卷，侯康有《補後漢書藝文志》四卷，姚振宗有《補後漢書藝文志》四卷，顧懷玉有《補後漢書藝文志》十卷，曾樸有《補後漢書藝文志》一卷，並《考》十卷〔註68〕。

　　史之無表，蓋始於《後漢書》。自范曄之作俑，繼起者因之，故十七史之中，除《史》、《漢》外，惟《新唐書》有表，餘並闕如。萬斯同乃悉為補撰，成《歷代史表》五十九卷。其關於後漢者，有〈諸王世表〉、〈外戚侯表〉、〈外戚恩澤侯表〉、〈靈台功臣侯表〉、〈宦者侯表〉、〈將相名臣年表〉、〈九卿年表〉等。先於萬氏補《後漢書·表》者，有熊方《補後漢書年表》十卷、《凡同姓諸侯王表》二卷、《異姓諸侯表》四卷、《百官表》四卷。錢大昭《後漢書補表》八卷，大抵即削熊氏之瑕疵而補其未備者。至諸以敦，則又有《校補》五卷、《補遺》一卷。此外，黃大華有《後漢中興功臣世系表》、《東漢皇子世系表》，華湛恩有《後漢三公年表》、《補皇子年表》，陳恕有《後漢公卿年表》等，〔註69〕考中興之事者，亦燦然備矣。

二、沈約《宋書》

　　沈氏《宋書》，《隋志》著錄，題云：「《宋書》一百卷，梁尚書僕射沈約撰。」《梁書·沈約傳》、《史通·正史篇》、兩《唐志》、《宋志》及《崇文總目》、《郡齋讀書志》、《直齋書錄解題》等卷並同，今存。章宗源因沈約〈進書表〉稱〈紀〉、〈傳〉

恂〉至〈橋玄傳〉。』十六日記：『輯注《後漢書》第四十二卷〈崔駰〉等傳。』跋惠棟《後漢書補注》，亦有余欲為《後漢書集解》之言。」

〔註68〕按王先謙《後漢書集解·述略》云：「范書十志，除〈百官〉、〈禮樂〉、〈輿服〉、〈五行〉、〈天文〉五門見本書外，如《南齊書》所載，尚有〈州郡〉一門，是十志已具其六，范〈獄中書〉欲令前漢所有者悉備，〈州郡〉固可代〈地理〉，而〈律曆〉、〈刑法〉、〈食貨〉、〈郊祀〉、〈溝洫〉、〈藝文〉非四門所能容也，或已附〈郊祀〉於〈禮樂〉，省〈溝洫〉入〈州郡〉耶？至〈律曆〉、〈刑法〉、〈食貨〉、〈藝文〉，必各立一門，乃能備前漢所有，劉昭見范〈志〉全闕，補以馬彪八〈志〉，〈百官〉、〈輿服〉、〈五行〉、〈天文〉名同乎范，而〈禮儀〉不言樂，〈祭祀〉統言郊，與范之〈禮樂志〉，殆必不伴。〈郡國〉之名，雖猶乎〈州郡〉，固亦未兼〈溝洫〉，〈律曆〉具矣，而無〈刑法〉、〈食貨〉、〈藝文〉，皆未足彌范氏之憾，是以錢大昭、侯康各有《後漢藝文志》之補。顧藝文以考一代經籍之存亡，補者用力雖多，而東漢增出之書亡佚於齊、梁間者，唐人已無從輯錄，則亦但能考其所存，莫能考其所亡。」

〔註69〕見《廿五史述要》第二編第三〈後漢書〉。

合〈表〉、〈志〉七十卷，《史通》及《唐志》並稱一百卷，遂以為此書自隋已改七十卷之舊。〔註70〕考《四庫》館臣亦有「今本卷帙出於後人所編」之疑。〔註71〕今按劉知幾《史通》已明言沈約製成新史，為〈紀〉十，〈志〉三十，〈列傳〉六十，合百卷，名曰《宋書》，而未嘗有〈表〉之事，若〈表〉已佚於唐前，則諸史志所著錄，卷不容俱同，且《史通》亦不至不提。故王鳴盛以為據其〈上書表〉，則〈紀〉、〈傳〉先成，〈志〉係續上，今約書〈紀〉十卷，〈傳〉六十卷，適合七十卷之數，外有〈志〉三十卷而無〈表〉，與《梁書·傳》所示著《宋書》百卷適合，則〈上書表〉中「志表」二字乃衍文，〔註72〕其言是也，以〈志〉既不言有所殘缺，是沈書本已無〈表〉，《宋書·自序》所載〈上書表〉云云，語甚不詞，蓋經淺人妄增。〔註73〕

　　按，沈約，字休文，吳興武康人，生於宋文帝元嘉十八年（441 年）。祖林子，宋征虜將軍。父璞，淮南太守。璞，元嘉末被誅。約年十三而遭家難潛竄，會赦乃免。既而流寓孤貧，嘗丐于宗黨，得米數百斛，以為所侮，覆米而去，及貴，不以為憾。約目重瞳，腰有紫志，聰明過人，篤志好學，晝夜不倦。母恐其以勞生疾，常遣減油滅火，而晝之所讀，夜輒誦之，遂博通群籍，能屬文，後聚書至二萬卷，京師莫比。約起家奉朝請，濟陽蔡興宗聞其才而善之。興宗為郢州刺史，引為安西外兵參軍兼記室。興宗嘗謂其諸子曰：「沈記室人倫師表，宜善事之。」及為荊州，又為征西記室參軍。興宗卒，始為安西晉安王法曹參軍，轉外兵，竝兼記室，入為尚書度支郎。齊初，為征虜記室，帶襄陽令，所奉之王，齊文惠太子也。太子入居東宮，為步兵校尉，管書記，直永壽省，校四部圖書，時東宮多士，約特被親遇。遷太子家令，後以本官兼著作郎，擬次起居注。時竟陵王亦招士，約與蘭陵蕭琛、琅邪王融、陳郡謝朓、南鄉范雲、樂安任昉等皆遊焉，當世號為得人。俄兼尚書左丞，尋為御史中丞，轉車騎長史。隆昌元年（494 年），除吏部郎。明帝即位，進號輔國將軍，徵為五兵尚書，遷國子祭酒。明帝崩，政歸冢宰，尚書令徐孝嗣使約撰定遺詔，遷左衛將軍，尋加通直散騎常侍。永元二年（500 年），以母老表求解職，改冠軍將軍、司徒左長史、征虜將軍、南清河太守。高祖在西邸，引為驃騎司馬，將軍如故。時高祖勳業既就，約嘗扣其端，高祖默而不應。它日，又進曰：「今與古異，不可以淳風期萬物，士大夫攀龍附鳳者，皆有尺寸之功，以保其福祿。今童兒

〔註70〕見章宗源《隋書經籍志考證》卷一（〈史部·正史〉「《宋書》一百卷」條）。
〔註71〕見《四庫全書總目提要·史部·正史類》「《宋書》一百卷」條。
〔註72〕見《十七史商榷》卷五十三（「沈約《宋書》」條）。
〔註73〕余嘉錫《四庫提要辨證·史部一》「《宋書》一百卷」條云：「余謂〈上書表〉既云合〈志〉、〈表〉七十卷，今謹奏呈，則〈志〉、〈表〉即在七十卷中，已奏呈矣，又云諸志須成績上，文義甚為不詞。」

牧豎，悉知齊祚已終，莫不云明公其人也。天文人事，表革運之徵，永元以來，尤爲彰著。讖云：『行中水，作天子。』此又歷然在記。天心不可違，人情不可失，苟是歷數所至，雖欲謙光，亦不得已。」高祖曰：「吾方思之。」對曰：「……若不早定大業，稽天人之望，脫有一人立異，便損威德，……。」高祖默然之。約出，高祖召范雲告之，雲對略同約旨。高祖曰：「智者乃爾暗同，卿明早將休文更來。」雲出語約，約曰：「卿必待我。」雲許諾。而約先期入，高祖命草其事，約乃出懷中詔書并諸選置，高祖初無所改。有頃，高祖召范雲，謂曰：「生平與沈休文群居，不覺有異人處，今日才智縱橫，可謂明識。」又曰：「我起兵於今三年矣，功臣諸將，實有其勞，然成帝業者，乃卿二人也。」高祖受禪，爲尚書僕射，封建昌侯，邑千戶，常侍如故，又拜約母謝爲建昌國太夫人。奉策之日，左僕射范雲等二十餘人，咸來致拜，朝野以爲榮。俄遷尚書左僕射，常侍如故，尋兼領軍，加侍中。天監二年（503年），遭母憂，輿駕親出臨弔，以約年衰，不宜致毀，遣中書舍人斷客節哭。服闋，遷侍中、右光祿大夫，領太子詹事、揚州大中正。奏尚書八條事，遷尚書令、侍中、詹事，中正如故，累表陳讓，改授尚書左僕射，領中書令、侍中如故，尋遷尚書令，領太子少傅，九年，轉左光祿大夫，侍中、少傅如故，給鼓吹一部。約性不飲酒，少嗜欲，雖時遇隆重，而居處儉素，立宅東田，矚望郊阜，嘗爲〈郊居賦〉以序其事。尋加特進光祿，侍中、少傅如故。梁武帝天監十二年（513年）卒官，時年七十三，詔贈本官，賻錢五萬，布百疋，有司諡曰文，帝以其懷情不盡，改諡曰隱。約歷仕宋、齊、梁三代，該悉舊章，博物洽聞，爲當世取則。謝玄暉善於詩，任彥昇工爲文章，約則兼而有之，然不能過也。以自負高才，昧於榮利，乘時藉勢，頗累清談。其每進一官，輒屢請退，而終不能去，論者方之山濤。凡用事十餘年，而未嘗有所薦達，政之得失，唯唯而已。著有《晉書》一百一十卷、《宋書》百卷、《齊紀》二十卷、《高祖紀》十四卷、《邇言》十卷、《諡例》十卷、《宋文章志》三十卷、《文集》一百卷。又撰《四聲譜》，以爲在昔詞人，累千載而不寤，而獨得胸衿，窮其妙旨，自謂入神之作。然高祖雅不好焉，問周捨曰：「何謂四聲？」捨曰：「天子聖哲是也。」然竟不遵用。〔註74〕

　　所撰《宋書》，乃繼其《晉書》（詳見第三章第一節）撰作之後，於齊武帝永明五年（487年）春奉勑搜撰，六年二月畢功。起自義熙之肇號（義熙元年，西元405年），終於昇明三年（479年）凡有〈紀〉十，〈傳〉六十，〈志〉三十，合百

〔註74〕見《梁書》卷十三〈沈約傳〉，又詳《南史》卷五十七、嚴可均《全梁文》卷二十五〈沈約傳〉、《宋書》卷一百〈自序〉及伍倣《沈約年譜》（見《國立中山大學文史研究所輯刊》第一卷第一冊）等。

卷。〔註75〕雖係受命時君，而能奮筆一室，不假眾手，亦私史之比。其〈紀〉、〈傳〉之先成，或以〈志〉難之故，而成書之速，又所罕聞，〔註76〕今考其〈上書表〉之敘成書經過，知何承天、山謙之、蘇寶生、徐爰等，已遞有撰述，約所成者，蓋為之補刪耳。其〈表〉云：

> 宋故著作郎何承天始撰《宋書》，草立〈紀〉、〈傳〉。止於武帝功臣，篇牘未廣。其所撰〈志〉，唯〈天文〉、〈律曆〉，自此外悉委奉朝請山謙之。謙之，孝建初，又被詔撰述，尋值病亡，仍使南臺侍御史蘇寶生續造諸傳，元嘉名臣，皆其所撰。寶生被誅，大明中，又命著作郎徐爰踵成前作。爰因何、蘇所述，勒為一史，起自義熙之初，訖于大明之末。至於臧質、魯爽、王僧達諸傳，又皆孝武所造。自永光以來，至於禪讓，十餘年內，闕而不續，一代典文，始末未舉。且事屬當時，多非實錄，又立傳之方，取捨乖衷，進由時旨，退傍世情，垂之方來，難以取信。臣今謹更創立，製成新史。……（見《宋書》卷一百〈自序〉）

又云：

> 桓玄、譙縱、盧循、馬魯之徒，身為晉賊，非關後代，吳隱、謝混、郁僧施，義止前朝，不宜濫入，宋典、劉毅、何無忌、魏詠之、檀憑之、孟昶、諸葛長民，志在興復，情非造宋，今並刊除，歸之晉籍。

《南史》卷七十二〈王智深傳〉曰：

> 武帝使太子家令沈約撰《宋書》，疑立〈袁粲傳〉，以審武帝，帝曰：「袁粲自是宋家忠臣。」約又多載孝武、明帝諸褻黷事，上遣左右語約曰：「孝武事迹，不容頓爾，我昔經事宋明帝，卿可思諱惡之義。」於是多所刪除。

知約書乃多取何、徐舊本刪製而成，特補永光以來至禪讓十餘年內之事，而〈自序〉既言《宋書》成於齊代，今刻本乃題曰「梁・沈約撰」者，以約仕終於梁，從《隋志》之舊，非謂此為梁時書也。

約書既以〈紀〉、〈傳〉先成，〈志〉在其後。故《史通・編次篇》曰：「舊史以〈表〉、〈志〉之帙，介於〈紀〉、〈傳〉之間，降及蔚宗，肇加釐革，沈、魏繼作，相與因循。」今《魏書》〈志〉編〈傳〉後，則沈之編次，蓋亦依紀、傳、志之序，

〔註75〕詳見沈約《宋書》卷一百〈自序〉。又〈自序〉云：「〈本紀〉、〈列傳〉繕寫完畢，合〈志〉、〈表〉七十卷……。」「志表」二字蓋衍，詳見前文。

〔註76〕《十七史商榷》卷五十三（「沈約《宋書》」條）云：「永明五年，年四十七，約自言百日數旬，革帶移孔，精神素非強健，四十七、八，已值衰暮，其書一年便就，何速如此？」

然今本《宋書》百卷，乃〈傳〉在〈志〉後，蓋後人所易置也。其帝紀，計爲〈武帝紀〉（上、中、下）三卷、〈少帝紀〉一卷、〈文帝紀〉一卷、〈孝武帝紀〉一卷、〈前廢帝紀〉一卷、〈明帝紀〉一卷、〈後廢帝〉一卷、〈順帝紀〉一卷等。考宋自武帝代晉，世凡八傳，至順帝而亡，計六十年，則《宋書》乃帝各爲一紀，是以數共八篇而析爲十卷，其書於晉、宋革易之際，歷敍劉裕之勳高積茂，以致晉恭帝之自願禪位，宋武帝奉表陳讓，而不著其逼奪之跡。〔註77〕及謀殺恭帝之事，反敍恭帝薨後，宋武恩禮有加；又文帝爲太子劭所弑，此乃千古之奇變，而〈本紀〉則僅書上崩於合殿，絕無一字及於被弑；如沈慶之、劉道隆、建安王、巴陵王之死等，亦無一不深爲之諱。〔註78〕至於宋、齊革易之際，因書成於齊，亦多所忌諱。如〈後廢帝紀〉但歷敍其無道之處，以見其必當廢殺。對諸臣之效忠於宋，謀討蕭道成者，概加以反叛及有罪之名，其黨於道成而爲之助力者，轉謂之起義，殊沒史實眞相，故並爲趙翼所深論之。〔註79〕今按，《宋書》既成於齊永明之時，於宋、齊革易之處，固宜爲諱，然於晉、宋之遞換，亦爲宋諱，且甚於爲齊，蓋必事出有因，以沈約〈自序・上書表〉述其成書經過考之，其爲宋諱，乃因徐爰舊本，而爲約所補輯者也。〔註80〕人但知沈約撰《宋書》，而或忽其大半乃徐爰舊作者也。〔註81〕

　　沈〈志〉三十，依次計爲〈志序〉一卷，〈曆〉（上、下）二卷，〈禮〉五卷、〈樂〉四卷、〈天文〉四卷、〈符瑞〉（上、中、下）三卷、〈五行〉五卷、〈州郡〉四卷、〈百官〉（上、下）二卷，其有〈志序〉一篇，細繹文義，蓋爲全志之總序，以篇幅短小，不自成一卷，遂與〈律志〉合也。《四庫提要辨證》曰：

　　　　審其文義，〈志序〉乃八志之總序，序後提行另起，自黃帝使伶倫至卷末，皆言律呂之事，故分爲二題，但總目既只題「志序」，並無「律」字，又各卷之首，僅有三行，其篇名均低四格，此篇〈志序〉，蓋亦篇名，不應別冠一行，題以「律」字，且律、曆亦不當分爲兩篇，竊疑自黃帝使伶倫以下，原本當在第二卷之首，統題曰〈律曆志〉，後人以〈志序〉文字太少（宋本僅四葉半），不能成卷，因割〈律曆志〉之言律呂者，入〈志

〔註77〕〈紀〉內惟將禪時，有司以禪草呈晉帝，晉帝欣然曰：「桓玄之時，天命已改，重爲劉裕所延，將二十載，今日之事，固所甘心。」數語，略見禪位之非出於晉帝本心。

〔註78〕《南史》於零陵王殂，則書曰宋志也；於文帝之崩，則書元凶劭搆逆，帝崩於合殿；以及沈慶之、建安王、巴陵王之死，亦直書曰賜死、酖死。則較爲得實矣。

〔註79〕詳《廿二史劄記》卷九（「《宋書》書晉宋革易之處」及「《宋書》書宋齊革易之際」條）。趙翼之論《宋書》，又有「《宋書》本紀書法」一條，並見《廿二史劄記》卷九。

〔註80〕見《廿二史劄記》卷九（「《宋書》多徐爰舊本」條）。

〔註81〕按，徐爰《宋書》有傳，見卷九十四。

序〉之後，以求勻稱，校書者不達其義，第見二、三卷並不言律呂，因改
〈律曆志〉爲〈曆志〉，而別題「律」字於〈志序〉之首，遂致體例不合。
（〈史一部〉「《宋書》一百卷」條）

其八志之中，〈律〉、〈曆〉二志，多據何承天舊議，以承天所撰《元嘉曆》爲當時所
用；〈禮〉則總郊祭、朝饗、旗章、服務爲一門；〔註 82〕〈樂〉則詳述八音眾器及
鼓吹、饒歌諸樂章；〔註 83〕〈天文〉、〈五行〉，以魏接漢，式遵何氏；〔註 84〕〈符
瑞〉之立，乃追溯五帝三代，一一臚列，爲補前史之闕，蓋所以神明寶位，幽贊禎
符，欲使逐鹿弭謀，窺覦不作也；〔註 85〕地理參差，其詳難舉，自宋受命，奔亡播
遷，千回百改，同名異實，沈乃志地理，而改曰「州郡」，以班固、馬彪之〈志〉、《太
康地志》、王隱《地道》、何承天、徐爰《州郡》、《永初郡國》、地理雜書及晉、宋起
居等，推尋校求，隨條辨析，務使該詳；〔註 86〕百官置省，備有前說，尋源討流，
於事爲易，乃因何承天《宋書・志》十五篇之證引該博者，撰爲〈百官志〉，其有漏
闕，隨就補綴焉。〔註 87〕至於〈刑法〉、〈食貨〉，以前說已該，乃隨流派別，附之
〈紀〉、〈傳〉。〔註 88〕

其〈列傳〉六十，除爲諸人作傳及〈自序〉一篇外，彙傳計有：〈后妃〉、〈宗室〉、
〈孝義〉、〈良吏〉、〈隱逸〉、〈恩倖〉、〈夷蠻〉、〈二凶〉等。除改「佞倖」爲「恩倖」、
〈二凶〉傳附於卷末外，目無新創，而特重文士。全書以一傳爲一卷者，有〈謝晦〉
（卷四十四）、〈謝靈運〉（卷六十七）、〈袁淑〉（卷七十）、〈顏延之〉（卷七十三）、〈袁
粲〉（卷八十九）等。其有不必立傳，而以其人事跡附見於某人傳內者，如於〈廬陵
王義眞傳〉內，以敘義眞從關中逃回，藏匿草中，值段宏來尋，始得就路，因帶敘
宏曰：「鮮卑人，本慕容超尙書，元嘉中爲青、冀二州刺史。」然後又重敘義眞事，
以完本傳，是段宏帶敘於〈義眞傳〉內也。〔註 89〕蓋以人各一傳，則不勝傳，不爲

〔註 82〕見《宋書》卷十一〈志序〉之述〈禮志〉。
〔註 83〕見《宋書》卷十一〈志序〉之述〈樂志〉。
〔註 84〕見《宋書》卷十一〈志序〉之述〈天文五行〉。
〔註 85〕見《宋書》卷十一〈志序〉之述〈符瑞志〉。
〔註 86〕見《宋書》卷十一之述〈地理〉及卷三十五〈州郡志〉首敘。又王鳴盛亦並有說，
　　　　詳見《十七史商榷》卷五十七「宋州郡所據諸書」條。按，《歷代地理志彙編》存有
　　　　約撰〈州郡志〉四卷，並附《考證》。
〔註 87〕見《宋書》卷十一之述〈百官志〉。
〔註 88〕見《宋書》卷十一〈志序〉。
〔註 89〕又如於〈劉道規傳〉內，敘攻徐道覆時，使劉遵爲將，攻破道覆，即帶敘遵「淮西
　　　　人，官至淮南太守，義熙十年卒。」然後又重敘道規事，以完本傳。詳見《廿二史
　　　　劄記》卷九「《宋、齊書》帶敘法」條。

之傳，則其人又有事可傳，是爲此帶敍法也，考之《史記》，已多此類之文，如〈項羽本紀〉（卷七）即曰：「……聞陳嬰已下東陽，使使欲與連和俱西。陳嬰者，故東陽令史……。」云云，是司馬遷之帶敍陳嬰，殆即《宋書》帶敍法之濫觴歟？〔註90〕其與《後漢》、《三國》之列附傳於本傳之後者有別，蓋亦爲行文綴事之便也。至其列傳所附文表奏疏之多，則爲他史所少見。〔註91〕

　　《宋書》蓋以詳贍有法，故《崇文總目》譽爲「有博洽多聞之益。」晁《志》稱其「頗爲精詳」，而高似孫《史略》更謂：「宋代史所傳者，沈約爲最，姚察稱其高才博洽，名亞遷董，蓋一代之英偉焉。」（卷二「《宋書》」條）葉心水亦云：「至沈約比次漢、魏以來，最爲詳悉，唐人取之以補《晉紀》，然後歷代故實，可得而推。」（見《廿五史述要・宋書》引）是如沈書者，固可以備一代之典，今居二十五史第六，而爲推究劉宋史者所取資焉。

　　沈約《宋書》，雖成於齊代，然在有唐之時，因卷帙浩繁，又未有鏤板之便，並未行世，是以宋代已頗多舛失，〔註92〕《崇文總目》曰：「今世所傳，文多舛失，參補未獲，〈趙倫之傳〉一卷，今缺，〈謝靈運傳〉文注謬駮。」今本《宋書》卷四十六〈趙倫之〉等傳末有臣穆附記云：「臣穆等案高氏《小史》〈趙倫之傳〉下有〈到彥之傳〉，而此書獨闕，約之史法，諸帝稱廟號，而謂魏爲虜，今帝稱帝號，魏稱魏主，與《南史》體同，而傳末又無史臣論，疑非約書，然其辭差與《南史》異，故特存焉。」按，臣穆當即鄭穆，〔註93〕《宋史》卷三四七有傳，嘉祐六年嘗奉詔校勘《宋書》，而其時已疑〈趙倫之〉等傳非爲約書。陳振孫所見，亦謂獨闕〈到彥之

〔註90〕按，《廿二史箚記》卷九（「《宋、齊書》帶敍法」條）則以爲：「但他史於附傳者，多在本傳後，才綴附傳者之履歷，此則正在敍事中，而忽以附傳者履歷入之，此例乃《宋書》所獨創耳。」

〔註91〕見《廿五史述要》第二編（〈本論〉第六〈宋書〉（二））。

〔註92〕詳見《廿二史箚記》卷九（「八朝史至宋始行」條）。

〔註93〕萬承蒼等校刊《宋書》跋語云：「趙宋嘉祐中，以《宋》、《齊》、《梁》、《陳》、《魏》、《北齊》、《周書》舛繆殘缺，始詔館職校讎，治平中，曾鞏校定《南齊》、《梁》、《陳》三書上之，劉恕等上《後魏書》，王安國上《周書》，而校《宋書》者不著其名，今書第四十六卷末附載「臣穆所記」一條，論〈到彥之傳〉之闕，辨〈趙倫之〉、〈王懿〉、〈張邵〉三傳之非約書，臣考《宋史》言鄭穆在館閣三十，嘗編校集賢院書籍，當即其人。」

又王鳴盛《十七史商榷》卷六十一（「《宋書》爲妄人謬補」條）則云：「又《南史》於各帝皆稱諡法，《宋書》則稱廟號，然亦間有稱諡法者，例亦未能畫一，此四十六卷中〈趙倫之〉、〈王懿〉、〈張邵〉三篇皆稱諡法，所以妄人於〈張暢傳〉亦改世祖爲孝武，却不可因〈張暢傳〉而疑〈趙倫之〉等亦非沈約原文也，臣穆等跋執稱謂不同，不可泥。」

傳〉（見《直齋書錄解題》卷四「《宋書》一百卷」條）。是北宋之時，其書已不全矣。

沈書既踵武前修，又以成書之速，其有乖失，自不待言。論者乃或以其敘事失檢，蕪詞雜多，繁簡失當，編訂草率等爲譏，如：《廿二史箚記》卷九「《宋書》多徐爰舊本」條注即云：

何尚之，何偃之父也，乃〈偃傳〉在五十九卷，〈尚之傳〉反在六十六卷，可見《宋書》時日促迫，倉猝編排，前後亦不暇審訂。

至於徐爰舊書之爲宋諱者，沈約乃亦無所訂正。其於〈紀〉、〈傳〉中，所有詔誥、符檄、章表、奏疏，或一字不遺，或所敘述，竟如記功冊籍，文至一二萬字，〔註94〕帶敘之文，又因其文詞有贍逸者，即載其全文，凡此，則不僅本末倒置，亦有乖史體。〔註95〕又如記事之有誤，列傳之或漏等，亦見譏於趙翼之論《宋書》，〔註96〕至論〈志〉之失者，劉知幾《史通》曰：「《宋史》則上括魏朝，《隋書》則仰苞梁代，求其所書之事，得十一於千百，一成其例，莫之敢移，永言其理，可爲歎息。」（〈斷限篇〉）晁公武曰：「但本志兼載魏、晉，失於限斷。」〔註97〕《崇文總目》雖稱其有博洽多聞之益，然亦以失于限斷爲言。其立〈符瑞〉一志，陳振孫則以爲不經且無益，〔註98〕王鳴盛謂其直追溯至五帝三代，一一臚列之，枝蔓極矣，〔註99〕然其兼載前代典章，《書錄解題》則未嘗以爲疵，其言曰：「《館閣書目》謂其志兼載魏、晉，失於限斷，揆以班、馬史體，未足爲疵。」《四庫》館臣亦以爲然，其言曰：「若其追述前代，晁公武《讀書志》雖以失於限斷爲譏，然班固《漢書》增載〈地理〉，上敘九州，創設〈五行〉，演明〈鴻範〉，推原溯本，事有前規。且魏、晉竝皆短祚，宋承其後，歷時未久，多所因仍，約詳其沿革之由，未爲大失，亦未可遽用糾彈也。」〔註100〕《提要》乃又舉〈徐爰傳〉之述當時修史，議爲桓元等立傳，約則謂桓元、盧循等，身爲晉賊，非關後代，吳隱、謝混等，義止前朝，不宜濫入，劉毅、何無忌等，志在興復，情非造宋，竝爲刊除，歸之晉籍，以證沈約之申明史例，又何嘗不謹嚴。至於余嘉錫之《辨證》，則更以爲沈約《宋史》，上括魏朝，蓋因《三國》無〈志〉，用此補亡，斯誠史氏之良規，安可反用爲譏議乎，《提要》云未爲大失，

〔註94〕見《廿二史箚記》卷九（「《南史》刪《宋書》最多」條）。

〔註95〕然如以史料之存藏言之，則又轉見其有不可廢者。

〔註96〕詳見《廿二史箚記》卷九（「《宋書》紀魏事多誤」及「《宋書》、《南史》俱無沈田子、沈林子傳」條）。

〔註97〕見《郡齋讀書志》卷第五（〈史部・正史類〉「《宋書》一百卷」條）。

〔註98〕見《直齋書錄解題》卷四（〈正史類〉「《宋書》一百卷」條）。

〔註99〕見《十七史商榷》卷五十六（「符瑞不當臚列前代」條）。

〔註100〕見《四庫全書總目提要・史部・正史類一》「《宋書》一百卷」條。

愚則謂理固宜然耳。〔註101〕《廿五史述要》亦云:「……一謂所撰八〈志〉,遠溯三代,近及秦、漢以下,失於限斷……不悟《宋書》之長,正在諸〈志〉,約終身史職,於累朝掌故,周晰條貫,故損益前史諸〈志〉爲八門,前史之有〈志〉者,擷其精華,其無〈志〉者,補其未備,故各〈志〉內容,上繼《史》、《漢》,以彌陳壽以來諸〈志〉之缺,其體例與後代《隋書》之〈志〉兼及五代同然。……故《宋書》八〈志〉,可以考見前代典章之全,雖失繁冗,其博洽多聞之處不能掩也。」是學者所見,乃有仁智不同者。

　　《宋書》無表,萬斯同《歷代史表》有〈宋諸王世表〉、〈宋將相大臣年表〉、〈宋方鎮年表〉,盛大士《宋書》有〈紀元表〉、〈諸侯王表〉、〈王子侯表〉、〈功臣侯表〉、〈外戚侯表〉、〈恩倖侯表〉,羅振玉有《補宋書宗室世系表》,吳廷燮有《宋方鎮年表》,而致力於《宋書》志者,郝懿行有《補宋書刑法志》、《補宋書食貨志》,成孺有《宋州郡志校勘記》,聶崇岐有《補宋書藝文志》,孫彪有《宋書考論》〔註102〕,於沈書之作,並有助益焉。

三、蕭子顯《南齊書》

　　蕭氏《齊書》,《隋志》著錄六十卷,《梁書》及《南史》本傳所載卷並同。《史通‧正史篇》謂爲五十九篇,《唐經籍志》作五十九卷,蓋篇即卷。至《唐藝文志》則又爲六十卷,《宋志》及《崇文總目》以下皆作五十九卷。《四庫》館臣謂章俊卿《山堂考索》引《館閣書目》云:「《南齊書》本六十卷,今存五十九卷,亡其一。」〔註103〕據劉知幾所見及曾鞏〈南齊書序〉所云,則皆作〈紀〉八卷、〈志〉十一卷、〈列傳〉四十卷,合爲五十九篇,不言有所亡佚,是唐、宋時蕭史當仍完善。趙翼《廿二史箚記》卷九嘗論《齊書》之缺一卷曰:「《梁書‧蕭子顯傳》謂所著《齊書》六十卷,今《齊書》只有五十九卷,蓋子顯欲仿沈約作〈自序〉一卷附於後,未及成,或成而未列入耶?案《南史‧子顯傳》載其〈自序〉二百餘字,豈即其附《齊書》後之作,而延壽撮其略入於本傳者耶?」《四庫提要》亦曰:「考《南史》載子顯〈自序〉,似是據其敘傳之詞,……疑原書六十卷爲子顯〈敘傳〉,末附以表,與李延壽《北史》例同。」(〈史部‧正史類〉「《南齊書》」條)按《梁書》卷三十五〈蕭子顯傳〉亦載有子顯〈序〉,與《南史》卷四十二〈子顯傳〉所載者小異。而〈自序〉之見引入傳文者固多,如沈約《宋書》卷一百〈自序〉之被引入《南史》卷五十七,

---

〔註101〕見《四庫提要辨證‧史部一》「《宋書》一百卷」條。
〔註102〕載《國立北平圖書館館刊》第九卷第一、四號。
〔註103〕見《四庫全書總目提要‧史部‧正史類一》「《南齊書》五十九卷」條。

魏收《魏書》卷一百四〈自序〉之被引入《北史》卷五十六〈魏收傳〉等是。又史氏自序之殿於書後，亦有不入卷數者，如《史記》列傳七十，而《隋志·正史類序》只云「六十九傳」是也，知趙氏之疑，言之成理。知幾所見，蓋以其非《齊書》正文，故不入卷數。又《史通·序例篇》嘗言：「令升先覺，遠述丘明，重立凡例，勒成《晉紀》，鄧、孫已下，遂躡其蹤，史例中興，於斯爲盛，若沈《宋》之〈志序〉，蕭《齊》之〈序錄〉，雖以序爲名，其實例也。……子顯雖文傷蹇躓，而義甚優長，斯一二家，皆序例之美者。」錢大昕《二十二史考異》（卷二十五）遂以爲子顯當有〈序錄〉一篇，劉知幾猶及見之，而今失其傳，《提要》又以劉知幾所言之〈序錄〉爲篇序，〔註104〕而謂唐已佚其〈敘傳〉，余嘉錫乃爲之辨證曰：「兩說互異，以余考之，錢說爲是。……意《南齊書》所亡者，正是〈序錄〉，劉知幾尚及見之，以〈序錄〉本非列傳，且多不入卷數，故知幾只言五十九篇耳。」〔註105〕今以書既有闕，固難究詰，然綜上所說，知《南齊書》除正文五十九卷之外，當別有一卷，而以或入卷數或否，隋、唐諸志之著錄，乃或多或少，及後遂見殘闕。

　　按，蕭子顯，字景陽，蘭陵人，生於齊武帝（高祖）永明七年（489年）。祖齊高帝蕭道成，父齊豫章文獻王嶷，兄弟十六人並入梁，有文學者，子恪、子質、子顯、子雲、子暉。子顯，恪第八弟也。幼聰慧，文獻王異之，愛過諸子。七歲，封寧都縣侯。永元末，以王子例，拜給事中。天監初，以梁受禪例，降爵爲子，累遷安西外兵仁威記室參軍、司徒主簿、太尉錄事。子顯偉容貌，身長八尺，好學，工屬文，著〈鴻序賦〉，尚書令沈約見而稱曰：「可謂得明道之高致，蓋幽通之流也。」嘗採眾家《後漢》，考正同異，爲一家之書。又啓撰《齊史》，書成表奏之，詔付秘閣。高祖雅愛子顯才，又嘉其容止吐納，每御筵侍坐。高祖製《孝經》，未列學官，子顯領國子博士，表置助教一人，生十人。子顯風神灑落，雍容閑雅，不畏鬼神，性愛山水。飲酒數斗，頗負才氣。及掌選，見九流賓客，不與交言，但舉扇一撝而已。衣冠竊恨之。然太宗素重其爲人，在東宮時，每引與促宴。子顯嘗起更衣，太宗謂坐客曰：「嘗聞異人間出，今日始知是蕭尚書。」其見重如此。梁武帝大同三年（537年），出爲仁威將軍吳興太守，至郡未幾，卒，時年四十九。詔曰：「仁威將軍吳興太守子顯，神韻峻舉，宗中佳器，分竹未久，奄到喪殞，惻愴于懷，可贈侍中中書令，今便舉哀。」及葬，請諡，手詔「恃才傲物宜諡曰驕」。所著有《後漢書》一百卷、《晉史草》三十卷、《齊書》六十卷、《普通北伐記》五卷、《貴儉傳》三十

〔註104〕浦起龍《史通通釋》於〈序例篇〉後之按語亦云：「此所謂序，皆篇序，非總序，其所謂例，則兼序中附出之例，及總立發凡之例。」
〔註105〕見《四庫提要辨證·史部一》「《南齊書》五十九卷」條。

卷、《文集》二十卷等。〔註106〕

　　子顯以齊宗室，而仕爲梁臣，才氣凌人，且以著作自命，所啓撰《齊史》，既於梁天監中，官太尉錄事之時，其所據依，乃有江淹《十志》及沈約《齊紀》二十卷等書，而其時吳均亦撰《齊春秋》，熊襄並記十代之事，則子顯所採，殆亦參酌眾書，斷以已意而成者也，是以書成表奏，詔付秘閣。其起昇明（宋順帝元）之年，盡永元（東昏元）之代，爲〈紀〉八、〈志〉十一、〈列傳〉四十、合成五十九篇（《史通‧正史》）之外，當又別有〈序〉一卷，計共六十。至冠「南」字於《齊書》之上者，觀隋、唐諸志及《梁書》、《南史》〈子顯傳〉所載，並止作「《齊書》」，《史通》亦僅稱爲《齊史》，皆無「南」字，至宋始稱爲「《南齊書》」，蓋所以別於唐太宗貞觀元年敕撰之李百藥《北齊書》也。

　　子顯《齊書》，以今本曾鞏等校書所敘篇目考之，其〈本紀〉八卷，計爲〈高帝紀〉（上、下二卷）、〈武帝紀〉、〈鬱林王紀〉、〈海陵王紀〉、〈明帝紀〉、〈東昏侯紀〉、〈和帝紀〉等。考齊都建康，自高帝建元元年（479年），至和帝中興二年（502年），凡歷七主、二十四年，於宋、齊、梁、陳四朝中，國祚最短，故得八篇七紀。其以齊高帝蕭道成之孫，豫章文獻王嶷之子，而撰爲《齊書》，故於宋、齊革易之際，亦多曲筆，如〈高帝本紀〉，於帝使王敬則結楊玉夫等弒宋蒼梧王之事不書，但云玉夫弒帝，以首與敬則，呈送高帝，此爲尊者諱也。其於受禪宋順帝，雖微露其意，亦不著簒奪之跡。〔註107〕金鳥啄魚，鷗鶒毀寶，而子顯其幸者，故於明帝有隱痛，則不爲之諱。其敘鬱林失德，不過六、七百字，說東昏之無道，字過二千，正見梁武之兵以義舉，此又作史之微意矣。〔註108〕

　　蕭《齊》之〈志〉，計有〈禮〉（上、下）、〈樂〉、〈天文〉（上、下）、〈州郡〉（上、下）、〈百官〉、〈輿服〉、〈祥瑞〉、〈五行〉等八目十一卷。其〈天文〉但紀災祥，〈州郡〉僅述建置，〈祥瑞〉多載圖讖，蓋以不知戶口，且天文事秘，故不敢私載也。〔註109〕其有附會緯書，當亦溺於齊高之尚圖讖，至〈州郡志〉之據有《永明三年戶口簿》、《永

〔註106〕參見《梁書》卷三十五、《南史》卷四十二、嚴可均《全梁文》卷二十三〈蕭子顯傳〉。

〔註107〕見《廿二史劄記》卷九（「《齊書》書法用意處」條）。又詳見卷十二（「齊明帝殺高武子孫」條）。按據《南齊書》卷三十五〈高祖十二王‧河東王鉉傳〉、卷四十〈武帝十七王‧附昭冑傳〉等所載高武子孫之憂危震怖，讀之誠令人累息短氣。

〔註108〕見《廿二史劄記》卷九（「《齊書》書法用意處」條）。

〔註109〕宋高似孫《史略》卷二述《齊書》云：「其表曰：『素不知戶口，故〈州郡志〉輒不載，天文復秘，故不私載，而此志但紀災祥而已。』」又晁公武《郡齋讀書志》云：「表云：天文事秘，戶口不知，不敢私載。」按，《歷代地理志彙編‧己編》有梁‧蕭子顯撰《南齊書‧州郡志》二卷，並附《考證》。

元志》、《永明郡國志》、《元嘉計偕》等書，亦猶《宋書‧州郡志》之自稱采地理雜書也。〔註110〕蕭〈志〉承江淹《十志》之後，而其體例，與檀超、江淹及王儉等所論，微有不同。〔註111〕既分〈祥瑞〉，却遺〈藝文〉、〈刑法〉、〈食貨〉，豈以子顯非老於典故，故不能全耶？〔註112〕其〈州郡志〉，今有闕文，以曾鞏〈南齊書序〉但云校正訛謬，敍其篇目，而不及脫落，蓋其時蕭史尙自完整。

其〈列傳〉四十，彙傳有七，曰〈皇后〉、〈宗室〉、〈文學〉、〈良政〉、〈高逸〉、〈孝義〉、〈倖臣〉是也。除易〈文苑〉爲〈文學〉，〈良吏〉爲〈良政〉，〈處士〉爲〈高逸〉，〈恩倖〉爲〈倖臣〉，又遺〈列女〉，而節義可傳者，併〈孝友〉、〈忠義〉總入於〈孝義〉者外，〈皇后〉、〈宗室〉則名同前史。又除〈文學〉、〈皇后〉、〈宗室〉等傳闕序外，餘並見存。以曾鞏〈校書序〉未言有闕，則其佚失，當在宋後。又據《廿二史考異》（卷廿五）云：「今本《南齊書》卷十五〈州郡志〉下、卷三十五〈高十二王傳〉、卷四十四〈徐孝嗣傳〉、卷五十八〈高麗傳〉各闕一卷，卷五十九〈史臣論〉亦有闕文。」《四庫提要》（史部‧正史類「《南齊書》」條）云：「……桂陽王傳中，均有闕文。」則蕭《齊》所佚，固不只傳序而已。其〈高逸傳‧論〉之推闡禪理，蓋以梁武之崇尙釋氏。其爲乃父豫章文獻王嶷作傳而入於正史，〔註113〕又異於遷、固、沈約作史之僅以其父事跡入於〈自序〉中。凡豫章之生平行事、朝廷優禮、名流褒狀，子顯並不遺纖細，故文至數千餘字，〔註114〕又以之別於卷三十五〈高祖十二王傳〉，而次在卷二十一〈文惠太子〉之後，雖於義無當，蓋欲以此尊親而顯揚其孝思也。至於〈褚淵傳〉，於淵之失節處，不置一議，而其負恩喪節自見；於〈王晏傳〉、〈蕭諶傳〉、〈蕭坦之傳〉等書法並同，而人品自見。蓋亦良史之筆也。〔註115〕其述顏靈寶語於〈王敬則傳〉，直書無隱，尙不失是非之公，〈高十二王傳〉引陳思之表、曹冏之論，感懷宗國，殆亦有史家言外之意焉。〔註116〕他如〈劉善明傳〉、〈張欣泰傳〉等，載語皆隱括其詞，〈孝義傳〉用類敍法等，並爲論者所善。〔註117〕其能明斷限而定其折中，亦爲劉知幾

〔註110〕見《十七史商榷》卷五十八（「《南齊‧州郡》所據之書」條）。
〔註111〕按江淹、檀超等之議立條例，詳載《南齊書》卷五十二〈檀超傳〉。
〔註112〕鄭樵《通志‧序》云：「江淹有言，修史之難，無出於志，誠以志者，憲章之所繫，非老於典故者，不能爲也。」
〔註113〕見《南齊書》卷二十二。
〔註114〕詳見《廿二史箚記》卷九（「蕭子顯、姚思廉皆爲父作傳入正史」、「《齊書》書法用意處」及卷十「《南史》增《齊書》處」各條）。
〔註115〕詳見《廿二史箚記》卷九（「《齊書》書法用意處」條）。
〔註116〕見《四庫提要‧史部‧正史類一》「《南齊書》」條。
〔註117〕詳見《廿二史箚記》卷九（「《齊書》類敍法最善」條）。

所稱焉。〔註118〕

　　曾鞏〈南齊書序〉嘗云:「古之所謂良史者,其明必足以周萬事之理,其道必足以適天下之用,其智必足以通難知之意,其文必足以發難顯之情。」知史氏之難,豈尋常哉!而又欲能秉筆直書,都無其累,則如蕭子顯者,固難盡其善美。故劉知幾雖稱其〈序錄〉義甚優長,爲序例之美者,乃又謂其文傷蹇躓;〔註119〕雖嘉其能明斷限,亦未許其都無其累。〔註120〕曾鞏則譏其喜自馳騁,更改破析,刻彫藻繢之變尤多,而以爲其文比之七史益下。〔註121〕祖庚《南齊書考證‧跋語》遂以故事之多附會,辭之有溢美,且以時尙瞿曇,黜儒崇釋,其是非大謬于聖人爲言。又稱其沿襲卑靡,故識復猥瑣。《四庫》館臣亦以爲如〈高帝紀〉,載王蘊之撫刀,袁粲之郊飲,連綴瑣事,殊乖紀體,至列傳,尤爲宂雜。〔註122〕趙翼亦嘗指其〈宗室傳〉編次失檢,〈蕭寶寅傳〉、〈魏虜傳〉,傳聞多譌誤。〔註123〕又〈張敬兒傳〉之喧賓奪主,〈柳世隆傳〉載尙書符檄文之與《宋書‧沈攸之傳》不同等,亦不免趙氏之議。〔註124〕至於,或爲魚豕相仍者,固亦不勝一一。然南齊一代,君臣之行事,論議之往復,今可考見者,賴子顯之書,李延壽撰《南史》,猶藉之以爲增訂,世遂以之列於廿五史第七,以爲後人所取資。今見《南齊書》及《南史》之互有異處,正足參校補闕。

　　蕭書以宋前鏤板之法,未大行於世,嘉祐中,已多舛謬殘缺,始詔館職校讎,治平中,曾鞏等乃爲之校正呈上。至祖庚等,又受詔爲之考證。傅增湘《藏園群書校記》,亦嘗用力於《南齊書》。〔註125〕又以蕭書無表,萬斯同《歷代史表》爲補〈齊諸王世表〉、〈齊將相大臣年表〉、〈齊方鎮年表〉,吳廷燮有〈補齊方鎮年表〉,陳述

〔註118〕見《史通‧斷限篇》。按,《南史》之於《齊書》,卻大爲增補,蓋用心不同也。詳見《廿二史劄記》卷十(「《南史》增《齊書》處」條)。

〔註119〕見《史通‧序例篇》。

〔註120〕見《史通‧斷限篇》。

〔註121〕見曾鞏〈南齊書序〉。按姚振宗《隋志考證》(卷十一(〈史部一‧正史類〉「《齊書》六十卷」條)引晁氏云:「嘉祐中,以《宋》、《齊》、《梁》、《陳》、《魏》、《北齊》、《周書》詔館職校正,頒學官,治平中,曾鞏校正《南齊》、《梁》、《陳》三書。」又萬承蒼〈校刊宋書跋語〉:「趙宋嘉祐中,以《宋》、《齊》、《梁》、《陳》、《魏》、《北齊》、《周書》舛繆殘缺,始詔館職校讎,治平中,曾鞏校定《南齊》、《梁》、《陳》三書上之,劉恕等上後《魏書》,王安國上《周書》,而校《宋書》者不著其名……。」則所謂七史者蓋如是。

〔註122〕見《四庫全書總目提要‧史部‧正史類一》「《南齊書》五十九卷」條。

〔註123〕詳見《廿二史劄記》卷九(「《齊書》書法用意處」條)。

〔註124〕見《廿二史劄記》卷九(「《齊書》類敘法最善」條)。

〔註125〕載民國十七年出版《北平北海圖書館月刊》第一卷第五號。

有〈補南齊書藝文志〉〔註126〕，劉盼遂有〈補齊書宗室世系表〉〔註127〕，於子顯之作，並有助益焉。

四、魏收《魏書》

　　魏收《魏書》，《隋志》著錄，題云：「《後魏書》一百三十卷，後齊僕射魏收撰。」《北齊書》（卷三十七）、《北史》（卷五十六）〈魏收傳〉、《魏書》（卷一百四）〈自序〉、《史通‧正史篇》、兩《唐志》、《宋史‧志》、《崇文總目》、《郡齋讀書志》、《直齋書錄解題》及《史略》等眾家書志所載卷並同。魏收上〈魏書十志啓〉則云合一百三十一卷者，乃合例目一卷數之也。宋刻本之作一百十四卷，蓋併〈紀〉十二、〈傳〉九十二、〈志〉十計之，而不數其子卷也。其後刻本，率皆承之。至如《四庫提要》之云：「收表上其書，凡十二〈紀〉、九十二〈列傳〉，分為一百三十卷者」，則當為誤記，苟依《提要》之言，若更合〈十志〉二十卷及〈例目〉一卷計之，豈不成一百五十一卷之數，所未聞也。

　　魏收，字伯起，鉅鹿下曲陽人，生於魏宣武帝正始三年（506年）。少機警，不持細行，年十五，頗已屬文。及隨父（子建）赴邊，值四方多難，好習騎射，欲以武藝自達，滎陽鄭伯調之曰：「魏郎弄戟多少？」收慙，遂折節讀書。夏月坐板床，隨樹陰諷誦，以文華顯。孝明時，以父功除太學博士。吏部尚書李神儁，重收才學，奏授司徒記室參軍。孝莊帝永安三年（530年），除北主客郎中。節閔帝立，妙簡近侍，詔試收為〈封禪書〉，下筆便就，不立稿草，文耐千言，所改無幾，時黃門郎賈思同侍立，深奇之，白帝曰：「雖七步之才，無以過此。」遷散騎侍郎，尋勅典起居注，并修國史，兼中書侍郎，時年二十六。孝武初，又詔收攝本職，文誥填積，事咸稱旨。黃門郎崔㥄從齊神武入朝，熏灼於世，收初不詣門，㥄為帝登阼赦云：「朕託體孝文」，收嗤其率直，正員郎李慎以告之，㥄深憤忌。孝武嘗大發士卒，狩於嵩少之南，旬有六日，時既寒苦，朝野嗟怨，帝與從官皆胡服而騎，宮人及諸妃主雜其間，奇伎異飾，多非禮度，收欲言則懼，欲默不能已，乃上〈南狩賦〉以諷焉，時年二十七，雖富言淫麗，而終歸雅正，帝手詔報焉，甚見褒美。久之，除帝兄子廣平王贊開府從事中郎，收不敢辭，乃為〈庭竹賦〉以致己意。尋兼中書舍人，與濟陰溫子昇、河間邢子才齊譽，世號三才。孝靜即位，為神武中外府主簿，轉府屬，文襄啓收兼散騎常侍，修國史。武定二年（544年）除正常侍，領兼中書侍郎，仍修史。四年（546年）神武於西門豹祠宴集，謂司馬子如曰：「魏收為史官，書吾等善惡，聞北代時，諸貴常餉史

〔註126〕見《廿五史補編》。
〔註127〕載民國二十年七月《學文》雜誌第一卷第三期。

官飲食，司馬僕射頗曾餉不？」因共大笑，乃謂收曰：「卿勿見元康等在吾目下趨走，謂吾以爲勤勞，我後世身名在卿手，勿謂我不知。」尋加兼著作郎。收昔在洛京，輕薄尤甚，人號云「魏收驚蛺蝶」。侯景叛，文襄令收爲檄，善之。魏帝曾季秋大射，普令賦詩，收詩末云：「尺書徵建鄴，折簡召長安。」文襄壯之。顧諸人曰：「在朝今有魏收，便是國之光榮，雅俗文墨，通達縱橫，我亦使子才、子昇，時有所作，至於詞氣，並不及之，吾或意有所懷，忘而不語，語而不盡，意有未及，及收呈草，皆以周悉，此亦難有。」又勑兼主客郎。文襄崩，文宣如晉陽，令與黃門郎崔季舒、高德正、吏部郎中尉瑾於北第參掌機密，轉秘書監兼著作郎，又除定州大中正。時齊將受禪，楊愔奏收置之別館，令撰禪代詔冊諸文。北齊文宣帝天保元年（550 年），除中書令，仍兼著作郎，封富平縣子。二年（551 年），詔撰《魏史》，四年（553 年），除魏尹，故優以祿，力專在史閣，不知郡事。初帝令群臣，各言爾志，收曰：「臣願得直筆東觀，早成《魏書》。」故帝使收專其任，又詔平原王高隆之總監之，署名而已。帝勑收曰：「好直筆，我終不作魏大武誅史官。」收於是與通直常侍房延祐、司空司馬辛元植、國子博士刁柔、裴昂之、尚書郎高孝幹，搜採亡遺，綴續後事，專總斟酌，以成《魏書》。先成十二〈紀〉、九十二〈傳〉，於四年三月奏上之。秋，除梁州刺史。十一月，復奏〈十志〉。以收性頗急，所著不甚能平，時論毀之，前後投訴者百有餘人。帝以群口沸騰，勑《魏史》且勿施行，令群官博議。於是眾口諠然，號爲穢史，投牒者相次，收無以抗之。時左僕射楊愔、右僕射高德正，二人勢傾朝野，抑塞訴辭，終文宣世，更不重論。八年夏，除太子少傅，監國史，復參議律令。三臺成，收上〈皇居新殿臺賦〉，文甚壯麗，時所作者，自邢邵已下，咸不逮焉。帝曾遊東山，勑收作詔，俄頃而訖，詞理宏壯，帝對百寮大嗟賞之，仍兼太子詹事。收娶其舅女崔昂之妹，產一女，無子，魏太常劉芳孫女，中書郎崔肇師女，夫家坐事，帝並賜收爲妻，時人比之賈充，置左右夫人。然無子，後病甚，恐身後嫡媵不平，乃放二姬。及疾瘳，追憶，作〈懷離賦〉以申意。文宣每以酣宴之，次云：「太子性懦，宗社事重，終當傳位常山。」收謂楊愔曰：「古人云：『太子，國之根本，不可動搖。』至尊三爵後，每言傳位常山，令臣下疑貳，疑貳若實，便須決行，若戲此言，魏收既忝師傅，正當守之以死，但恐國家不安。」愔以收言奏於帝，自此便止。帝數宴喜，收每預侍從。皇太子之納鄭良姊也，有司備設牢饌，帝既酣飲，起而自毀覆之，仍詔收曰：「知我意不？」收曰：「臣愚，謂良姊既東宮之妾，理不須牢，仰惟聖懷，緣此毀去。」帝大笑，握收手曰：「卿知我意。」安德王延宗納趙郡李祖收女爲妃，後帝幸李宅宴，而妃母宋氏薦二石榴於帝前，問諸人，莫知其意，帝投之，收曰：「石榴房中多子，王新婚妃，母欲子孫眾多。」帝大喜。十年（559 年），除儀同三司，帝在宴席，口勑

以爲中書監，命中書郎李愔於樹下造詔，愔以收一代盛才，難於率爾，久而未訖，比成，帝已醉，醒，遂不重言，愔乃不奏，事竟寢。及帝崩於晉陽驛，召收及中山太守陽休之參議吉凶之禮，并掌詔誥，仍除侍中，遷太常卿，文宣諡及廟號、陵名皆收議也。及孝昭居中宰事，命收禁中爲諸詔文，積日不出。轉中書監，皇建元年（560 年），除兼侍中右光祿大夫，仍儀同監史。又除兼太子少傅，解侍中。帝以《魏史》未行，詔收更加研審，收奉詔，頗有改正。及詔行《魏史》，收以爲直置秘閣，外人無由得見，於是命送一本付并省，一本付鄴下，任人寫之。太寧元年（561 年），加開府。河清二年（563 年），兼右僕射。時武成酣飲終日，朝事專委侍中高元海，元海凡庸，不堪大任，以收才名振俗，乃虛心倚仗，收畏避不能匡救，爲議者所議。帝於華林，別起玄洲苑，備山水臺觀之麗，詔於閣上畫收，其見重如此。收以子姪少年，申以戒勵，著〈枕中篇〉。其後，群臣多言《魏史》不實，武成複勅更審，收又回換。齊後主武平三年（572 年）年六十六卒，贈司空尙書左僕射，諡文貞，有《集》七十卷。收既緣史筆，多憾於人，齊亡之歲，冢遂被發，棄骨于外。〔註 128〕史氏之不幸，蓋有如是者矣。

按，古來宮闈之亂，殆未有如北齊者，〔註 129〕則魏收既染於污泥，又恃才傲物，宜其輕疾不拘也。然於提獎後輩，率以名行爲先，浮華輕險之徒，雖有才能，不爲所重，則又足見其心性。所著〈枕中篇〉，亦頗富哲理。〔註 130〕然則如魏收者，豈只爲辯捷之士而已哉。

其以自恃文才，而未有舒展，乃由文襄啓修國史，時在東魏孝靜帝武定二年（544 年）之前也。自是以後，遂知史務，而任史官。至北齊文宣帝元保二年（551 年），詔撰《魏史》，而收亦嘗以直筆東觀，早成《魏書》自勉，此魏收修史之緣起也。〔註 131〕

考魏收之撰史，雖以永嘉擾攘，神州蕪穢，人士譜牒，率多遺佚，然猶有所憑藉，其〈自序〉嘗述其略曰：

> 始魏初鄧淵撰《代記》十餘卷，其後崔浩典史，游雅、高允、程駿、李彪、崔光、李琰之，世修其業。浩爲編年體，彪始分作紀、表、志、傳。書猶未出，世宗時，命邢巒追撰《高祖起居注》，書至太和十四年。又命

〔註 128〕以上參見《北齊書》卷三十七、《北史》卷五十六、嚴可均《全北齊文》卷四〈魏收傳〉及《魏書》卷一百四魏收〈自序〉。

〔註 129〕見《廿二史箚記》卷十五（「北齊宮闈之醜」條）。

〔註 130〕見《北齊書》卷三十七本傳。

〔註 131〕同上。

崔鴻、王遵業補續焉，下訖肅宗，事甚委悉。濟陰王暉業撰《辨宗室錄》三十卷，收於是與通直常侍房延祐、司空司馬辛元植、國子博士刁柔、裴昂之、尚書郎高孝幹，專總斟酌，以成《魏書》。辨定名稱，隨條甄舉。又搜採亡遺，綴續後事，備一代史籍。（《魏書》卷一百四）

又劉知幾曰：

始鄧淵著《國記》，唯為十卷，而條例未成，暨乎明元，廢而不述，神䴥二年（太武元，西元 429 年。）又詔集諸文士崔浩、浩弟覽、高讜、鄧穎、晁繼、范亨、黃輔等，撰《國書》為三十卷。又特命浩總監史任，務從實錄。復以中書郎高允、散騎侍郎張偉，並參著作，續成前史（「史」字疑衍）書，敘述國事，無隱所惡，而刊石寫之，以示行路。浩坐此夷三族，同作死者百二十八人，自是遂廢史官。至文成帝和平元年（460 年），始復其職，而以高允典著作，修《國記》。允年已九十，手目俱衰，時有校書郎劉模，長於緝綴，乃令執筆而口占授之。如是者五、六歲，所成篇卷，模有力焉。初，《國記》自鄧、崔以下，皆相承作編年體，至孝文太和十一年（487 年），詔秘書丞李彪、著作郎崔光，始分為紀傳異科。宣武時，命邢巒追撰《孝文起居注》，既而崔光〔註132〕、王遵業補續，下訖孝明之世，溫子昇復修《孝莊紀》，濟陰王暉業撰《辨宗室錄》，《魏史》官私所撰，盡於斯矣。（《史通通釋·古今正史篇》）

知時事之注記，雖未全備，然魏收之撰史，自鄧淵《國記》十餘卷以下，猶有崔浩《國書》二十卷、邢巒《高祖起居注》、崔鴻、王遵業《列朝起居注》、溫子昇《孝莊紀》三卷及王暉業《辨宗室錄》三十卷等，可資取藉，而其中並嘗有游雅、高允、程駿、李彪、崔光、李琰之、崔覽、高讜、鄧穎、晁繼、范亨、黃輔、張偉、劉模等諸人之所用功。且又博訪百家譜狀，兼採朝野遺聞軼事，其所參採斟酌，踵事增華，以包舉一代終始，而勒成《魏書》者，蓋亦詳悉。〔註133〕

據收〈自序〉所舉，與修諸人，有通直常侍房延祐、司空司馬辛元植、國子博士刁柔、裴昂之、尚書郎高孝幹等，蓋以時君期許之切，收之撰史，遂有多人為助，

〔註132〕崔光，《魏書》卷一百四〈魏收自序〉作「崔鴻」。又《魏書》卷六十七〈崔鴻傳〉曰：「……勒撰起居注。」按，崔鴻有《十六國春秋》，詳見第七章第一節。

〔註133〕按，魏收之前，嘗記注《魏史》者，除見於魏收〈自序〉及《史通·正史篇》所載者外，劉攽、劉恕等之上《魏書目錄表》、姚振宗《隋志考證》卷十一「《後魏書》」條、呂思勉《兩晉南北朝史》第二十三章第五節，及李正奮《魏書源流考》（載民國十八年十二月出版之《國立北京大學國學季刊》第二卷第二號）等，亦並有考論，而皆有詳略出入，頗堪比勘。

雖與唐初設局纂修之史有別，實開其先聲。

　　然與撰《魏書》之人雖多，蓋有未愜於眾論者，故《北齊書・魏收傳》以爲所引史官，恐有凌逼，唯取學流先相依附者，房延祐、辛元植、睦元讓，〔註134〕雖夙涉朝位，並非史才，刁柔、裴昂之，以儒業見知，全不堪編緝，高孝幹乃以左道求進。《史通・正史篇》亦以刁柔諸子，並乏史才，唯以髣髴學流，憑附得進爲言。加以收性頗急，夙有怨者，多沒其善，每言何物小子，敢共魏收作色，舉之則使上天，按之當使入地。而修史諸人，苟祖宗姻戚，率被書錄，則飾以美言。故收書所載，乃有失簡潔，且不能甚平者。

　　據《北齊書・收傳》所述，當神武之時，收爲太常少卿，修國史，得陽休之助，因謝休之曰：「無以謝德，當爲卿作佳傳。」休之父固，魏世爲北平太守，以貪虐，爲中尉李平所彈，獲罪，載在《魏起居注》，而收書云：「固爲北平，甚有惠政，坐公事免官。」又云：「李平深相敬重。」爾朱榮於魏爲賊，收以高氏出自爾朱，且納榮子金，故減其惡而增其善，且論云：「若修德義之風，則韓彭伊霍，夫何足數。」收又於書成表上之後，悉焚崔浩、李彪等舊書，於是群起而攻。文宣乃詔收於尚書省與諸家子孫共加論討。前後投訴者，百有餘人，或云遺其家世職位，或云其家不見記錄，或云妄有非毀，收皆隨狀答之。然猶以群口沸騰，勅《魏史》且勿施行，令群官博議，聽有家事者入署，不實者陳牒。於是眾口諠然。此天寶五年（554年）收史初成之時，眾之所議論者也。

　　其後，魏收嘗迭易其史，據《北齊書・收傳》所載，凡有二次，其一在皇建元年（560年），孝昭以《魏史》未行，詔收更加研審，收奉詔頗有改正，此收初易之稿也。其一在武成時，以群臣多言《魏史》不實，乃復勅更審，收又迴換。此收再易之稿也。及後主高緯武平四年（573年）五月，詔史官更撰《魏書》，今本《魏書》「李緯」之作「李系」，蓋即於此時避後主高緯之諱改之也。知武平之時，於收卒後一年，《魏史》殆又經史官更易之矣。〔註135〕

　　魏收著史，以身處淫亂之朝，執筆自爲不易。故《北史》（卷五十六）傳末之論魏收《魏書》曰：「但意存實錄，好抵陰私，至於親故之家，一無所說，不平之議，見於斯矣。」收之迴護，蓋亦有其不得已者，且人非南董，豈能無私，曲筆之作，

〔註134〕按，睦氏不見舉於魏收〈自序〉。又睦元讓《北史》卷五十六作「睦仲讓」，《史通・正史篇》作「睦」（一作陸）仲讓，劉放、劉恕等上《魏書目錄表》作「睦仲」，其人正史中無傳。

〔註135〕李正奮《魏書源流考》云：「舊案：趙甌北《陔餘叢考》謂此次易稿，亦出收手，考《北齊書》收本傳，收卒於武平三年，諡文貞，史文昭昭，安有易稿於四年之理？」

又何代所無，以此而毀收史，至於相逼者，豈以收德位不足傾眾，加以魏、齊世近，著名魏籍者，其有子孫，誰不欲私其父祖，而又勢不能悉饜眾意，遂不免有譁然者矣。觀《史通・正史篇》之短收史云云，以視《北齊書》及《北史・收傳》，則如出一轍，《崇文總目》、《郡齋讀書志》以及《直齋書錄解題》之所評，亦僅襲唐人之片言，世於魏收《魏書》，竟幾以穢史為說。

今考其所及諸家，雖因中原喪亂，人士譜牒，遺逸略盡，故為具書其枝派，蓋以史籍而兼譜牒之用，然取視舊史體例，誠不免繁冗，〔註136〕而又以意取捨，依違由己，亦其失也。至以元氏起於邊朔，其君為一部之酋長，道武追崇所及，凡二十八君，而《魏書・序紀》，乃襲其虛號，生則謂之帝，死則謂之崩，實不異沐猴而冠，腐鼠稱璞者。（《史通・稱謂篇》）其以魏孝武西入關依宇文而謂為出帝，目司馬氏為僭晉，桓、劉以下，皆指為島夷，詔齊則輕抑關右，黨魏則深誣江外，蓋又愛憎出於方寸，與奪由乎筆端者也。

然若《史通・書志篇》之以《魏篇》加之〈釋老〉，為不急之務，則豈無視於魏收之言「釋老當今之重」？（〈上十志啟〉）夫史志之增損，以取合時代所向者，不亦宜乎！至謂魏收絕嗣遭斲，皆陰過所致（《史通・採撰篇》）。以報應為言，豈能允公論？或謂其在南、北八史中，最為沉謬，又豈其然哉？考魏收撰史，當以史才有餘而史德不足，又以才累，遂至蕪冗。其史之成，蓋抗直與私曲並見，故詆毀亦共稱譽齊臻。今觀其狀眞雅貪廉之態，社會大小之情，頗為詳備，又多能附其書以傳，遂為世之稱魏史者所本。王鳴盛之云：「愚謂魏收手筆雖不高，亦未見必出諸史之下，而被謗獨甚，乃其後改修者甚多，而總不能廢收之書，千載而下，他家盡亡，收書巍然特存，則又不可解。」〔註137〕豈無微意？

考魏收之才，當勝溫、邢，《魏書》之成，亦費斟酌，是以書成之時，攻者雖多，尚書陸操則嘗謂愔曰：「魏收《魏書》，可謂博物宏才，有大功於魏室。」愔亦謂收曰：「此謂不刊之書，傳之萬古。」〔註138〕朱明鎬《史糾》更謂其史裁頗有可取，斷限差勝沈約。〔註139〕蓋皆有推崇之意。今其書雖良直邪曲，諸說各異，斷斷不已，

〔註136〕趙翼《陔餘叢考》卷七（「《魏書》蕪冗處」條）曰「《魏書》最為蕪冗，尤可厭者，一人立傳，則其子孫不論有官無官，有功績無功績，皆附綴於後，有至數十人者，如〈陸俟傳〉載其子孫馥琇等十六七人，〈李順傳〉載其子孫敷式等二十餘人，以及盧元、李靈、崔逞、封彝皆載其子孫宗族數十人，一似代人作家譜者，所載之人，別無可紀，但敍其官閥一、二語而已，則又何必多費筆墨耶？」

〔註137〕見《十七史商榷》卷六十五（「魏收《魏書》」條）。

〔註138〕見《北齊書》卷三十七〈魏收傳〉。

〔註139〕見李正奮《魏書源流考》引。

然述魏史者，除延壽《北史》外，世唯魏收《魏書》是依，其且能爲研究北方民族及道、佛等教史者所援據，又豈始料所及。

《魏書》宋時已闕，《崇文總目》云：「隋開皇中，敕魏澹更作《魏史》，唐‧李延壽作《北史》，並行于世，與收史相亂，因而卷第殊舛，今所存僅九十餘篇。」（卷二〈正史類〉）《直齋書錄解題》云：「今闕〈紀〉二卷，〈傳〉闕二十二卷，又三卷不全，〈志〉闕〈天象〉二卷。」（卷四〈正史類〉）劉攽等〈上魏書目錄表〉云：「數百年間，其書亡逸不完者，無慮三十卷。」考今所行本，爲宋劉攽等所校定，據其所上目錄，注闕字者，則止卷三〈太宗明元帝紀〉、卷十二〈孝靜帝紀〉，卷十三〈后妃列傳〉、卷十四〈神元平文諸帝子孫列傳〉、卷十五〈昭成子孫列傳〉、卷十七〈明元六王列傳〉、卷十八〈太武五王列傳〉、卷十九上〈景穆十二王列傳〉上、卷二十〈文成五王列傳〉、卷二十二〈孝文五王列傳〉、卷二十五〈長孫嵩列傳〉、卷三十四〈王洛兒等列傳〉、卷八十一〈綦儁等列傳〉、卷八十二〈李琰之等列傳〉、卷八十三上〈外戚列傳〉上、卷八十三下〈外戚列傳〉下、卷八十五〈文苑列傳〉、卷八十六〈孝感列傳〉、卷八十七〈節義列傳〉、卷八十九〈酷吏列傳〉、卷一百一〈氐楊難啓等列傳〉、卷一百二〈西域列傳〉、卷一百三〈蠕蠕等列傳〉、卷一百四〈序傳〉、卷一百五〈天象志〉一之三、卷一百五〈天象志〉一之四等；注不全者，計有卷八十四〈儒林列傳〉、卷九十一〈術藝列傳〉、卷九十二〈列女列傳〉等，合共二十九卷，與陳振孫所言卷數同。其所闕佚，乃採《北史》、《隋書》、高峻《小史》、修文殿《御覽》、魏澹《魏書》、張太素《後魏書》、宗諫注《十三代史目》等書補之。宋人校語，於後人所補闕卷，雖片言隻字，亦必疏其出處，而逐篇著明，宋刻本及明南監本皆猶附卷末，北監本則已刊削不完，至乾隆四年武英殿據北監本付刻，乃盡刪去，而入於〈考證〉之中，又往往不著其爲宋人校語，一似出於校勘諸臣之手，〔註140〕遂使《四庫》館臣誤謂「其據何書以補闕，則攽等未言。」〔註141〕又考今本之中，如卷九十三、九十四等，猶闕史臣論，卷一百六上〈地形志〉敘亦有闕字，至於其他疑闕之卷，更當不止此，然則《魏書》所闕，亦云多矣。〔註142〕

〔註140〕詳見余嘉錫《四庫提要辨證‧史部一》「《魏書》」條。

〔註141〕見《四庫提要》卷四十五（〈史部‧正史類一〉「《魏書》」條）。

〔註142〕殿本《魏書》卷三十三（〈列傳〉第二十一）〈考證〉云：「臣人龍按：本書目錄卷三十三不注闕字，而舊本于本卷卷末有跋云：此傳全寫《高氏小史》，疑收書亡而後人補之，史臣論亦悉出《北史》諸論，合而成文，然頗詳備，與本史它卷略同。據此則本書所闕甚多，更不止如目錄所注二十九卷矣。」李正奮《魏書源流考》稱殘闕者已五十有九卷。按，《歷代地理書彙編‧辛編》有北齊‧魏收撰《魏書‧地形志》三卷，並附《考證》，又溫曰鑑有《魏書地形志校錄》三卷，可供參稽。

　　《魏書》有十二〈紀〉、九十二〈列傳〉、十〈志〉，凡一百一十四篇，并〈例目〉合共一百三十一卷，乃魏收於北齊文宣天保二年（551 年），被詔纂修，雖有多人助其編次，而收實主其事，於五年（554 年）三月，先成〈紀〉、〈傳〉奏上，十一月，復奏〈十志〉二十卷，續於〈紀〉、〈傳〉之末。其三十五例、二十五序、九十四論、前後兩表、一啟，皆出於收手。〔註 143〕其書所記，上自成帝，下迄孝靜帝，旁及劉聰等群雄，以至晉、宋諸帝，邊地各國等〔註 144〕，綴補條舉，採舊增新，誠所謂一代大典。其編〈紀〉次〈傳〉，而以〈志〉置諸〈傳〉後者，固因〈志〉之為用，足以網羅遺佚，以一統天人之跡（〈上十志啟〉），然亦有所依循，即《史通・編次篇》所謂舊史以〈表〉、〈志〉之帙，介於〈紀〉、〈傳〉之間，降及蔚宗，肇加釐革，沈、魏繼作，相與因循者是也。其例今不可見，依劉知幾所言，則亦全取於范曄矣（《史通・序例篇》）。

　　今考其〈帝紀〉十二而為卷十四，計有〈序紀〉、〈太祖紀〉、〈太宗紀〉、〈世祖紀〉上、〈世祖紀〉下、〈恭宗紀〉、〈高宗紀〉、〈顯祖紀〉、〈高祖紀〉上、〈高祖紀〉下、〈世宗紀〉、〈肅宗紀〉、〈孝莊紀〉、〈前廢帝黃陵王紀〉、〈後廢帝安定王紀〉、〈出帝平陽王紀〉、〈孝靜紀〉等（見殿本卷首標目）。按，有魏系出鮮卑，姓拓跋氏，舊居漠北。其先，據《魏書・序紀》所載，乃遠溯至二十七代有名毛者。及晉孝武帝太元十一年（386 年）夏四月，代王拓拔圭始改稱魏。〔註 145〕至安帝隆安二年（398 年）十二月，魏王圭即尊位，年號天興。〔註 146〕自是之後，乃悉追尊前代為帝，即自成帝毛，以迄昭成帝什翼犍，計得廿七帝。是以《魏書》之撰，於太祖道武帝圭之前，蓋以俱不宜作紀傳，故設為〈序紀〉，以總敘其事也。〔註 147〕

　　考北魏〔註 148〕之盛衰，乃自道武之開國，歷太武帝燾之繼統北方，孝文帝宏之遷都洛陽，宣武帝恪之怠荒政事，孝明帝詡母胡靈太后之臨朝，酖死孝明，爾朱榮之沈靈太后及少主於河，立孝莊帝子攸，孝莊帝之手刃爾朱榮，又為爾朱兆害於晉陽，以及長廣王曄立，旋為世隆等所廢，而立前廢帝（《北史》從西魏追諡稱「節閔

〔註 143〕見劉放〈上魏書目錄表〉。
〔註 144〕詳見《魏書・目錄》。
〔註 145〕見《晉書斠注》卷九〈孝武帝紀〉。按：拓拔圭之「圭」，《魏書》本傳作「珪」。
〔註 146〕見《晉書斠注》卷十〈安帝紀〉。
〔註 147〕呂思勉《兩晉南北朝史》注曰：「〈彪傳〉云：自成帝已來，至於大和，崔浩、高允，著述國書，編年敘錄，為《春秋》之體，遺錄時事，三無一存，彪與秘書令高祐，始奏從遷、固之體，奏見〈祐傳〉。據其辭，則紀傳之體，起於皇始，蓋自此以前，事蹟希簡，且無年月，不能編年，故不能作本紀。今《魏書》之〈序紀〉，其體或亦沿自祐等耶？」（第二十三章〈晉南北朝學術〉第五節〈史學〉）
〔註 148〕以有曹魏在前，故亦稱「後魏」。又以孝文帝宏改拓拔姓為元，故又稱為「元魏」。

帝」）廣陵王恭，北齊神武皇帝高歡之起兵討爾朱氏，而奉章武王融子渤海太守朗爲帝，是爲後廢帝（《北史》但曰廢帝），廣平文穆王懷子平陽王修立，是爲出帝（即孝武帝），畏逼，走依關西宇文泰，都長安，旋即見弒等，凡十二主，共一百四十九年（386～534 年），其後遂分東、西。宇文泰以遭時際會，立其孫南陽王寶炬爲文帝，是謂西魏（534～556 年）。高歡以北魏西奔，乃別立孝靜帝於洛陽，史稱東魏（534～550 年），東魏至孝靜帝之立十七年，爲北齊高洋所奪，西魏歷文帝、廢帝，傳至恭帝，爲北周宇文覺所篡，周又滅齊，而隋又代周滅陳。〔註149〕此則北朝之分合，及隋之一統也，魏收之修《魏書》，乃在北齊，觀其所撰帝紀，自出帝後，即繼以東魏孝靜帝，至於西魏文帝諸人，乃僅附見孝靜帝中，且直斥其名，而不爲作紀，對其君臣，又率多貶詞，蓋以身爲齊臣，欲以齊繼東魏爲正，以爲齊篡東魏之張本也。

其〈列傳〉九十二篇而爲卷九十六，乃以〈景穆十二王傳〉分爲上、中、下三卷，〈獻文六王傳〉、〈外戚傳〉等並爲上、下二卷也。彙傳計有：〈后妃〉、〈外戚〉（上、下）、〈儒林〉、〈文苑〉、〈孝感〉、〈節義〉、〈良吏〉、〈酷吏〉、〈逸士〉、〈藝術〉、〈列女〉、〈恩倖〉、〈閹官〉等。其〈孝感〉之稱，即傳其有孝行者；〈節義〉，即爲忠義；〈逸士〉，即爲隱逸；〈閹官〉，即爲宦官。名雖異而實同也。其以劉聰、石勒等，次於彙傳之後，又冠之匈奴、羯胡等種名；再次以司馬叡（晉元帝），而題曰僭晉；次以桓玄、馮跋、劉裕以及蕭道成、蕭衍等，而並目爲島夷、海夷。故其作帝紀，於南朝及十六國之君，皆直斥其名，凡聘使之來，皆書遣使朝貢。〔註150〕蓋以上國自居，而鄙視諸朝也。

其志十而爲卷二十，計有：〈天象〉四卷（一至四）、〈地形〉三卷（上、中、下）、〈律歷〉二卷（上、下）、〈禮〉四卷（一至四）、〈樂〉一卷、〈食貨〉一卷、〈刑罰〉一卷、〈靈徵〉二卷（上、下）、〈官氏〉一卷、〈釋老〉一卷等，然據魏收〈自序〉則

〔註149〕詳見呂思勉《兩晉南北朝史》第十一章〈元魏盛衰〉至第十五章〈南北統一〉。
〔註150〕按，趙翼《陔餘叢考》云：「《魏書》則詳記本國而隣國大事亦附書，然於東晉諸帝，已斥其名，於宋、齊、梁諸帝，則書「島夷劉裕」、「島夷蕭道成」、「島夷蕭衍」，於西魏及周亦斥名曰「寶炬黑獺」，列傳後亦立「島夷劉、蕭」諸傳，與「匈奴劉聰」、「鐵弗劉虎」等同，此《魏書》體例也。」（卷六）「宋、齊、梁、陳、魏、周、齊、隋諸史及《南北史》書法各有不同」條）
又云：「至建號以後，南北朝通使等事，其於南使之來，則書曰某遣某朝貢，如登國六年晉司馬德宗遣使朝貢是也，北使之去，則書遣使於某，如始光二年，詔龍驤將軍步堆使於劉義符是也。」（卷七「《魏書》書法」條）
又余嘉錫《四庫辨證》云：「收書不書西魏及南朝國號，皆以寶炬蕭衍之名代之。」（〈史部一〉「《魏書》」條）

謂：「〈天象〉四卷、〈地形〉三卷、〈律曆〉二卷、〈禮樂〉四卷、〈食貨〉一卷、〈刑罰〉一卷、〈靈徵〉二卷、〈官氏〉二卷、〈釋老〉一卷，凡二十卷。」（《魏書》卷一百四）是〈志〉僅九篇，且其卷數，亦與今本有異。若依〈自序〉，則必今本已爲後人所攙亂，如從今本〈禮志序〉之言總錄典禮之迹，〈樂志序〉之論樂器等之分卷分明，以及〈官氏志〉之僅有一卷，則又豈〈自序〉之有謣奪耶？其〈天象〉云者，即爲天文之志；〈地形〉，即爲地理之志；〈靈徵〉，即爲祥瑞之志；而〈官氏〉之志，乃魏代之急（〈上十志啓〉），其前列官制，後爲氏族，然仍詳於官制者，蓋本於百官；其創〈釋老〉一志，又以當時之重也。蓋自魏、晉以降，釋老風行，故特爲專志，以記當日之盛衰及世人之崇抑，而覘其教化，亦所以隨時而制，蓋有不全襲前人者矣。

　　《魏書》自宋人之校刻後，及於後世，刊本頗多，爲之用功者，亦不乏人，如孫人龍之奉勅校證、盧文弨之校補、王先謙之校記、李慈銘之札記、李寶洤之平議，以及羅振玉之《宗寶傳注》等是。又《魏書》無表，萬斯同《歷代史表》所補者有：〈魏諸王世表〉、〈異姓諸王世表〉、〈魏外戚諸王世表〉、〈魏將相大臣年表〉、〈西魏將相大臣年表〉、〈東魏將相大臣年表〉。吳廷燮又有〈元魏方鎮年表〉、〈西魏方鎮年表〉及〈東魏方鎮年表〉。《魏書》雖有十志，然魏收以藝文前志可尋（〈上十志啓〉），蓋因此而闕，爲之補者有李正舊《補後魏書藝文志》、賴炎元《補魏書藝文志》。他如溫曰鑑有《地形志校錄》、盧文弨有《禮志校補》、陳毅有《官氏志疏證》、谷霽光有《補魏書兵志》等，於魏史之研求，並可參證。

第三章　何法盛、臧榮緒等諸家紀傳體晉史

　　史部類隸之法，蓋自《七錄》始，「別史」一門，則首見於陳振孫《直齋書錄解題》，乃以處上不至於正史，下不至於雜史者。故《書目答問》卷二（〈別史〉第五）注曰：「別史、雜史，頗難分析，今以官撰及原本正史重為整齊，關繫一朝大政者入別史，私家記錄，中多碎事者入雜史。」論者頗稱公允。又《四庫提要・史部・別史類敘》曰：「《史記》、《漢書》以下，已列為正史矣，其歧出旁分者，《東觀漢記》、《東都事略》、《大金國志》、《契丹國志》之類，則先資草創；《逸周書》、《路史》之類，則互取證明；《古史》、《續後漢書》之類，則檢校同異。其書皆足相輔，而其名則不可以並列。」其於正史、別史之分，亦言之詳矣。今考南北朝人所撰史部遺籍，如何法盛等諸家之書，皆所謂先資草創，可互取證明者也，以名既不入正史，又非雜史，蓋即別史之流矣。茲並考如后。

一、何法盛《晉中興書》

　　何氏《晉中興書》，《隋志》著錄七十八卷，注云：「起東晉，宋湘東太守何法盛撰。」《唐書・經籍志》云：「《晉中興書》八十卷，何法盛撰。」《唐書・藝文志》稱：「何法盛《晉中興書》八十卷。」按，其書已佚，今有清・黃奭輯本一卷，附〈徵祥說〉，見於《漢學堂叢書（黃氏逸書考）・子史鈎沈・史部正史類》。別有王仁俊輯本一卷，見於《玉函山房輯佚書補編》；王仁俊所輯，又別有《晉中興徵祥說》一卷，亦存《玉函山房輯佚書補編》中。湯球所輯《晉中興書》則有七卷，見於《廣雅書局叢書・史學・晉書輯本》及《叢書集成初編・史地類・九家舊晉書輯本》。陶棟有《何法盛晉中興書》二卷，存《輯佚叢刊》中；又《說郛》（宛委山堂本）弓五十九及《古今說部叢書一集》中，亦並有劉宋・何法盛撰《晉中興書》一卷。

　　何法盛，《宋書》無傳，始末未詳。《宋書》沈約〈自序〉嘗言，沈伯玉，世祖

時（宋孝武帝廟號）爲江夏王義恭太宰行參軍，與奉朝請謝超宗、何法盛校書東宮。知法盛當於宋孝武時，爲奉朝請，且嘗校書東宮。據《隋志》所著錄，又知嘗爲湘東太守，則何氏大抵爲劉宋中晚時人也。

所撰《晉中興書》，據唐‧李延壽言，謂係竊自郗紹之作者。《南史》卷三十三〈徐廣傳〉云：「時有高平郗紹亦作《晉中興書》，數以示何法盛，法盛有意圖之，謂紹曰：『卿名位貴達，不復俟此延譽。我，寒士，無聞於時，如袁宏、干寶之徒，賴有著述，流聲於後，宜以爲惠。』紹不與，至書成，在齋內厨中，法盛詣紹，紹不在，直入竊其書。紹還失之，無復兼本，於是遂行何書。」王鳴盛之遍論十七史，遂直稱爲郗紹《中興書》。然考《晉書》、《宋書》〈徐廣傳〉則皆不附是事，不知爲實錄否？劉知幾於東晉諸史，則以爲何氏《中興》，實居其最。儻湮滅不行，良可惜也（《史通‧雜說中》）。劉氏歷事二主，從宦兩京，遍居司籍之曹，久處載言之職，於所見諸史，苟有譏評，率皆直言，於法盛之竊取，竟不之提。然則世有謂法盛書之竊自郗紹者，豈其然哉？〔註1〕

法盛所撰《晉中興書》，知幾既以爲東晉之史，何氏居最。〔註2〕蓋以事有可稽，辭有可述也（《史略》卷二〈晉書〉）。其書蓋記自東晉元帝渡江始，以其偏安江左，故曰《晉中興書》。雖莫通乎創業〔註3〕，然東晉一史，自鄧粲、孫盛、檀道鸞、王韶之以下，相次繼作，遠則偏記兩帝，近則唯敘八朝，殆未有如法盛書之勒成一家，首尾該備者也。〔註4〕

法盛書今詳不可考，據諸書所載，其目蓋與諸史異，如「本紀」曰「典」，《陳書》卷三十四何子元〈梁典序〉謂：「《尙書》述唐帝爲〈堯典〉，虞帝爲〈舜典〉，斯又經文明據，是以典之爲義久矣。若夫馬《史》、班《漢》，述帝稱「紀」，自茲厥後，因相祖習。及陳壽所撰，名之曰「志」，總其三國，分路揚鑣，惟何法盛《晉書》，變帝紀爲「帝典」，既云師古，在理爲優。故今之所作，稱爲〈梁典〉。」又改「表」爲「注」，《史通‧表歷篇》曰：「法盛書載中興，改表爲注。」且易「志」爲「說」，《史通‧書志篇》曰：「原夫司馬遷曰書，班固曰志，蔡邕曰意，華嶠曰典，張勃曰錄，何法盛曰說。」又〈題目篇〉云：「何氏《中興》，易志爲「記」。章宗源曰：「『記』

〔註1〕按，浦起龍《史通通釋》曰：「評者謂《玉海》言法盛書竊之郗紹，譏子玄未考。夫何果竊，而書果善，固無傷於居最一語也。」呂思勉《兩晉南北朝史》（第二十三章〈晉南北朝學術〉第五節〈史學〉）曰：「法盛書，《南史‧徐廣傳》謂其竊諸郗紹，說亦似不足信。」

〔註2〕《史通‧雜說中》。

〔註3〕見唐貞觀二十年（646年）太宗勅修《晉書》詔。

〔註4〕《史通‧正史篇》。

乃『說』字之訛。」（《隋志考證》卷一〈史部・正史〉「《晉中興書》七十八卷」條）
而〈列傳〉曰錄，《史通・因習篇》曰：「何法盛《中興書・劉隗錄》稱其議獄事，
具刑法志（說）。依檢志（說）內，了無其說。」〈書事篇〉云：「王隱、何法盛之徒
所撰《晉史》，乃專訪州閭細事，委巷瑣言，聚而編之，目爲鬼神傳錄，其事非要，
其言不經。」〈斷限篇〉：「江左既承正朔，斥彼魏胡，故氏羗有錄。」又李善注《文
選》引何法盛〈琅邪王錄〉、〈陳郡謝錄〉、〈濟陰卞錄〉，此類甚多，即《晉中興書》
中之一篇也。至李延壽《南北史》，以祖孫、父子、族屬合爲一篇，蓋亦取法盛例矣。
〔註5〕其論贊稱「述」，亦有別於眾史，故《史通・論贊篇》曰：「《史記》云太史公，
班固曰贊，荀悅曰論，《東觀》曰序，謝承曰詮，陳壽曰評，王隱曰議，何法盛曰述，
揚雄曰譔，劉昺曰奏，袁宏、裴子野自顯姓名，皇甫謐、葛洪列其所號，史官所撰，
通稱史臣。」名目雖殊，其義一揆也。章宗源《隋志考證》亦嘗據《藝文類聚》、《初
學記》諸書之引法盛〈徵祥說〉，《開元占經》引〈懸象說〉，《北堂書鈔・設官》引
〈百官公卿注〉，《文選》注引〈桓玄錄〉、〈陳郡謝錄〉、〈劉聰錄〉、〈潁川庾錄〉、〈濟
陰卞錄〉，《書鈔・設官部》引〈會稽賀錄〉、〈琅邪王錄〉、〈濟陽江錄〉、〈陳郡袁錄〉、
〈太原王錄〉、〈順陽范錄〉等，以證法盛書之以「典」、「注」、「說」、「錄」四體以
易「紀」、「表」、「志」、「傳」也。清人如王仁俊等所輯法盛書之別有〈徵祥說〉，殆
亦即《晉中興書》中之一志矣。

　　《晉中興書》，雖能勒成一家，且視諸作爲該備，然不能無失，名目雖巧，蕪累
亦多（《史通・表歷篇》），是不免其有非議者也。然自唐之更撰《新晉書》，又經安史
之亂，竟至湮滅不行，亦可惜也。雖北齊敦煌宋繪嘗依準裴松之注《三國志》體而爲
之注（《北齊書》卷二十〈宋顯傳〉），今見收於蘇瑩輝《敦煌藝文略》中，惜亦無傳。

二、謝靈運《晉書》

　　謝靈運《晉書》，《隋志》著錄三十六卷，注云：「宋臨川內史謝靈運撰。」《唐
書・經籍志》云：「《晉書》三十五卷，謝靈運撰。」《唐書・藝文志》稱：「謝靈運
《晉書》三十五卷，又《錄》一卷。」按，其書已佚，今有清・黃奭、湯球輯本各
一卷，黃本存《漢學堂叢書（黃氏逸書考）・子史鉤沈・史部正史類》，湯本見於《廣
雅書局叢書・史學・晉書輯本》及《叢書集成初編・史地類・九家舊晉書輯本》中。

　　謝靈運，陳郡陽夏人，生於晉孝武帝太元十年（385 年）。祖玄，晉車騎將軍。
父瑍，生而不慧，位秘書郎，早亡。靈運幼便穎悟，玄甚異之。少好學，博覽群書，
文章之美，與顏延之並稱爲江左第一，而縱橫俊發，則過於延之，至於深密則不如

也。從叔祖混特加愛之，襲封康樂公，食邑三千戶。性豪侈，車服鮮麗，衣裳器物，多改舊制，世共宗之，咸稱謝康樂。累遷秘書丞，坐事免。宋武帝代晉（420年），降公爵為侯，食邑五百戶。起為散騎常侍，轉太子左衛率。自謂才能宜參權要，既不見知，常懷憤惋。盧陵王義真少好文籍，與靈運情款異常。少帝即位，權在大臣，靈運構扇異同，非毀執政，司徒徐羨之等患之，出為永嘉太守。郡有名山水，靈運素所愛好。出守既不得志，遂肆意遊遨。徧歷諸縣，動踰旬朔，理人聽訟，不復關懷。所至輒為詩詠，以致其意。在郡一周，稱疾去職。從弟晦、曜、弘、微等，並與書止之，不從。靈運父祖並葬始寧縣，有故宅及墅，遂移籍會稽，修營舊業，傍山帶江，盡幽居之美。與隱士王弘之、孔淳之等放蕩為娛，有終焉之志。每有一首詩至，都邑貴賤，莫不競寫，宿昔之間，士庶皆徧，遠近欽慕，名動京師。作〈山居賦〉，并自注以言其事。文帝（太祖）登祚，誅徐羨之等，徵為秘書監，再召不起，上使光祿大夫范泰與書敦獎乃出，使整理秘閣書遺闕。以晉氏一代，自始至終，竟無一家之史，又令撰《晉書》，粗立條流，書竟不就。尋遷侍中，賞遇甚厚。靈運詩、書兼絕，每文竟，手自寫之，文帝稱為二寶。既自以名輩應參時政，初被召，便以此自許。至是唯以文義見接，每侍上宴，談賞而已。而王曇首、王華、殷景仁等，名位素不踰之，並見任遇。意既不平，多稱疾不朝直。出郭游行，或一百六、七十里，經旬不歸。上不欲傷大臣，諷旨令自解。靈運乃上表陳疾，東歸，而游娛宴集，以夜續書。復為御史中丞傅隆所奏，坐以免官，是歲元嘉五年（428年）。靈運既東，與族弟惠連、東海何長瑜、潁川荀雍、太山羊璿之，以文章賞會，共為山澤之游，時人謂之「四友」。靈運因祖父之資，生業甚厚，奴僮既眾，鑿山浚湖，功役無已。登躡常著木屐，上山則去其前齒，下山去其後齒。嘗伐木開徑，直至臨海，從者數百人，臨海太守王琇驚駭，謂為山賊，徐知靈運，乃安。在會稽亦多從眾，驚動縣邑。太守孟顗事佛精懇，而為靈運所輕，嘗謂顗曰：「得道應須慧業，丈人生天當在靈運前，成佛必在靈運後。」顗深恨此言。又與王弘之諸人出千秋亭飲酒，倮身大呼，顗深不堪，遣信相聞。靈運大怒曰：「身自大呼，何關癡人事？」會稽東郭有回踵湖，靈運求決以為田。此湖去郭近，水物所出，百姓惜之，顗堅執不與。靈運既不得回踵，又求始寧岯崲湖為田，顗又固執，與顗遂隙。因靈運橫恣，百姓驚擾，乃表其異志。靈運馳詣闕上表，自陳本末，文帝知其見誣，不罪也，不欲復使東歸，以為臨川內史，賜秩中三千石。在郡游放，不異永嘉，為有司所糾，司徒遣使隨州從事鄭望生收靈運，乃興兵叛逸，遂有逆志，為詩曰：「韓亡子房奮，秦帝魯連恥。本自江海人，忠義感君子。」既追討禽之，送廷尉，廷尉論正斬刑，上愛其才，欲免官而已，彭城王義康堅執不宜恕，乃詔曰：「靈運罪釁累仍，誠合盡法。但謝玄勳

參微、管，宜宥及後嗣，可降死一等，徙付廣州。」後秦郡府將宋齊受使至涂口，行達桃墟村，見有七人下路聚語，疑非常人，還告郡縣，遣兵隨齊掩討，禽之，其一人姓趙，名欽，云：「同村薛道雙先與靈運共事，道雙因同村成國報欽云，靈運犯事，徙廣州，給錢令買刀箭刀楯等物，使道雙要合鄉里健兒，於三江口篡取謝，若得者如意後，功勞是同，遂合部黨要謝，不得及，還，饑饉，緣路為刼。」有司奏收之。文帝詔於廣州棄市，時元嘉十年（433 年），年四十九。有《晉書》三十六卷，《集》二十卷。〔註6〕

　　所撰《晉書》，依《宋書》本傳所載，乃於太祖登祚，以晉氏一代，自始至終，竟無一家之史，遂令撰寫，然粗立條流，書竟不就。則隋、唐諸志所著錄者，蓋為未完之作。其書既撰於晉亡之後，距時又近，且事多知見所及，本當能兼詳兩晉，惜竟不得。

　　今考《梁書》卷五十二〈止足傳序〉云：「謝靈運《晉書・止足傳》，先論晉世文士之避亂者，殆非其人，唯阮思曠，遺榮好遁，遠殆辱矣。」又章宗源《隋志考證》依《文選》蕭揚〈薦士表〉注引有序曰：「上品無寒門，下品無貴族。」干寶〈論武帝革命〉注引有〈禪位表〉，《初學記・職官部》引有「志曰」者凡五事（杜佑《通典》亦引一事），〈器物部〉、〈果木部〉各引有一事，《太平御覽・皇王部》引有〈世祖論〉，〈人事部〉引有愍懷妃義不受辱事。〔註7〕知靈運所撰者，其體例蓋亦不出《史》、《漢》成規。至其有虛張高論，玉卮無當者，劉知幾乃以為「曾何足云」。〔註8〕

三、臧榮緒《晉書》

　　臧榮緒《晉書》，《隋志》著錄一百一十卷，注云：「齊徐州主簿臧榮緒撰。」《南齊書》本傳、兩《唐志》卷並同。其書已佚，今有清・黃奭輯本一卷，存於《漢學堂叢書（黃氏逸書考）・子史鈎沈・史部正史類》；湯球輯本十七卷，又《補遺》一卷，見於《廣雅書局叢書・史學・晉書輯本》及《叢書集成初編・史地類・九家晉書輯本》；王仁俊輯本一卷，在《玉函山房輯佚書補編》中；陶棟輯本二卷，見於《輯佚叢刊》。

　　臧榮緒，東莞莒人，生於晉安帝義熙十一年（415 年）。祖奉先，建陵令，父庸民，國子助教。榮緒幼孤，躬自灌園，以供祭祀。母喪後，乃著〈嫡寢論〉，掃灑堂

〔註6〕詳見《宋書》卷六十七、《南史》卷十九，及嚴可均《全宋文》卷三十、丁福保《全宋詩》卷三〈謝靈運傳〉。
〔註7〕見章宗源《隋書經籍志考證》卷一（〈史部・正史〉「《晉書》三十六卷宋臨川內史謝靈運撰」條）。
〔註8〕見《史通・論贊篇》。

宇，置筵席，朔望輒拜薦甘珍，未嘗先食。純篤好學，與友關康之同隱居京口教授，時號「二隱」。太祖（齊高帝）爲揚州刺史，徵榮緒爲主簿，不到。司徒褚淵以榮緒沈深典素，追古著書，撰《晉史》十帙，贊論雖無逸才，亦足彌綸一代。上啓太祖，庶得備錄渠閣。上答曰：「公所道臧榮緒者，吾甚志之。其有史翰，欲令入天祿，甚佳。」榮緒惇愛《五經》，自號「被褐先生」，又以飲酒亂德，言常爲誡。齊永明六年（488年）卒，年七十四。〔註9〕

所撰《晉書》，乃括東、西晉於一篇，成〈紀〉、〈錄〉、〈志〉、〈傳〉一百一十卷。諸爲典午撰史者，或及三世，或限二帝，或紀至西晉，或只爲東晉撰史，或條理粗立，書竟不就，其能包羅兩朝史實，以完一代之典者，殆止臧榮緒、蕭子雲及沈約三氏耳，沈約書早亡，蕭書《隋志》著錄時，僅得十一卷（並詳本節後述），惟臧書一百十卷，頗爲完備。《南史‧諸葛璩傳》載：璩世居京口，幼事關康之，博涉經史，復師臧榮緒，榮緒著《晉書》，稱璩有發適之功。《南齊書》及《南史‧臧榮緒傳》亦並稱司徒褚淵嘗謂其撰《晉史》，亦足彌綸一代，齊高帝乃佳其書，欲令入天祿。則其書之用功，可以窺見。故唐貞觀中，房玄齡與褚遂良受詔重撰《晉書》，乃奏請以臧《晉書》爲本。〔註10〕及太宗《新晉書》成，以作由詞人，好采詭異，即有末愜於眾論者，如李善注《文選》，遂仍盛引臧書而不從新撰，而卒以不勝官本，竟致失傳，否則或將如兩《唐書》、兩《五代史》、兩《元史》之比也。王鳴盛嘗謂榮緒既勒成司馬氏一代事迹，各體具備，卷帙繁富，諒有可觀，即以垂世，有何不可，乃唐貞觀中，房玄齡奏令狐德棻重修《晉書》，號爲太宗御撰，而榮緒之書竟廢，故爲憤之，〔註11〕臧氏千載而後，得有如王氏者，蓋可慰於九泉矣。

臧書以視諸人之作，固大較多實，然未盡美，《史通‧論贊篇》之所品評，以爲必擇其善者，則臧榮緒抑其次也，蓋其史筆，有未及干寶者。《史通‧書志篇》曰：「自漢中興已還，迄於宋、齊，其間司馬彪《續漢書》、臧榮緒《晉書》、沈約《宋書》、蕭子顯《齊書》相承載筆，競志五行。雖未能盡善，而大較多實。」又貞觀二十年（464年）詔所謂「緒煩而寡要」者，知榮緒所作，蓋理少於文也。

臧氏《晉書》，據章宗源《隋志考證》謂：《太平寰宇記‧山南西道》引榮緒〈地理志〉，《北堂書鈔‧刑法部》引榮緒〈刑德志〉，此其志篇之可見者。今《晉書‧李重傳》稱：重議官階，見〈百官志〉；〈司馬彪傳〉稱：彪議南郊，見〈郊祀志〉；〈張充傳〉：充述曆贊，見〈律曆志〉；〈摯虞傳〉：表論封禪，見〈禮志〉，議玉牒兩社，

〔註9〕 詳見《南齊書》卷五十四、《南史》卷七十六〈臧榮緒傳〉。
〔註10〕 見《舊唐書》卷六十六〈房玄齡傳〉。
〔註11〕 《十七史商榷》卷四十三（「《晉書》唐人改修諸家盡廢」條）。

見〈輿服志〉。依檢〈志〉內，俱無其文，錢氏《晉書考異》（《廿二史攷異》卷二十一〈晉書四〉）嘗辨之。然據《唐會要》言貞觀修《晉書》以臧榮緒爲本，則所謂〈百官〉、〈郊祀〉諸志，當是臧氏之志。又《書鈔・設官部》引一事，蓋其〈百官志〉語；《文選・藉田賦》注引二事，《太平御覽・皇親部》引一事，蓋其〈輿服志〉語；《初學記・歲時部》引一事，《御覽・時序部》引一事，蓋其〈禮志〉語。〔註12〕惜以臧書既佚，其詳不可究詰也。

四、沈約《晉書》

　　沈氏《晉書》，《隋志》於「《晉史草》」條注稱梁有一百一十一卷，亡。《宋書・自序》謂所撰晉氏一代之書凡一百二十卷，永明初遇盜失第五帙。又《梁書》本傳云約所著《晉書》一百一十卷，《南史》云百餘卷。按，沈約以晉氏一代，竟無全書，故年二十許，便有撰述之意。所成條流雖舉，而采掇未周，又遇盜缺失，故諸史志所載，卷數並有不同，且《隋志》著錄時，此書已亡。今有清・黃奭輯本，存《漢學堂叢書（黃氏逸書考）・子史鈎沈・史部別史類・眾家晉史》；又有湯球輯本一卷，見於《廣雅書局叢書・史學・晉書輯本》及《叢書集成初編・史地類・九家舊晉書輯本》中。

　　沈約撰有《宋書》，並其傳略，詳見第二章第二節。所撰《晉書》，其《宋書・自序》嘗言及之。沈氏蓋於泰始初，以征西將軍蔡興宗之啓明帝，遂有勅賜許撰作。自此年逾二十，而撰成一百二十卷之書，然僅舉條流，又遇盜佚失，書遂不全。後又被勅撰國史，永明二年（484年），又奏兼著作郎，撰次《起居注》，自茲遂無暇更爲搜撰。五年（487年）春，又被勅撰《宋書》，所遺《晉書》，蓋因此而漸次散亡矣。

　　沈氏《晉書》，今詳不可知，據其表上《宋書》有曰：「桓玄、譙縱、盧循、馬魯之徒，身爲晉賊，非關後代；吳隱、謝混、郗僧施，義止前朝，不宜濫入宋典；劉毅、何無忌、魏詠之、檀憑之、孟昶、諸葛長民，志在興復，情非造宋。今並刊除，歸之晉籍。」又《史通・斷限篇》曰：「沈錄金行，上羈劉主。」則其《晉》、《宋書》之限斷，蓋可窺也。

　　沈氏著書，以好誣先代，於晉則故造奇說，稱元帝牛金之子，以應牛繼馬後之徵，故爲劉知幾所譏，〔註13〕然其書已佚，詳不可知。《世說・文學篇注、品藻篇注》、《初學記・器物部》。《北堂書鈔・設官部》、《太平御覽・皇親部》等並嘗引之，

〔註12〕見章宗源《隋志考證》卷一（〈史部・正史〉「《晉書》一百一十卷齊徐州主簿臧榮緒撰」條）。
〔註13〕見《史通・採撰篇》及〈雜說篇中〉。

〔註 14〕雖為殘文片羽，亦可聊見一斑

五、蕭子雲《晉書》

蕭氏《晉書》，《隋志》著錄十一卷，注云：「本一百二十卷，梁有，今殘缺，蕭子雲撰。」《梁書》卷三十五、《南史》卷四十二本傳並謂所著《晉書》一百一十卷，至兩《唐志》所著錄，乃止得九卷，知其書代有佚失矣。今有清·黃奭輯本，見於《漢學堂叢書（黃氏逸書考）·子史鈎沈·史部別史類·眾家晉史》，又有陶棟輯本一卷，見於《廣雅書局叢書·史學·晉書輯本》及《叢書集成初編·史地類·九家舊晉書輯本》中。

蕭子雲，字景喬，齊豫章文獻王嶷子、蕭子恪第九弟也。蘭陵人，生於齊武帝永明四年（486 年）。年十二（齊建武四年，西元 497 年。）封新浦縣侯，自製拜章，便有文采。梁受禪，例降爵為子。既長，勤學，有文藻，以晉代竟無全書，弱冠，便留心撰著，至年二十六，書成表奏之，凡一百一十卷，詔付秘閣。子雲性沉靜，不樂仕進，風神閑廣，任性不群，夏月，對賓客恒自裸袒，而兄弟不睦，乃至吉凶不相弔問，時論以此少之。年三十，方起家秘書郎，遷太子舍人，撰《東宮新記》二十卷，奏之，勑賜帛。累遷北中郎外兵參軍、晉安王文學司徒主簿、丹陽尹丞。時湘東王繹為京尹，深相賞好，如布衣之交。梁初郊廟，樂辭皆沈約撰，子雲啟宜改之，勑答使子雲撰定，作成，勑並施用。子雲善草隸，為世楷法，自云善效鍾元常、王逸少而微變字體。著《晉史》之時，至〈二王列傳〉，欲作論草隸法，言不盡意，遂不能成，略指論飛白一勢而已。及其功愈進，書迹雅為高祖（武帝）所重。中大同元年（546 年），拜宗正卿。太清元年（547 年）為侍中、國子祭酒，領南徐州大中正。二年（548 年）侯景寇逼，子雲逃民間。三年（549 年）三月，宮城失守，東奔晉陵，餒卒于顯靈寺僧房，年六十三。〔註 15〕

所撰《晉書》，據本傳所載，乃以晉無全書，故弱冠便留心撰著，年二十六，已書成奏上，詔付秘閣。其時則尚未仕進，而文才已大發矣。其兼善草隸，乃為時楷模，答勑有云：「昔不能拔賞，隨世所貴，規摹子敬，多歷年所。」〔註 16〕知其勤學，於仕進之前，已多有成就。所著《晉書》，嘗欲作論草隸法，惜不盡意，卒不能成。世蓋以雅重其書迹，遂掩其文章宏義，故子雲每有歎曰：「吾著《齊書》（子雲著《晉書》，無著《齊書》。）勒成一典，文章宏義，自謂可觀，唯以筆跡得名，亦異事也。」（《顏

〔註 14〕見章宗源《隋志考證》卷一（〈史部·正史〉「《晉書》一百一十卷梁沈約撰」條）。
〔註 15〕詳見《梁書》卷三十五〈蕭子恪傳〉、《南史》卷四十二〈齊高帝諸子傳〉上。
〔註 16〕見《梁書》卷三十五〈蕭子恪附子雲傳〉。

氏家訓・雜藝篇》）其書唐時蓋已闕佚，《太平御覽・人事部》所引，至有以後漢事而題蕭子雲《晉書》者。

六、群籍之引《晉書》佚文

　　《晉書》之作，雖有多家，然迄未有能愜於眾意者，一代之記，其後又率多亡失，今則唯存唐貞觀詔修之《新晉書》耳。及輯佚之學興，掇拾之餘，斷簡殘篇，漸見彙聚，雖或止片言隻字，有足資參證者。其爲紀傳之史，今既分述如上，然仍有散見於群籍之諸《晉書》佚文，清・黃奭乃又別爲輯存，計得：《三國志注》引《晉書》、《世說注》引《晉書》、《群書治要》所載《晉書》諸文，並見於《漢學堂叢書（黃氏逸書考）・子史鈎沈・史部別史類・眾家晉史》中，其於典午史實之探討比堪，蓋皆有不可忽視者也。

第四章　南北朝人對編年史之撰注

編年者，以事繫日，以日繫月，言春以包夏，舉秋以兼冬，年有四時，錯舉以爲所記之名，故書名《春秋》，而體歸編年。《穀梁傳》曰：「《春秋》編年，四時具，然後爲年，上尊天紀，下正人事。」此編年之意也。《隋志》曰古史，蓋謂爲史體之最古者。及司馬遷改編年爲紀傳，荀悅又易紀傳爲編年，故劉知幾《史通》分敘六家，乃統歸二體，則紀傳、編年，皆正史也。其不以編年列之者，《四庫提要·史部·編年類敘》所謂：「以班、馬舊裁，歷朝繼作，編年一體，則或有或無，不能使時代相續，故姑置焉，無他義也。」是矣。編年之名，變易至多，或謂之「春秋」，或謂之「紀」，或謂之「略」，或謂之「典」，或謂之「志」，其實一也。亦有歷代之編年，如《竹書紀年》是也，有一代之編年，如《漢紀》是也。又《隋志·史部》有「起居注」一類，稽其體例，亦屬編年。今考南北朝人於編年史之撰作，乃併爲一章，顏曰〈南北朝人對編年史之撰注〉。茲分述如后：

第一節　王通《元經》

今本《元經薛氏傳》十卷，舊題隋·王通撰，唐·薛收傳，宋·阮逸注，收於《漢魏叢書（萬曆本，景萬曆本）·史籍》、《廣漢魏叢書（萬曆本、嘉慶本）·別史》、《增訂漢魏叢書（乾隆本，紅杏山房本、三餘堂本、大通書局石印本）·別史》中。又《增定漢魏六朝別解·史部》亦有《元經傳》一卷，題隋·王通撰，唐·薛收傳。《四庫全書·史部·編年類》以其書自宋以來，流傳已久，乃錄存之，稱《元經》十卷（江蘇巡撫採進本），而又參考諸說，附糾其依託，並載於《總目提要·史部·編年類》中。

按，今本《元經》以出於阮逸家，故或疑其爲逸所依託。如晁公武《郡齋讀

書志》曰：「子從兄子逸仕安康，嘗得其本，歸而示四父，四父讀至帝問蛙鳴，哂其陋曰：『六籍奴婢之言不爲過。』按，《崇文》無其目，疑逸依託爲之。」〔註1〕陳振孫《書錄解題》曰：「宋河汾王氏諸書，自《中說》之外，皆《唐藝文志》所無，其傳出阮逸，或云皆逸僞作也。今考唐神堯諱淵，其祖景皇諱虎，故《晉書》戴淵、石虎，皆以字行。薛收，唐人，於傳稱戴若思、石季龍，宜也，《元經》作於隋世，而太興四年亦書曰若思，何哉？意逸之心勞日拙，自不能掩耶！」〔註2〕又陳師道《後山談叢》、何薳《春渚紀聞》、邵博《聞見後錄》亦並稱逸作是書，嘗以稿本示蘇洵。薳與博語未可知，師道則篤行君子，所記諒不爲誣，且諸人皆與逸年代不相遠，而其說相同。〔註3〕故明・胡應麟撰《四部正譌》，乃以爲陳氏論甚精，不特經不當稱，即傳稱「季龍」、「若思」，亦足占其僞，以薛收，何汾高弟，文皇并天下，收與天策之選，不數歲而卒。當時運籌帷幄，固無暇於著述。藉令果傳《元經》，當在河汾授受之際，此時唐尚未興，何緣預知其諱而改之耶？亦有古書本不諱，後人避本朝之諱而改者，此又當求其故，不可執泥一端，若《元經》之僞，則此足以盡概之矣。〔註4〕《四庫》館臣以攷今本是書，又以爲晉成帝咸和八年，書張公庭爲鎭西大將軍，康帝建元元年，書石虎侵張駿，公庭即駿之字，猶可曰書名書字，例本互通。至於康寧三年書神虎門爲神獸門，則顯襲《晉書》，更無所置辨矣，且於周大定元年，直書楊堅輔政，通生隋世，雖妄以聖人自居，亦何敢於悖亂如是哉？〔註5〕至如姚際恒、張宗泰、〔註6〕余嘉錫、張心澂〔註7〕等之所證辨，亦皆以爲僞書，雖皮錫瑞《伏堂筆記》卷三嘗就宋太祖建隆年間吏部尙書張昭奏議云云，以爲王通《元經》宋初有其書，不得以《崇文目》不載，遂指爲逸作，〔註8〕然余嘉錫《四庫辨證》（《史部二》）則以爲張昭之意，不過舉古之非聖人而作經者，故以王通《元經》與劉向《洪範》並言，《洪範論》既是亡書，則《元經》亦不必視爲在宋初猶存。是其書雖存，究在依託然否之間。

　　考王通《元經》，文中子《中說》屢言及之，且敘其著作之意甚詳。又《舊唐書》

〔註1〕見《郡齋讀書志》卷第十（〈子部・儒家類〉「《元經》十卷」條）。
〔註2〕見《直齋書錄解題》卷四（〈編年類〉「《元經薛氏傳》十五卷」條）。
〔註3〕見朱熹《辨僞書語・雜論》、《四庫全書總目提要・史部・編年類》「《元經》十卷」條、及《四庫提要辨證・史部二》「《元經》十卷」條。
〔註4〕見《四部正譌》卷上（「王氏《元經》十五卷」條）。
〔註5〕見《四庫全書總目提要・史部・編年類》「《元經》十卷」條。
〔註6〕姚際恒有《古今僞書考》一卷，張宗泰《所學集》有是書跋一則，並嘗考論之。
〔註7〕張氏有《僞書通考》，辨及之書，共一千零五十九部。
〔註8〕詳見余嘉錫《四庫提要辨證・史部二》「《元經》十卷」條引。

卷百九十〈王勃傳〉云：「祖通……依《春秋》體例，自獲麟後，歷秦、漢，至於後魏，著紀年之書，謂之《元經》。」皮日休《文藪》卷四〈文中子碑〉云：「先生有《元經》三十一篇。」則唐人相傳，實有此書。〔註9〕然《崇文目》及《唐志》皆不著錄，蓋於唐末宋初已不復存矣。《文獻通考》及《宋藝文志》之作《元經薛氏傳》十五卷者，當係阮氏之偽作，則今本十卷，豈又其殘闕者歟？〔註10〕

　　按，王通，《隋書》無傳，《舊唐書》謂：字仲淹，絳州龍門人。隋蜀郡司戶書佐，大業末，棄官歸，以著書講學爲業。曾依《春秋》體例，自獲麟後，歷秦、漢，至於後魏，著紀年之書，謂之《元經》，又依《孔子家語》、揚雄《法言》例，爲客主對客之說，號曰『中說』，皆爲儒士所稱。恭帝義寧元年（617年）卒，門人薛收等，相與議諡，曰文中子。二子福時、福郊，孫王勃，有文名於唐。〔註11〕

　　所撰《元經》，據《舊唐書》所載，乃以編年爲體，記自獲麟後，至於後魏止。

〔註9〕　《四庫辨證・史部二》「《元經》十卷」條云：「《舊唐書》言自獲麟後至後魏，而今本始於晉惠至陳亡，顯然不合，似可爲作僞之據，然《中說・王道篇、問易篇》具述始晉惠之意，〈述史篇〉又自言止於陳亡之義，則今本與《中說》合。書之眞僞，初不在此。」

〔註10〕　陳振孫《直齋書錄解題》及胡應麟《四部正譌》亦作十五卷。陳氏云：「此書始得於莆田，三卷，止晉成帝，後從石林葉氏得全本錄成之。」然晁公武《郡齋讀書志》則止十卷，豈爲殘本？故《四庫全書總目提要》曰：「逸，字天隱，建陽人，天聖五年進士，官至尚書屯田員外郎。《宋史・胡瑗傳》：景祐初更定雅樂，與鎭東軍節度推官阮逸同校鐘律者，即其人也。王銍《甲申雜記》又載其所作詩有『易立太山石，難芳上林柳』句，爲怨家所告，流竄以終。生平喜作僞書，此特其一耳。《文獻通考》載是書十五卷，此本止十卷，自魏太和以後，往往數十年不書一事，蓋又非阮逸僞本之全矣。」（〈史部・編年類〉「《元經》十卷」條）

至明鄧伯羔《藝彀》稱是書爲關朗作，朗北魏孝文帝時人，何由書開皇九年之事，或因宋人記關朗《易傳》與此書同出阮逸，偶然誤記耶？（見《四庫提要・史部・編年類》「《元經》十卷」條）按，阮氏之作僞，胡應麟嘗嘆曰：「阮逸，字天隱，胡安定瑗門士也，嘗爲府司理，與瑗共定雅樂，附見《宋史・瑗傳》。蓋亦宋初文學之士。今閱〈子明傳〉等作，其綴屬有足觀者，而獨以僞書聞於後人，惜哉！」（《四部正譌》卷上「王氏《元經》十五卷」條）

〔註11〕　見《舊唐書》卷百九十上〈王勃傳〉之附述王通。按，王通，隋、唐二史皆不立傳，雖《陳書》卷十七及《南史》卷廿二並有王通傳記，然檢其爵里行事及其生卒年歲，則俱與撰《元經》之王通異，當非王勃祖之王通矣。

又姜亮夫《歷代人物年里通譜》（「王通」條）謂通生於陳後主至德二年甲辰（584年），卒於隋煬帝大業十四年戊寅（618年，前唐高祖武德元年。）年三十五。

浦起龍於《史通通釋・六家篇・左傳家》末之按語亦云：「又唐之先有王氏《元經》，薛收傳，正擬是家，《史通》曾不及之，因思隋、唐二史皆不立〈王通傳〉，至司馬君實爲之補傳，謂其事其書，出其家人，參差不實。然則書雖存，究在依託然否間，況其家所以推之者越分無禮，有白牛谿序曰：『山似尼丘，泉似泗洙。』更爲之作〈文中子世家〉，以配遷史。是其濫名僭號罪甚揚雄，法亦在所必斥也。」

又《中說‧王道篇、問易篇》亦具述其始晉惠之意，〈述史篇〉又自言止於陳亡之詞，〔註12〕則所及與晁公武、胡應麟等所見者同。〔註13〕又《四庫提要》曰：「舊本題隋王通撰，唐薛收續，併作傳，宋阮逸注。其書始晉太熙元年，終隋開皇九年，凡九卷，稱爲通之原書；末一卷，自隋開皇十年，迄唐武德元年，稱收所續。」（〈史部‧編年類〉「《元經》十卷」條）知通書所記，非一時之事，所撰蓋有足觀者，故宋太祖時，張昭等之奏議，乃以之與劉向之論〈洪範〉並提，且以爲有益於教，〔註14〕又陸紹明更以爲理學家之史，肇於隋‧王通之《元經》，《元經》以事明道，盛於宋司馬光之《通鑑》，而皆爲儒家之流派也。〔註15〕故宋‧尤袤《遂初堂書目》乃以之列於儒家，清‧錢曾《讀書敏求記》亦入於子部，然以著書體例分，當如《宋史‧藝文志》之著錄於〈史部‧編年類〉。

第二節　沈約注《竹書紀年》

沈注《竹書紀年》，隋、唐、宋諸史志，皆不見著錄，〔註16〕然見於范氏《天一閣書目》，云：《竹書紀年》二卷，梁‧沈約附注，明‧司馬公訂。按，沈約撰有《宋書》，並其事蹟已見本書第二章第三節。司馬公者，謂其遠祖范欽。欽，字堯卿，明世宗嘉靖十一年壬辰（1532 年）進士，官兵部右侍郎，即天一閣主人。欽嘗以之刊入《范氏奇書》，吳琯、趙標之流，紛紛傳刻，世遂有此一本。〔註17〕

今考其流傳之廣，就叢書中題有「《竹書紀年》二卷，梁‧沈約注」者，即得：《范氏奇書》、《古今逸史逸記》、《廣漢魏叢書‧（萬曆本、嘉慶本）‧別史》、《三代遺書》、《秘書廿一種》（康熙本、嘉慶本）、《四庫全書‧史部‧編年類》、《增訂漢魏叢書（乾隆本、紅杏山房本、三餘堂本、大通書局石印本）‧別史》、《四部叢刊（初次印本、二次印本、縮印二次印本）‧史部》、及《景印元明善本叢書十種》等諸種

〔註12〕見《四庫辨證‧史部二》「《元經》十卷」條引。
〔註13〕《郡齋讀書志》卷第十（〈子部‧儒家類〉「《元經》十卷」條）云：「起晉惠帝太熙元年，終於陳亡。」《四部正譌》卷上（「王氏《元經》十五卷」條）云：「其書始晉太熙，終陳亡。」又《古今僞書考》「《元經》」條亦云：「起晉惠帝，終於陳。」
〔註14〕見余嘉錫《四庫辨正‧史部二》「《元經》十卷」條引。
〔註15〕見《廿五史述要》附錄陸紹明〈論史學分二十家爲諸子之流派〉。
〔註16〕按《四庫全書‧史部‧編年類》有《竹書紀年》二卷（内府藏本），其《提要》云：「今世所行，題沈約注，亦與《隋志》相符。」《簡明目錄》云：「沈約作注，《隋志》亦載其名。」然考《隋志‧史部‧古史類》之著錄《紀年》十二卷，則止注云：「《汲冢書》，並《竹書同異》一卷。」無沈約作注之文。
〔註17〕見姚振宗《隋志考證》卷十二（〈史部二‧古史類〉「《紀年》十二卷」條）。

之多。清‧洪頤煊又嘗爲之校正（見於《平津館叢書》、《叢書集成初編‧史地類》、《四部備要‧史部古史》等叢書中）、任兆麟亦曾爲選輯一卷（存《述記續》中），至如張宗泰之《校補》（二卷，存《聚學軒叢書》第三集）、孫之騄之《考定》（十三卷，存《晴川八識》）、徐文靖之《統箋》（十二卷、《前編》一卷、《雜述》一卷，存《徐位山六種》、《二十二子》、《二十五子彙函》、《子書二十二種》、《子書二十八種》、《子書四十八種》。又《四庫全書‧史部‧編年類》有徐氏《統箋》十二卷）、趙紹祖之《校補》（二卷，存《古墨齋集》）、林春溥之《補證》（四卷、《本末》一卷、《後案》一卷，存《竹柏山房十五種》）、陳逢衡之《集證》（五十卷、《首》一卷，存《江都陳氏叢書》）等，遞相纂述，皆未嘗不取范本而爲之引證推闡。〔註18〕研究既多，反覆推勘，遂啓世人之疑惑，以爲今本《紀年》，非汲冢原書，而更及於疑題「沈約注」者，亦必出於依託。

　　考《汲冢竹紀年》之發現，乃在晉武帝之時。《晉書‧武帝本紀》（卷三）稱：咸寧五年（279 年）冬十月戊寅，汲郡人不準掘魏襄王冢，得竹簡小篆古書十餘萬言，藏於祕府。又〈束晳傳〉（卷五十一）謂：初，太康二年（281 年），汲郡人不準盜發魏襄王墓，或言安釐王冢，得竹書數十車，大凡七十五篇。〔註19〕七篇簡書折壞，不識名題，漆書皆科斗字。初發冢者，燒策照取寶物，及官收之，多燼簡斷札，文既殘缺，不復詮次，武帝以其書付秘書校綴次第，尋考指歸，而以今文寫之。其《紀年》，記夏以來，至周幽王爲犬戎所滅。杜預《春秋左氏經傳集解‧後序》亦云：汲郡汲縣有發其界內舊冢者，大得古書，皆簡編科斗文字。始者藏在祕府，余晚得見之，《周易》及《紀年》最爲分了，其紀年篇起自夏、殷、周，皆三代王事，無諸國別也，唯特紀晉國，起自殤叔，次文侯、昭侯以至曲沃莊伯。

〔註18〕　據姚振宗所述，爲《竹書紀年》用力者，別有陳詩之《集注》，雷學淇之《考訂》、韓怡之《辨正》，鄭環之《考證》等，見《隋志考證》卷十二（〈史部二‧古史類〉「《紀年》十二卷」條）。又依《叢書子目類編》所收，更有董豐垣之《辨證》，張九鐔之《考證》，郝懿行之《校正》，王國維之《疏證》等，見〈史部‧編年類〉。

〔註19〕　按，依傳所載，其篇數計有《紀年》十三篇、《易經》二篇、〈易繇陰陽卦〉二篇、〈卦下易經〉一篇、〈公孫段〉二篇、〈國語〉三篇、〈名〉三篇、〈師春〉一篇、〈瑣語〉十一篇、〈梁丘藏〉一篇、〈繳書〉二篇、〈生封〉一篇、〈大歷〉二篇、〈穆天子傳〉五篇、〈圖詩〉一篇、〈雜書〉十九篇、不識名題者七篇等，則共爲七十六篇。今依杜預《春秋左氏經傳集解‧後序‧正義》所謂：「《紀年》十二卷」之數計之，蓋篇即卷，則既合七十五篇之總數，又與《隋志》所著錄者同。
　　又按郝懿行《曬書堂文集‧竹書紀年校正序》云：「《紀年》，《晉書‧束晳傳》十三篇。《隋書‧經籍志》十二卷，題云《汲冢書》，並《竹書同異》一卷，卷即篇也，《汲冢書》即《紀年》之舊本，其《竹書同異》一卷，似是校書者之附著也。」然則《汲冢紀年》當止十二卷。

莊伯之十一年十一月，魯隱公之元年正月，皆用夏正建寅之月爲歲首，編年相次。晉國滅，獨記魏事，下至魏哀王之二十年，蓋魏國之《史記》也。哀王二十三年乃卒，故特不稱謚，謂之今王。其書文意大似《春秋經》，諸所記多與《左傳》相符同，雖不皆與《史記》、《尙書》同，然參而求之，可以端正學者。又《隋、唐經籍志・篇敘》曰：晉太康元年，汲郡人發魏襄王冢，得古竹簡書，帝命中書監荀勗、令和嶠，撰次爲十五部，八十七卷。此汲冢書發現之大略也，〔註20〕以係竹簡所寫，故曰「竹書」，爲編年之體者，遂曰「紀年」，蓋魏國之史書也。

《竹書紀年》出土之後，士人競相研究，如衛恒、束晳、王庭堅、王接、摯虞、謝衝、荀勗、潘滔、續咸、郭璞、〔註21〕杜預、荀顗、干寶、和嶠、傅瓚〔註22〕等，皆嘗爲之引用稽考。《隋志》所著錄者，乃有紀年十二卷，兩《唐志》並十四卷，至《宋志》所載，則僅存荀勗、和嶠編《竹書》三卷，蓋已殘闕，〔註23〕而《崇文目》、晁《志》、陳《錄》、馬《考》等乃皆無其目，如明《文淵閣書目》、《世善堂書目》亦無此書，是明代並此三卷亦亡矣，〔註24〕然則范氏《天一閣書目》竟赫然載有《竹書紀年》二卷，豈眞得希世秘本？且其所得之書，又有梁・沈約之注，苟不尋思，誠令人嘆爲觀止。

今檢《梁書》（卷十三）、《南史》（卷五十七）〈沈約傳〉（沈氏有《宋書》一百卷，並其傳略已見第二章第二節所述。）皆不言約注《紀年》，求之隋、唐諸志，亦無「《紀年》沈約注」之文，且考今本《紀年》注文，唯五帝三王最詳，而多與《宋

〔註20〕按，依杜預〈後序〉及〈束晳傳〉所載，發冢之時，當在太康二年（281年），冢書字體，當係科斗，元凱親見之書，諒不誣也。

又按，清・丁晏則以爲《紀年》係太康時僞撰，杜預單誤信之耳，詳見《尚書餘論》「王肅私造古文書」條。

又王鳴盛《十七史商榷》三云：「其書……必是束晳僞撰也。」劉寶楠《愈愚錄》亦云：「《竹書紀年》昔人皆言其僞，其最繆者……尤非是。」

今考古本《紀年》早經佚失（詳見後文），然則丁等所見，乃今本僞書也。

〔註21〕見容庚〈甲骨文字之發見及其考釋〉（載民國十二年十二月出版《國立北京大學國學季刊》第一卷第四號）。

〔註22〕見高似孫《史略》卷六〈竹書〉。

〔註23〕王應麟《玉海・藝文・晉竹書紀年》注：「《崇文目》不著錄。《中興目》止有第四、第六及雜事三卷，下皆標云：「荀氏〈敘錄〉一紀年，二紀令應，三雜事。皆殘缺。」（卷四十七）姚振宗《隋志考證》云：「按此所載唯第一卷是本書，餘皆非。」（卷十二〈史部二・古史類〉「《紀年》十二卷」條）又高似孫《史略》卷六「《竹書》」條則僅列《穆天子傳》一卷，《古文瑣語》四卷，《周書》十卷。

〔註24〕見姚振宗《隋志考證》卷十二（〈史部二・古史類〉「《紀年》十二卷」條）。按，崔述《考古續說・竹書紀年辨僞》疑《紀年》經唐末五代之亂而失之，王國維撰《今本紀年疏證》以爲《紀年》佚於兩宋之際。

書‧符瑞志》相同，約不應既著於史，又不易一字移而爲此本之注。然則今本所謂「《紀年》沈注」者，蓋依託耳。

自今本《紀年》之僞跡顯露，《四庫》館臣等乃爲之詳稽細比，而發現其所載，與束晢、杜預、郭璞、酈道元、劉知幾、李善、瞿曇悉達、司馬貞、楊士勛、王存、羅泌、羅苹、鮑彪、董逌等所見本，多有未合，〔註25〕遂以爲是書必明人所輯，姚際恒等，亦皆指其非晉本（見《古今僞書考‧史類‧竹書紀年》）。雖洪頤煊之校《竹書紀年》，既歷舉其誤，又以爲今本或猶是和嶠、郭璞所見之舊，舊本《紀年》，本有注文，唯爲後人所屬亂。〔註26〕然崔述《考古續說‧竹書紀年辨僞》所論，則直云：「世傳《祕書二十一種》內有《竹書紀年》二卷，按此乃近代人僞作，非晉、唐人所見之書。」又云：「不知何人淺陋詐妄，不自量度，采摘《水經》、《索隱》所引之文，而取戰國邪說、漢人謬解、晉代僞書以附益之，作《紀年》書二卷，以行於世。」崔氏更舉十端，以爲此書之僞，更無疑義。梁啓超所見亦謂決非汲冢之舊（《中國歷史研究法》）。

《汲冢紀年》既出而旋佚，則今本《紀年》果出何人所僞耶？姚振宗《隋志考證》曰：「今本二卷稱「沈約注」者，爲欽所輯錄。其小字夾行之注，亦欽所爲也。」按，欽者，明鄞人范欽也，以《元經》之出阮逸，世謂即阮逸僞也，《三墳》之出毛漸，世亦以爲即毛漸僞也，有云：「覈所出之人，思過半矣。」〔註27〕故姚氏又曰：「《提要》及《養新錄》皆證爲明人作僞，不知作僞者，乃鄞人范欽也。」姚氏以爲范與鄞人豐坊同時，坊僞作《石經大學》、《子貢詩傳》、《申培詩說》，〔註28〕詭言古本以欺世，范亦僞作此書以自欺欺人，其附沈約之注，別無他據，唯欲以奇書炫俗耳。

考古本《紀年》，乃魏國之史書，記夏以來，至周幽王爲犬戎所滅，以事接之，三家分，仍述魏事，至安釐王之二十年，大略與《春秋》相應，其中又有與相傳諸經傳所記著大異。則一籠括夏、商、周幾近二千年之古代史料，其價值當不在《春秋》之下，是范氏所爲，是冀以珍品炫人。

〔註25〕詳見《四庫提要‧史部‧編年類》「《竹書紀年》二卷」條及《十駕齋養新餘錄》卷十三「《竹書紀年》條」等。

〔註26〕見〈校正竹書紀年序〉。又金毓黻《中國史學史》云：「清‧王宏撰《山志》，即以今本《紀年》爲不可信，而徐文靖撰《紀年統箋》，則力辨之，以爲可信，（第二章〈古代之史家與史籍〉）。按，以爲今本《紀年》爲可信者，固不止徐氏一人。
又胡應麟《四部正譌》云：「《穆天子傳》、《周書》、《紀年》、其出晚也，其書非僞也。」（卷下）按，胡氏之意，蓋謂古本《竹書》非束晢輩所能僞也。

〔註27〕見胡應麟《四部正譌》卷下。

〔註28〕詳見張心澂《僞書通考‧經部‧詩類、四書類》。

今本《紀年》，既爲後人所蒐集，復雜采《史記》、《路史》、《通鑑外紀》諸書而成，殆無一不襲他書，其不見他書者，不過百分之一，又率空洞無事實，所增加者年月而已，故王國維以爲事實既具他書，則此書爲無用，年月既多杜撰，則其說爲無徵，無用無徵，則廢此書可。〔註29〕清・朱右曾乃嘗取諸書所引《紀年》之文，輯爲二卷，題曰《汲冢紀年存眞》，蓋欲以斥今本之偽，然以所收不能無失，王國維因更成《古本竹書紀年輯校》一卷，〔註30〕又撰《今本竹書紀年疏證》二卷，其疏通之功，爲前人所不及。

沈注《紀年》既爲依託，《四庫全書》乃以自明以來，流傳已久，故姑錄之以備一說，崔述又恐世爲所惑，復要其始終而辨之，今撰茲篇，而得其本末，乃亦具陳如上。

第三節　編年體晉、宋、齊、梁史

一、檀道鸞《續晉陽秋》

檀氏《續晉陽秋》〔註31〕，《隋志》著錄二十卷，注云：「宋永嘉太守檀道鸞撰。」《南史・檀超傳》亦稱道鸞撰《續晉陽秋》二十卷，兩《唐志》卷並同，惟《舊唐志》作「《晉陽秋》二十卷檀道鸞注」，「注」當作「續」，《新唐志》作「檀道鸞《晉春秋》二十卷」，當脫「續」字。其書已佚，今有清・黃奭輯本一卷，存《漢學堂叢書（黃氏逸書考）・子史鈎沈・史部別史類》，湯球輯本二卷，見於《廣雅書局史學叢書・晉陽秋輯本》。又《說郛》（宛委山堂本）另五十九、及《古今說部叢書一集》等叢書中亦並存一卷。

檀道鸞，檀超之叔父，高平金鄉人。字萬安，位國子博士、永嘉太守，亦有〈文學〉。〔註32〕所撰《續晉陽秋》二十卷，唐太宗以之與干、陸、曹、鄧、盛、廣、松等之作，並指爲「其文既野，其事罕傳。」（見貞觀廿年〈修晉書詔〉）劉知幾則謂是晉史之尤劣者，更以爲道鸞不揆淺才，好出奇語，所謂欲益反損，求妍更媸者

〔註29〕見王國維《今本竹書紀年疏證》。
〔註30〕按，《廣倉學宭叢書》甲類・第二集、《海寧王忠愨公遺書》三集及《海寧王靜安先生遺書》等，並有清・朱右曾輯、民國・王國維補，《古本竹書紀年輯校》一卷。
〔註31〕按，《宋書》三十五〈州郡志〉富陽令下曰：「漢舊縣，本曰富春。……晉簡文鄭太后諱春，孝武改曰富陽。」浦起龍《史通通釋・論贊篇》「孫安國」條按曰：「是知凡曰陽秋，本皆春秋也。」
〔註32〕見《南史》卷七十二〈檀超傳〉。

矣。〔註33〕然則檀氏著書，蓋有不足觀者。

　　檀氏《續晉陽秋》，今詳不可知，章宗源《隋志考證》嘗引《史通·外篇》云「劉遺民、曹纘皆於檀氏《春秋》有傳」，而以爲道鸞編年書，不宜言有傳；〔註34〕又據《世說·德行篇》注之云「陳仲弓造荀淑，太史奏德星聚」，〔註35〕而以爲事在炎漢，稱道鸞《晉史》，未詳其義。〔註36〕至《開元占經》所引，章氏以爲皆日蝕、星移之徵。〔註37〕然則檀氏之書，亦不無蛛絲馬跡之可尋也。

二、劉謙之《晉記》

　　劉氏《晉紀》，《隋志》著錄二十三卷，注云：「宋中散大夫劉謙之撰。」《宋書·劉康祖傳》及兩《唐志》並云二十卷，高似孫《史略》卷三則作二十五卷。其書已佚，今有清·黃奭輯本一卷，《存漢學堂叢書（黃氏逸書考）·子史鉤沈·史部別史類》；湯球輯本一卷，見於《廣雅書局史學叢書·晉紀輯本》及《叢書集成初編·史地類·晉紀輯本》；又有王仁俊輯本一卷，存《玉函山房輯佚書補編》中。

　　劉謙之事跡附見《宋書·劉康祖傳》，按，《宋書》卷十七〈劉康祖傳〉謂：康祖彭城呂人，世居京口，伯父簡之，簡之弟謙之，好學，撰《晉紀》二十卷，位廣州刺史，太中大夫。

　　章宗源《隋志考證》稱：《世說·政事、文學、方正、賞譽、汰侈、言語》諸篇注，《文選·干寶晉紀總論》注、《書鈔·藝文部、設官部》、《御覽·飲食部》共十事並引劉謙之《晉紀》。〔註38〕

三、裴松之《晉記》

　　裴松之《晉記》，《隋志》不著錄，《宋書》卷六十四〈裴松之傳〉載松之著有《晉紀》。章宗源《隋志考證》（卷二〈古史〉）遂據以補錄，注云：「卷亡。」今有清·湯球輯本一卷，見於《廣雅書局史學叢書·晉紀輯本》及《叢書集成初編·史地類·晉紀輯本》中。又黃奭《漢學堂叢書（黃氏逸書考）·子史鉤沈·史部別史類·眾家

〔註33〕《史通·雜說篇中》。

〔註34〕按，姚振宗《隋志考證》則云：「按此亦膠柱之言。」（卷十二〈史部二·古史類〉「《續晉陽秋》二十卷宋永嘉太守檀道鸞撰」條。）

〔註35〕按，《世說新語·德行篇》注引檀道鸞《續晉陽秋》曰：「陳仲弓從諸子姪造荀父子，于時德星聚，太史奏：『五百里內賢人聚。』」

〔註36〕姚振宗《隋志考證》云：「按此亦刻舟之見。」（卷十二〈史部二·古史類〉）

〔註37〕按，以上並見於章氏《隋志考證》卷十二〈古史〉「《續晉陽秋》二十卷宋永嘉太守檀道鸞撰」條。

〔註38〕詳見章氏《隋志考證》卷二（〈古史〉「《晉記》二十三卷宋中散大劉謙之撰」條）。

晉史》中，亦存有劉宋·裴松之撰《晉紀》輯本。

按，裴松之有《三國志注》，並其事蹟，已見第二章第一節。所撰《晉紀》，據唐貞觀二十年（646 年）〈修晉書詔〉曰：「洎乎干、陸、曹、鄧，略起帝王，鸞、盛、廣、訟（松），纔編載祀（記），其文既野，其事罕傳。」知太宗蓋有未愜於意者。《北堂書鈔·設官部》引有一事，題松之《晉紀》〔註 39〕。

四、王韶之《晉安帝記》

王韶之《晉安帝記》，《隋志》著錄十卷，稱「《晉紀》」，注云：「宋吳興太守王韶之撰。」《宋書》本傳稱韶之撰《晉安帝陽秋》，《南史·蕭韶傳》謂王韶之爲《隆安紀》十卷，兩《唐志》並作《崇安記》十卷。《史略》卷三所載書名、卷數則並與《隋志》同。其書已佚，今有清·黃奭輯本一卷，作「晉安帝紀」，存於《漢學堂叢書（黃氏逸書考）·子史鈎沈·史部別史類》中。

王韶之，字休泰，琅邪臨沂人。曾祖廙，晉驃騎將軍。韶之家貧，父偉之爲烏程令，因居縣境。好史籍，博涉多聞，初爲衛將軍謝琰行參軍。偉之少有志尚，當世詔命表奏，輒自書寫，泰元隆安時，事小大悉撰錄之，韶之因此私撰《晉安帝陽秋》，既成，時人謂宜居史職。安帝之崩，高祖（武帝）使韶之於帝左右密加酖毒。恭帝即位，凡諸詔奏皆其辭也。高祖受禪，韶之爲《晉史》，序王珣貨殖、王廞作亂。珣子弘、廞子華竝貴顯，韶之懼爲所陷，深附結徐羨之、傅亮等。少帝即位，爲吳興太守。羨之被誅，王弘入相，領揚州刺史。弘雖與韶之不絕，諸弟未相識者，皆不復往來。韶之在郡，常慮爲弘所繩，夙夜勤勵，政績甚美，弘亦抑其私憾，太祖（文帝）兩嘉之。韶之在任積年，稱爲良守。徵爲祠部尚書，加給事中，坐免官。元嘉十二年（435 年）爲吳興太守，其年卒，年五十六。撰《孝傳》三卷及《文集》並行於世，宗廟歌辭韶之所制也。〔註 40〕

韶之所撰《晉紀》，蓋以承其父偉之所錄隆安時小大之事而撰，故曰《晉安帝陽秋》，或省稱《隆安（安帝元）紀》，兩《唐志》諱隆，遂作《崇安紀》，《新志》入〈雜史〉，而《舊志》歸〈編年〉。《世說》注及《初學記等》所引，並題韶之《晉安帝紀》。其所記大抵皆安帝事也。至《類聚·人部》、《御覽·職官部、獸部、竹部、香部》等所引四事，則題《續晉安帝紀》，其〈獸部〉一事，吳淑〈事類賦〉注亦引之，題《續書林晉安帝紀》，「書林」二字未詳。〔註 41〕又據《宋書》卷六十〈荀伯

〔註39〕見章宗源《隋志考證》卷二（〈古史〉「《晉紀》卷亡裴松之撰」條）。
〔註40〕見《宋書》卷六十、《南史》卷二十四，嚴可均《全宋文》卷十八〈王韶之傳〉。
〔註41〕見章宗源《隋志考證》卷二（〈古史〉「《晉紀》十卷宋吳興太守王韶之撰」條）。

子傳〉稱：荀伯子少好學，博覽經傳，及王韶之並爲佐郎，助撰《晉史》。知韶之所撰，非獨成於一人者也。當其書成，時人謂宜居史職，使續後事，是所撰蓋有足觀者。以其善敘事，兼長辭論，遂有後代佳史之稱（《宋書》本傳），然所敘晉末之亂離，〔註42〕事止義熙九年（413年），故劉勰謂爲續末而不終，〔註43〕亦即劉知幾所謂偏紀者也〔註44〕。其以敘王珣貨殖，王廞作亂，迨珣子弘、廞子華並顯貴，乃懼爲所繩，是史氏之難，蓋可知矣，而韶之乃夙夜勤勵，政績遂美，弘亦抑其私憾，未見攀誣，亦千秋之佳話也。

五、蕭子顯《晉史草》

蕭氏《晉史草》，《隋志·正史類》著錄三十卷。兩《唐志》卷並同，而入編年，撰人則作「蕭景暢」。按，子顯，字景陽，「暢」當是「陽」之譌。其書已佚，今有清·湯球輯本一卷，見於《廣雅書局史學叢書·晉書輯本》及《叢書集成初編·史地類·九家舊晉書輯本》中。黃奭亦有《晉史草》輯本，存《漢學堂叢書（黃氏逸書考）·史部別史類·眾家晉史》。

蕭子顯有《南齊書》，並其事蹟已見第二章第二節。所撰《晉史草》，蓋爲未成之作，故名曰「草」，《梁書》、《南史》本傳皆不載，或略之也。至《太平御覽·兵部》之引《晉史草》一事，題蕭子雲，則與《隋志》不合。〔註45〕《史略》卷四〈論蕭子顯晉史草〉有云：「予觀楊文公《史草》，用竹紙細字，字清美，塗擦甚少，蓋造思之素者也。……想象蕭公《史草》，令人精神飛越，恨不一披之筆。」知蕭氏所撰，有足多者。

六、王智深《宋紀》

王氏《宋紀》，《隋志》不著錄。《南齊書》卷五十二、《南史》卷七十二〈王智深傳〉、兩《唐志·編年類》及宋·高似孫《史略》卷三等並云王智深作《宋紀》二十卷，章宗源《隋志考證》蓋即據此以補錄，而注云：「齊·竟陵王司徒參軍王智深撰」。其書已佚，今有清·王仁俊輯本，題《宋書》一卷，劉宋·王智深撰，存《玉函山房輯佚書補編》中。

〔註42〕《南史·蕭韶傳》：湘東王曰：昔王韶之爲《隆安紀》十卷，說晉末之亂離。
〔註43〕見《文心雕龍·史傳篇》。按晉義熙盡十四年，其後又有恭帝元熙二年，此紀事訖義熙九年，故云續末而不終。
〔註44〕《史通·雜述篇》：「王韶（按，當即王韶之）晉安陸（按，陸疑當作「帝」。章宗源《隋志考證》卷二則謂「安陸」當是「隆安」之訛。）《紀》，……此之謂偏記者也。」浦起龍《釋》：「此謂短述之書，但記近事，而非全史。」
〔註45〕見章宗源《隋志考證》卷一（〈正史〉「《晉史草》三十卷梁蕭子顯撰」條）。

　　王智深，字雲才，琅邪臨沂人。少從陳郡謝超宗學屬文，好飲酒。太祖爲鎭軍時，丘巨源薦之，爲府行參軍，除豫章王國常侍，遷太學博士、豫章王大司馬參軍兼記室。世祖使太子家令沈約撰《宋書》，擬立〈袁粲傳〉，以審世祖。世祖曰：「袁粲自是宋家忠臣。」約又多載孝武、明帝諸鄙瀆事，上遣左右謂約曰：「孝武事迹不容頓爾，我昔經事宋明帝，卿可思諱惡之義。」於是多所省除。又敕智深撰《宋紀》，召見芙蓉堂，賜衣服給宅，智深告貧於豫章王，王曰：「須卿書成，當相論以祿。」書成三十卷。世祖後召見智深於璿明殿，令拜表奏上，表未奏而世祖崩。隆昌元年（494 年）敕索其書。智深遷爲竟陵王司徒參軍，坐事免，卒於家。〔註46〕

　　智深所撰書，據諸史本傳所載，及宋・高似孫《史略》所記，固應作「宋紀」，章宗源《隋志考證》遂以之著錄於卷二〈史部・古史類〉中，王仁俊輯本則稱爲「《宋書》」，楊家駱師《南北朝遺籍輯存》乃據以入於〈史部・別史類〉。今考《史略》卷二之述《宋書》，末又云：「又有王智深梁人著《宋書》六十一卷，亦殘缺。」一爲三十卷書，一作六十一卷，然則智深豈有兩書耶？章氏考證所得諸籍之引有智深《宋紀》者，計十二事，分見於《水經・泗水注、汝水注》、《初學記・人部、居處部、器物部、寶器部》、《太平御覽・禮儀部、服章部、兵部、人事部》中。

　　智深《宋紀》，依本傳所載，乃繼沈約《宋書》之後奉勅而作。蓋成於齊高帝永明十一年（493 年），以時家貧，豫章王曾許以書成當相論以祿，故其三十卷之書，蓋有據以謀食之意，則其所斟酌，固將與沈約所撰者有別。今雖輯有佚文，然片言隻語，詳不可知矣。

七、吳均《齊春秋》

　　吳氏《齊春秋》，《隋志》著錄三十卷，注云「梁奉朝請吳均撰。」《梁書》卷四十九本傳、《史通・正史篇》及《新唐志》等所載卷並同（《史通》卷作「篇」），《南史》卷七十二作二十卷，疑有誤筆，《舊唐志》作三卷，當脫「十」字。其書已佚，宛委山堂本《說郛》弓五十九存有一卷，張宗祥校明鈔本《說郛》卷二〈古典錄略〉亦存有《齊春秋》。

　　吳均，一作吳筠，〔註47〕字叔庠，吳興故鄣人，生於泰始五年（469 年）。家世寒賤，好學，有俊才，沈約嘗見均文，頗相稱賞。均文體清拔，有古氣，好事者或效之，謂爲「吳均體」。武帝召入賦詩，悅焉，累遷奉朝請。先是，均將著史以自

〔註46〕詳見《南齊書》卷五十二及《南史》卷七十二〈王智深傳〉。
〔註47〕晁公武《郡齋讀書志》：「舊題誤曰吳筠，筠乃唐人。」（張心澂《偽書通考・集部・別集》「《吳均集》三卷」引）

名，欲撰齊書，求借《齊起居注》及《群臣行狀》，武帝不許。遂私撰《齊春秋》，奏之。帝惡其實錄，以其書不實，使中書舍人劉之璘詰問數十條，竟支離無對，敕付省焚之，坐免職。尋有敕召見，使撰《通史》，起三皇，訖齊代。均草〈本紀〉、〈世家〉已畢，唯〈列傳〉未就，普通元年（520 年）卒，時年五十二。注有范曄《後漢書》九十卷，著《齊春秋》三十卷、《廟記》十卷、《十二洲記》十六卷、《錢塘先賢傳》五卷、《續文釋》五卷、《文集》二十卷。〔註48〕

　　所撰《齊春秋》，蓋亦編年為體，故劉知幾謂：「如張璠、孫盛、干寶、徐賈（當是徐廣），裴子野、吳均、何之元、王劭等，其所著書，或謂之春秋，或謂之紀，或謂之略，或謂之典，或謂之志，雖名各異，大抵皆依《左傳》以為的準焉。」（《史通‧六家篇‧左傳家》）其於書成之後，所以被詔燔之，《史通‧正史篇》亦嘗述及，其言曰：「梁天監中，太尉錄事蕭子顯啟撰《齊史》，書成，表奏之，詔付秘閣，起昇明（宋順帝元）之年，盡永元（東昏元）之代（此八句浦起龍《通釋》據本傳補），為（此亦補字）〈紀〉八、〈志〉十一、〈列傳〉四十，合成五十篇。時奉朝請吳均，亦表請撰《齊史》，乞給《起居注》并《群臣行狀》。有詔：齊氏故事，布在流俗，聞見既多，可自搜訪也。均遂撰《齊春秋》三十篇，其書稱梁帝為齊明佐命，帝惡其實，詔燔之。」知吳氏《齊春秋》乃以不得梁武帝之心，遂遭摒斥。

　　夷考其時，齊氏故事雖布在流俗，聞見頗多，然吳氏乃更求借《起居注》及《群臣行狀》，此固撰史所必取資者，竟不蒙恩許，遂私撰奏之，而見斥責。以吳氏之勤，終不成大事，寧不令人扼腕，故其編次敘事之或為不當，其書之必有未愜於人意者，自亦當然之事，是以就知幾所見，即頗多貶詞，諸如《史通‧編次篇》曰：「未踰年而廢者，既不成君，故不別加篇目。」又曰：「秦之子嬰、漢之昌邑，咸亦因胡亥而得記，附孝昭而獲聞。而吳均《齊春秋》，乃以鬱林為紀，事不師古，何滋章之甚與。」此議吳均之不當紀鬱林也。又〈敘事篇〉曰：「如魏收代（按，元魏初國號代）史，吳均齊錄，或牢籠一世，或苞舉一家，自可申不刊之格言，弘至公之正說。而收稱劉氏納貢，則曰來獻百牢；均敘元日臨軒，必云朝會萬國。」又曰：「持彼往事，用為今說，置於文章則可，施於簡冊則否矣。」此言吳均修史之恣行誇飾也。〈模擬篇〉曰：「如《公羊傳》屢云何以書？記某事也。此則先引經語，而繼以釋辭，勢使之然，非史體也。如吳均《齊春秋》，每書災變，亦曰何以書？記異也。夫事無他議，言從己出，輒自問而自答者，豈是敘事之理者邪？以此而擬《公羊》，又所謂貌同而心異也。」此論吳氏模擬之不當也。

〔註48〕見《梁書》卷四十九、《南史》卷七十二及嚴可均《全梁文》卷六十〈吳均傳〉。

雖然，吳均《齊春秋》仍多爲諸書所徵引，章宗源亦嘗就《初學記》、《書鈔》、《文選》注、《御覽》等考得三十八事。〔註49〕

八、劉璠《梁典》

劉氏《梁典》，《隋志・古文類》著錄三十卷，注云：「劉璠撰。」《周書》本傳及兩《唐志・編年類》等卷並同。今佚，有陶棟輯本一卷，存《輯佚叢刊》中。

劉璠，字寶義，沛國沛人，六世祖敏，以永嘉喪亂，徙居廣陵。父臧，性方正，篤志好學，居家以孝聞。璠九歲而孤，居喪合禮，少好讀書，兼善文筆。璠母在建康遘疾，璠弗之知，忽一日舉身楚痛，尋而家信至，云其母病，璠即號泣，絕而又蘇，當身痛之辰，即母死之日也。居喪毀瘠，遂感風氣，服闋後一年猶仗而後起。璠少慷慨，好功名，志欲立事邊城，會宜豐侯蕭循出爲北徐州刺史，即請爲其輕車府主簿、記事參軍，又領刑獄。循爲梁州，除信武府記室參軍，領南鄭令，又板爲中記室，補華陽太守。屬侯景渡江，梁室大亂，循以璠有才略，甚親委之。時寇難繁興，未有所定，璠乃喟然賦詩以見志。循開府，置佐史，以璠爲諮議參軍，仍領記室。梁元帝承制，授樹功將軍、鎮西府諮議參軍。及武陵王紀稱制於蜀，以璠爲中書侍郎。屢召璠，使者八返，乃至蜀，又以爲黃門侍郎，令長史劉孝勝深布腹心，使工畫「陳平度河歸漢圖」以遺之。璠苦求還，中記室韋登私曰：「殿下忍而蓄憾，足下不留，將至大禍，脫使盜遮於葭萌，則卿殆矣。孰若共構大廈，使身名俱美哉！」璠正色曰：「卿欲緩頰於我耶？我與府侯分義已定，豈以寵辱夷險易其心乎！丈夫立志當生死以之耳，殿下方市大義於天下，終不逞志於一人。」紀知必不爲己用，乃厚其贈而遣之。臨別，紀又解其佩刀贈璠曰：「想見物思人。」璠對曰：「敢不奉揚威靈，尅剪姦宄。」紀於是遣使就拜循爲益州刺史，封隋郡王，以璠爲循府長史，加蜀郡太守。還至白馬西，屬達奚武軍己至南鄭，璠不得入城，遂降於武。太祖（魏文帝）素聞其名，先誡武曰：「勿使劉璠死也！」故武先令璠赴闕。璠至，太祖見之如舊。謂僕射申徽曰：「劉璠，佳士。古人何以過之！」徽曰：「昔晉主滅吳，利在二陸，明公今平梁漢，得一劉璠也。」時南鄭尚拒守未下，達奚武請屠之，太祖將許焉，唯令全璠一家而已，璠乃請之於朝，太祖怒而不許，璠泣而固請，移時不退，柳仲禮侍側曰：「此烈士也！」太祖曰：「事人當如此！」遂許之，城竟獲全，璠之力也。太祖既納蕭循之降，又許其反國，循至長安，累月未之遣也。璠因侍宴，太祖曰：「我於古誰比？」對曰：「常以公命世英主，湯、武莫逮，今日所見，曾齊桓公、晉文公之不若！」

〔註49〕見章氏《隋志考證》卷二（〈古史〉「《齊春秋》三十卷梁奉朝請吳均撰」條）。

太祖曰：「我不得比湯、武，望與伊、周爲匹，何桓、文之不若乎？」對曰：「齊桓存三亡國，晉文不失信於伐原。……」語未終，太祖撫掌曰：「我解爾意，欲激我耳？」於是即命遣循，循請與瑤俱還，太祖不許。以瑤爲中外府記室，尋遷黃門侍郎，儀同三司。嘗臥疾居家，對雪興感，乃作〈雪賦〉以遂志云。初，蕭循在漢中，〈與蕭紀牋〉及〈答國家書移襄陽文〉，皆瑤之辭也。世宗初，授內史中大夫，掌綸誥。尋封平陽縣子，邑九百戶。在職清白簡亮，不合於時，左遷同和郡守。瑤善於撫御，蒞職未期，先羌降附者五百餘家，前後郡守多經營，以致貲產，唯瑤秋毫無所取，妻子竝隨羌俗，食麥衣皮，始終不改。洮陽、洪和二郡羌民，常越境詣瑤訟理焉，其德化爲他界所歸仰如此。蔡公廣時鎮隴右，嘉瑤善政，及遷鎮陝州，欲取瑤自隨，羌人樂從者七百人，聞者莫不歎異。陳公純作鎮隴右，引爲總管府司錄，甚禮敬之。周武帝天和三年（568年）卒，時年五十九。著《梁典》三十卷，有《集》二十卷。子祥嗣。祥字休徵，幼而聰慧，見者皆號神童，後以字行。初瑤所撰《梁典》始就，未及刊定而卒，臨終謂休徵曰：「能成我志，其在此書乎！」休徵始定繕寫，勒成一家，行於世。〔註50〕

據史所言，知劉瑤所撰《梁典》三十卷，乃在臨終時，遺言子休徵修定繕寫，以勒成一家言者也。依瑤父子之才華，所爲《梁典》，必有可觀，故《周書》史臣曰：「梁氏據有江東五十餘載，挾策紀事，勒成不朽者，非一家焉。劉瑤學思通博，有著述之譽，雖傳疑傳信，頗有詳略，而屬辭比事，足爲清典，蓋近代之佳史歟！」（卷四十二）

考《史通・古今正史篇》有云：「盧江河之元、沛國劉瑤，以所見所聞，究其始末，合撰《梁典》三十篇。」浦起龍《通釋》遂誤以爲隋、唐二〈志〉所分載之何、劉二典，當即一書之歧出者。故其按語有云：「《陳書・何之元》、《周書・劉瑤》二傳，各言撰《梁典》三十卷，隋、唐二〈志〉亦皆分載二典，《史通》以爲二人合撰，則《梁典》祇是一書耳，足正二〈志〉之歧出。」今考劉瑤卒於周武帝天和三年（568年），其書未就，子休徵爲之寫定，休徵卒於周靜帝大象二年（580年），是其書乃於大象之前，當行於北朝，而或未及於江左，以其父子皆終於周代，與南朝之何之元（盧江灊人，陳始興王諮議，《陳書》卷三十四及《南史》卷七十二並有傳。）蓋風馬牛不相及也。又考之元之書，始作於陳後主即位之歲，因始興王叔陵行弒伏誅，之元爲其官屬，幸而得免，故屏絕人事，一意著述，其時在周大象後三年，隋文帝開皇二年（582年），則劉瑤《梁典》已早成書矣。〔註51〕是子玄所見《梁典》，何、

〔註50〕詳見《周書》卷四十二、《北史》卷七十〈劉瑤（子祥）傳〉。
〔註51〕見姚振宗《隋志考證》卷十二（〈史部二・古史類〉「《梁典》三十卷陳始興王諮議何

劉當各自有書，〔註52〕一以才華撰作，一以幸免無罪而銳意著述，時固相遠，事亦不謀，且史並無合撰之言，又梁氏據有江東五十餘載，挾策紀事，勒成不朽者，非一家焉，《周書》史臣亦己言之矣。然今本《史通》「合撰」之「合」字，蓋為「各」字之誤，以「合」、「各」二字形近而譌也。

　　劉知幾之述《梁史》，於何、劉之書下，續又有言曰：「而紀傳之書，未有其作。」（《史通・古今正史篇》），據此，固知劉璠《梁典》，蓋以編年為體，舉其歲次，所以分明而易取也。又《陳書》卷三十四〈何之元傳〉載〈梁典序〉曰：「記事之史，其流不一，編年之作，無若《春秋》，則魯史之書，非帝皇之籍也。案三皇之簡為《三墳》，五帝之策為《五典》，此典義所由生也。至乃《尚書》述唐帝為〈堯典〉，虞帝為〈舜典〉，斯又經文明據，是以典之為義久矣哉！若夫馬《史》、班《漢》，述帝稱『紀』。自茲厥後，因相祖習。及陳壽所撰，名之曰『志』，總其三國，分路揚鑣。唯何法盛《晉書》，變帝紀為『帝典』。既云師古，在理為優。故今之作，稱為《梁典》。」典之為義，既有經文明據，則劉璠梁史，取名曰典，蓋亦有自矣。

　　梁有天下，自中大同以前，區寓寧宴，太清以後，寇盜交侵，首尾而言，未為盡美，〔註53〕而劉氏既誌其事，當有足述者，然以亡佚，詳不可知。章宗源《隋志考證》乃嘗就《通典・邊防門》注，《御覽・兵部、人事部、宗親部》各引一事、又《文選》注引其二十八事，〔註54〕雖云破碎，片羽彌珍也。

　　南北朝人所撰諸編年史，既率如前述，於晉、宋諸紀，為後人輯佚所得，亦有失撰人者，如清・黃奭於《初學記》、《御覽》、《文選》注及《北堂書鈔》等所引，分別輯有《晉紀》一卷，存《漢學堂叢書》中。王仁俊《玉函山房輯佚書補編》亦存有《晉錄》一卷，《鳴沙石室佚書初編》有《晉紀賤》一卷，又王仁俊所得別有《宋紀》一卷，亦見於《玉函山房輯佚書補編》中等是。凡此所輯，又以晉事為多，蓋典午一史，繁乎著作，然僅懸其片言隻語，詳難究尋矣。

第四節　晉、南北朝之起居注

一、劉道會《晉起居注》

之元撰」條）。
〔註52〕見朱希祖〈蕭梁舊史考〉（載民國十二年四月出版《國立北京大學國學季刊》第一卷第二號）。
〔註53〕見《陳書》卷三十四〈何之元傳〉。
〔註54〕見章宗源《隋志考證》卷二（〈古史〉「《梁典》三十卷劉璠撰」條）。

　　起居之注記，乃直書其事，而爲撰述之本者。由來已久，而至晉大暢。〔註55〕
故劉宋・劉道會有《晉起居注》三百餘卷之作。

　　劉氏《晉起居注》，《隋志》著錄三百一十七卷，注云：「宋・北徐州主簿劉道會
撰，梁有三百二十二卷。」兩《唐志》並作三百二十卷，《新志》劉道會之「會」作
「薈」。其書已佚，清・黃奭輯有一卷，作「劉宋・劉道薈撰」，存《漢學堂叢書（黃
氏逸書考）・子史鉤沈・史部別史類》中。

　　按，劉道會，始末未詳，依《隋志》所著錄，知乃劉宋人，嘗官北徐州主簿。
以《新唐志》載《晉起居注》之撰人正作劉道薈，則「會」又作「薈」。《唐藝文志・
故事類》有劉道薈《先朝故事》二十卷，蓋即撰《晉起居注》之劉道會矣。

　　起居注之撰作，既大盛於典午，而有補於後世之記注，惜乎其不傳也。昔人之徵
引《晉代起居注》，有不著年號而統稱晉者，逸篇最多，證以隋、唐志所載，豈即道會
所撰《晉起居注》，其見於《北堂書鈔》及《太平御覽》所引者尤多。〔註56〕其書自武
帝至安帝，總記兩晉，當即根據各朝起居注而撰正者。如《白帖》卷十一引其一事，
與《咸寧起居注》同；又卷十六引一事，《書鈔・設官部》引二事，並與《太康起居注》
同；《御覽・時序部》、《藝文類聚・聚菓部》各引一事，並與《咸和起居注》同；《書
鈔・儀飾部》引一事，與《義熙起居注》同等是，至於群籍所引，與《晉書・紀、志、
傳》諸文互勘，乃知其所載詔詞，率資於此書，而《晉書》所闕略者，又多可取足於
諸書所引之道會《晉起居注》佚文，〔註57〕故欲窮有晉一史者，豈可忽諸！

二、失撰人之宋、梁起居注

　　起居注之撰作既多，清儒輯佚所得，除劉氏《晉起居注》外，乃別有《宋起居
注》、《元嘉起居注》、《梁起居注》、《梁天監起居注》，及《梁大同起居注》等各一卷，
皆失撰名，茲述如後。

（一）失撰人《宋起居注》

　　失撰人之《宋起居注》一卷，清・王仁俊輯，存於《玉函山房輯佚書補編》中。
考有關宋之起居注，見於《隋志・史部・起居注類》所載者，有《晉、宋起居注鈔》
五十一卷，《晉、宋先朝起居注》二十卷、《宋永初起居注》十卷、《宋景平起居注》
三卷、《宋元嘉起居注》五十五卷（梁六十卷）、《宋孝建起居注》十二卷、《宋大明

〔註55〕詳見拙著《兩晉史部遺籍考》第二章第一節〈晉代起居注〉。
〔註56〕見章宗源《隋志考證》卷十五（〈起居注類〉「《晉起居注》三百一十七卷宋北徐州主
　　　　簿劉道會撰」條）。
〔註57〕詳見章宗源《隋志考證》卷十五（〈起居注類〉「《晉起居注》三百一十七卷」條）。

起居注》十五卷（梁三十四卷）、《景和起居注》四卷、《明帝在藩注》三卷、《宋泰始起居注》十九卷（梁二十三卷）、《宋泰豫起居注》四卷（梁有《宋成徽起居注》二十卷），《昇明起居注》六卷等，並不著撰人。按，宋武帝以晉恭帝元熙二年（420年）六月受禪，改元熙二年爲永初元年，至三年（422 年）五月崩，永初紀元凡三年。少帝即立，明年（423 年）改元景平，次年以皇太后令廢爲營陽王，幽於吳郡。六月，徐羨之等使中書舍人邢安泰弒帝於金昌亭，年十九，景平紀元凡一年。文帝以少帝景平二年（424 年）八月即位，改景平二年爲元嘉元年，三十年（453 年）二月爲元凶劭所弒，崩。孝武帝，文帝第三子，爲南中郎將江州刺史都督四郡軍事，元凶弒逆，率眾入討，是年（453 年）四月，至於新亭，即皇帝位，五月，克定京邑，劭及始興王濬諸同逆並伏誅。明年（454 年）改元孝建，凡三年，次年（457 年）改元大明，大明八年（464 年）崩。前廢帝在位首尾凡十九月。景和之前爲永光，而是年（465 年）十二月，明帝即位，改元泰始。泰始八年（473 年），明帝以疾患未瘳，改元泰豫。泰豫元年（472 年）四月崩。長子蒼梧王昱即帝位，明年（473年）改元元徽（或誤作「成徽」），元徽好殺，以此爲懼。元徽二年（476 年）七月七日夜，楊玉伕與楊萬年入內，以昱防身刀斬之。昇明三年（479 年）夏四月，天祿永終，禪位於南齊高帝蕭道成，遷居丹陽宮。齊王踐阼，封帝爲汝陰王。建元元年（479 年）五月，殂於丹陽宮，時年十三，謚曰順帝。〔註58〕此宋之興亡概略也，計自宋武帝受禪（420 年），至順帝亡（479 年），前後六十年，六十年間，記注不絕，斯亦盛矣。

（二）失撰人《元嘉起居注》

見於宛委山堂本《說郛》弓五十九又有《元嘉起居注》一卷。元嘉，文帝元，文帝以少帝景平二年（424 年）即位，改爲元嘉元年，三十年（453 年）爲元凶劭所弒，崩。所撰《起居注》，《隋志》著錄五十五卷，作「《宋元嘉起居注》」，注云：「梁六十卷。」《舊唐志》卷同梁有，《新唐志》作七十一卷，並不著撰人。《文苑英華》裴子野〈宋略總論〉謂：曾祖太中大夫西鄉侯（即裴松之）以文帝亡十二年受詔，撰《元嘉起居注》。姚振宗云：「裴松之卒於元嘉二十八年辛卯（451 年），子野所云，蓋元嘉十一年以前之注記爲所撰定者，非盡出松之手也。」〔註59〕按，松之有《三國志注》及《晉記》，並其事跡，已分見於第二章第一節及本章第三節。

章宗源《隋志考證》稱：《初學記》、《藝文類聚》、《北堂書鈔》、《太平御覽》並

〔註58〕見《宋書・本紀》及姚振宗《隋志考證》卷十五〈史部五・起居注類〉。
〔註59〕見所撰《隋志考證》卷十五（〈史部五・起居注類〉「《宋元嘉起居注》五十五卷」條）。

引《元嘉起居注》，或題《文帝元嘉起居注》，或題《元嘉十年起居注》，《二十九年起居注》，或作《宋起居注》。〔註60〕

（三）失撰人《梁起居注》

失撰人之《梁起居注》一卷，亦爲清‧王仁俊所輯，存《玉函山房輯佚書補編》中。按，梁武受命之初，官班多同宋、齊之舊，有秘書省著作郎一人、佐郎八人，掌國史，集注起居，著作郎謂之大著作。梁初，周捨、裴子野皆以他官領之。〔註61〕又考梁武帝紀元，凡天監十八年（502～519年）、普通七年（520～526年），大通二年（527～528年）、中大通六年（529～534年）、大同十一年（535～545年）、中大同一年（546年）、太清三年（547～549年），其後有簡文帝大寶一年（550年）、豫章王天正一年（551年）、元帝承聖三年（552～554年）、敬帝紹泰一年（555年）、太平二年（556～557年）等，綜計蕭梁一代凡五十六年（502～557年），又撰者非一人，則所成之起居注，卷數當有可觀者，〔註62〕惜皆逐代散亡。今見於《太平御覽‧休徵部》引有《梁起居注》曰：大同六年九月，始平獻嘉禾，一莖七穗云云，章宗源《隋志考證》於其卷五〈起居注類〉逐據以補錄，題「梁起居注」，注云：「卷亡。」按，其書當即《隋志》所著錄之《梁大同起居注》。

（四）失撰人《梁大同起居注》

《梁大同起居注》，《隋志》著錄十卷，《新唐志》作《梁大同七年起居注》十卷，並不著撰人，今皆亡佚，清‧王仁俊有輯本一卷，存《玉函山房輯佚書補編》中。考梁大同凡十一年，依《新唐志》所載，知大同之起居注其時已不能全，章宗源《隋志考證》嘗就《太平御覽‧休徵部》、《寰宇記‧江南西道》等考得《梁大同起居注》各一條，皆紀九年事，《御覽》又一條引《梁起居注》，爲大同六年事。

（五）失撰人《梁天監起居注》

梁天監紀元凡十八年，時正武帝受命之初，官班多同宋、齊，記注不絕，則其有起居注必矣。然隋、唐志不著錄，蓋已亡佚。考《太平御覽‧地部》引有《梁天監起居注》一條，《太平寰宇記‧劍南西道、西南西道、嶺南道》亦引《梁天監起居注》三條，章宗源《隋志考證》逐據以補錄，題「《梁天監起居注》」，注云：「卷亡。」

〔註60〕詳見所撰《隋志考證》卷十五（〈起居注類〉「《宋元嘉起居注》五十五卷」及「《宋起居注》」條）。

〔註61〕見姚振宗《隋志考證》卷十五（〈史部五‧起居注類〉「《梁大同起居注》十卷」條）引《隋書‧百官志》。

〔註62〕參閱朱希祖〈蕭梁舊史考‧梁起居注條〉（載民國十二年一月出版《國立北京大學國學季刊》一卷一號）。

〔註63〕王仁俊《玉函山房輯佚書補編》亦存輯本一卷，俱不著撰人。今據《隋書‧百官志》謂：梁初，周捨、裴子野皆以他官領之。〔註64〕又《南史‧王僧孺傳》曰：「拜中書侍郎，領著作。復直文德省（天監初），撰起居注。」《梁書‧周興嗣傳》曰：「普通二年（521年，按，普通前即爲天監紀元）卒。所撰《皇帝實錄》、《皇德記》、《起居注》、《職儀》等百餘卷。」〈裴子野傳〉曰：「吏部尚書徐勉言之於高祖（在天監中），以爲著作郎，掌國史及起居注。」〔註65〕則知王僧孺、周興嗣、裴子野等並嘗撰《梁武帝天監起居注》，惜皆不傳。

〔註63〕按，梁之起居注，《隋志》僅著錄「《梁大同起居注》十卷」一條。章宗源則爲補錄二條，依次計爲：「《梁天監起居注》卷亡」「《梁起居注》卷亡」等。然梁所撰之起居注固不止此，其或仍有散見於諸書之徵引者，尚待取輯矣。又章氏所補錄者，別有梁‧徐勉撰起居注六百卷，詳見章氏《隋志考證》卷十五〈起居注類〉。

〔註64〕見姚振宗《隋志考證》卷十五（〈史部五‧起居注類〉「《梁大同起居注》十卷」條）引。

〔註65〕見李雲光〈補梁書藝文志〉引（民國四十六年六月《臺灣省立師範大學國文研究所集刊》創刊號）。

第五章　雜史之撰作
——謝綽《宋拾遺錄》

　　雜史之目，肇於《隋書》。《隋志‧雜史類》敘曰：「自秦撥去古文，篇籍遺散。漢初，得《戰國策》，蓋戰國游士記其策謀。其後陸賈作《楚漢春秋》，以述誅鋤秦、項之事。又有《越絕》，相承以爲子貢所作。後漢趙曄，又爲《吳越春秋》，其屬辭比事，皆不與《春秋》、《史記》、《漢書》相似，蓋率爾而作，非史策之正也。靈、獻之世，天下大亂，史官失其常守。博達之士，愍其廢絕，各記聞見，以備遺亡。是後群才景慕，作者甚重。又自後漢以來，學者多鈔撮舊史，自爲一書。或起自人皇，或斷之近代，亦各其志，而體制不經，又有委巷之說，迂怪妄誕，眞虛莫測。然其大抵皆帝王之事，通人君子，必博采廣覽，以酌其要，故備而存之，謂之雜史。」蓋載籍之多，而或體制不經，非史策之正；或義包眾體，宏括殊名。其遺文逸事，亦足存掌故，資參證。是以司馬撰《史記》，乃上取《世本》，下及楚漢。知諸家所作，可備而存之。今考南北朝人所撰之雜史，則有梁‧謝綽之《宋拾遺錄》。

　　按謝氏之書，《隋志》著錄十卷，題「宋拾遺」，注云：「梁少府卿謝綽撰。」兩《唐志》、《史略》卷五、嚴可均《全梁文‧謝綽傳》等所載卷並同。《唐志》題名皆作「宋拾遺錄」，《唐六典》注引一事，題名亦同《唐志》。其書已佚，今宛委山堂本《說郛》弓五十九及《古今說部叢書一集》中各存有一卷。

　　謝綽，史中無傳，始末未詳，嚴可均《全梁文》卷五十九編曰：「陳郡陽夏人，天監初廷尉，終少府卿。有《宋拾遺》十卷、《集》一卷。」所撰《宋拾遺》，諸史志並列〈雜史〉，蓋瑣記之屬，劉知幾所謂逸事者也。《史通‧雜述篇》曰：「國史之任，記事記言，視聽不該，必有遺逸，於是好奇之士，補其所亡，若和嶠《汲冢紀年》、葛洪《西京雜記》、顧協《璅語》、謝綽《拾遺》，此之謂逸事者也。」〔註1〕

〔註1〕《史通‧雜述篇》又有言曰：「神農嘗藥，厥有《本草》；夏禹敷土，實著《山經》；

知謝氏之所掇拾，乃有以補史氏之闕，可備參稽者也。

考沈約既撰《宋書》一百卷（詳見第二章第二節），雖號繁富，其所探求，固有未周，是以謝氏所捃拾者，蓋揀沈氏之遺，猶裴松之之補陳壽《三國志》也。故《史通·書事篇》曰：「裴松補陳壽之闕，謝綽拾沈約之遺。」〈忤時篇〉曰：「休文所缺，荀（當作「謝」）綽裁其《拾遺》。」〈書志篇〉曰：「近者宋氏，年唯五紀，地止江淮，書滿百篇，號為繁富，作者猶廣之以《拾遺》，加之以《語錄》。」〔註2〕則謝氏所撰，蓋探彼泉源，尋其枝葉，原始要終，拾遺補闕者矣。惜已散亡，章宗源亦嘗就《初學記·地部、職官部、禮部、器物部、服食部》、《北堂書鈔·武功部》、《御覽·人事部、禮儀部、疾病部》考得九事，並作《宋拾遺》，《唐六典》注引一事，則稱《宋拾遺錄》。〔註3〕

《世本》辨姓，著自周室；《家語》載言，傳諸孔氏。是知偏記小說，自成一家，而能與正史參行，其所由來尚矣。爰及近古，斯道漸煩，史氏流別，殊途並騖。權而為論，其流有十焉。一曰偏記，二曰小錄，三曰逸事，四曰瑣言，五曰郡書，六曰家史，七曰別傳，八曰雜記，九曰地理書，十曰都邑簿。」

〔註2〕姚振宗云：「按孔思尚有《宋齊語錄》十卷，見《唐志》。」（《隋志考證》卷十三《史部三·雜史類》類「《宋拾遺》十卷梁少府卿謝綽撰」條）

〔註3〕見章宗源《隋志考證》卷三（「《宋拾遺》十卷梁少府卿謝綽撰」條）。

第六章　割據史之撰作

　　夷考歷代，莫不有僭亂之事，故《崇文總目・僞史類敘》曰：「三代之弊也，亂極於七雄並主；漢之弊也，亂極於三國；魏、晉之弊也，亂極於永嘉以來⋯⋯。」其因時乘勢，各強一方，雖卒歸於禍敗，然當時方聞之士，私相綴述，不無可觀。阮孝緒作《七錄》，乃有「僞史」一目，《隋志》因以易稱「霸史」，而爲敘曰：「自晉永嘉之亂，皇綱失馭，九州君長，據有中原者甚眾。或推奉正朔，或假名竊號，然其君臣忠義之節，經國宇民之務，蓋亦勤矣。而當時臣子，亦各記錄。後魏平克諸國，據有嵩、華，始命司徒崔浩博採舊聞，綴述國史。諸國記注，盡集秘閣。爾朱之亂，並皆散亡。今舉其見在，謂之『霸史』。」以年祀緜邈，文籍散佚，當時僭撰，久已無存，在於今者，大抵後人追記耳。以曰「僞」、曰「霸」，《四庫》館臣乃以爲皆非其實，因準《東觀漢記》、《晉書》之例，題曰「載記」。《四庫提要・史部・載記類敘》有云：「案《後漢書・班固傳》稱撰平林、新市、公孫述事爲載記，《史通》亦述平林下江諸人，《東觀》列爲載記。又《晉書》附敘十六國亦云載記，是實立中朝，以敘列國之名。今採錄《吳越春秋》以下，述偏方僭亂事蹟者，準《東觀漢記》、《晉書》之例，總題曰『載記』，於義爲允。惟《越史略》一書，爲其國所自作，僭號紀年，眞爲僞史。然外方私記，不過附存以聲罪示誅，足昭名分，固無庸爲此數卷，別區門目焉。」今考南北朝人所撰之書，乃並武敏之、蕭方等、崔鴻、高閭、劉昞、裴景仁、姚和都、段國諸作爲一章，而顏之曰：「割據史之撰作」，茲分述如后。

第一節　崔鴻《十六國春秋》等諸晉總記之書

　　總集晉諸雄之史者，今得有劉宋・武敏之《三十國春秋》、梁・蕭方等《三十國春秋》、及後魏・崔鴻《十六國春秋》。

一、武敏之《三十國春秋》

武氏《三十國春秋》一卷，清·湯球輯，題劉宋·武敏之撰，存於《廣雅書局·史學叢書》及《叢書集成初編·史地類》中。

按，武敏之，正史無傳，始末未詳，據湯球輯本所題，知乃劉宋人，撰有《三十國春秋》。其書雖佚，湯氏所輯，亦頗繁富。

今考湯氏輯本，則首依《高氏家譜》錄有宋文帝元嘉十三年起諸記事，文雖未謂爲武敏之《三十國春秋》，然湯氏以爲，蕭方等《三十國春秋》，《隋志》云起漢建安，訖晉元熙，《宋中興書目》云起宣帝，迄恭帝，皆不稱及宋時事，則此爲武敏之之書無疑，故姑錄出以俟考。其次則爲常璩《蜀李書》，乃據《太平御覽》、《藝文類聚》及《釋文序·注解傳述人》注等所引輯存。次爲和苞《漢趙記》，據《初學記》、《御覽》、《事類賦注》、《北堂書鈔》等所引輯存。次爲田融《趙書》，據《御覽》、《類聚》、《書鈔》、《開元占經》、《水經注》、《世說注》、《太平廣記》等所引輯存。次爲吳篤《趙書》，據《御覽》所引輯存。次爲王度《二石傳》，據《御覽》、《類聚》、《世說注》、《書鈔》、《占經》等所引輯存，分爲〈石勒傳〉及〈石虎傳〉兩部分。次爲燕亨《燕書》，據《御覽》、《通鑑晉紀考異》、《書鈔》、《事類賦注》、《水經注》、《類聚》等所引輯存，並依序分有〈高祖武宣皇帝紀〉、〈太祖文明皇帝紀〉、〈列祖景昭皇帝紀〉、〈少帝紀〉、〈世祖成武皇帝紀〉、〈獻莊皇帝紀〉、〈列宗惠愍皇帝紀〉、〈中宗昭武皇帝紀〉、〈昭文皇帝紀〉、〈慕容仁傳〉、〈慕容翰傳〉、〈慕容恪傳〉、〈王誕傳〉、〈周存傳〉、〈慕輿根傳〉、〈宋該傳〉、〈李洪傳〉、〈申弼傳〉、〈賈堅傳〉、〈梁琛傳〉、〈孟高傳〉、〈皇甫眞傳〉、〈鮮于休傳〉、〈羅騰傳〉、〈公孫鳳傳〉等篇。次爲車頻《秦書》，據《世說注》、《御覽》、《占經》、《類聚》、《水經注》、《初學記》、《文苑彙雋》等所引輯存。次爲王景暉《南燕志》，據《南燕書》、《初學記》、《書鈔》等所引輯存。次爲裴景仁《秦記》，據《類聚》、《御覽》、《初學記》、《事類賦注》、《世說注》等所引輯存。次爲姚和都《後秦記》，據《御覽》、《占經》、《事類賦注》所引輯存。次爲張諮《涼記》，據《世說注》所引輯存。次爲喻歸《西河記》，據《初學記》、《御覽》所引輯存。次爲段龜龍《涼記》，據《御覽》、《類聚》、《初學記》、《書鈔》、《說郛》等所引輯存。次爲劉昞《敦煌實錄》，據《御覽》、李宂《獨異志下》、《白帖》、《書鈔》、《廣記》、《續漢書注》等所引輯存。次爲張詮《南燕書》，據《初學記》、《御覽》所引輯存。次爲《閭燕志》，據《初學記》、《御覽》所引輯存。

綜上所得，除引宋文帝者外，計有常璩《蜀李書》、和苞《漢趙記》、田融《趙書》、吳篤《趙書》、王度《二石傳》、燕亨《燕書》、車頻《秦書》、王景暉《南燕志》、

裴景仁《秦記》、姚和都《後秦記》、張諮《涼記》、喻歸《西河記》、段龜龍《涼記》、劉昞《敦煌實錄》、張詮《南燕志》、高閭《燕志》等十六國事。知武敏之《三十國春秋》者，聚諸雄之割據史以成書者也，為晉總記之屬，其書雖佚已久，然輯錄所得，亦頗見其端緒，蓋所謂嘗鼎一臠，未為不知味者也。

二、蕭方等《三十國春秋》

蕭氏《三十國春秋》，《隋志》著錄三十一卷，注云：「梁湘東世子蕭萬等撰。」按「萬」當作「方」，或因誤「方」為「万」，遂以為「萬」字。兩《唐志》、《玉海·藝文類》、《中興書目》、《史略》卷三等卷並止三十，又《唐志》及《史略》，於撰人下同削「等」字，蓋誤。其書已佚，今有清·湯球輯本一卷，見於《廣雅書局·史學叢書》及《叢書集成初編·史地類》中，又有王仁俊輯本一卷，存《玉函山房輯佚書補編》。

蕭方等，字實相，南蘭陵中都里人。世祖（元帝）長子，母曰徐妃。少聰敏，有俊才，善騎射，尤長巧思。性愛林泉，特好散逸，以為人生處世，如白駒過隙，若使吾終得與魚鳥同遊，則去人間如脫屣。時高祖（武帝）年高，欲見諸王長子，世祖遣方等入侍。方等欣然升舟。行至綟水，值侯景亂，方等啟曰：「昔申生不愛其死，方等豈顧其生。」世祖省書歎息，知無還意，乃配步騎一萬使援台城。賊每來攻，方等必身當矢石。宮城陷，方等歸荊州，收集士馬，甚得眾和，世祖始歎其能。方等又勸修築城柵，以備不虞。既成，樓雉相望，周迴七十餘里。世祖觀之甚悅，入謂徐妃曰：「若更有一子如此，吾復何憂！」時何東王為湘州刺史，不受督府之令，方等乃乞征之，世祖許焉，拜為都督，令帥精卒二萬南討。方等臨行，謂所親曰：「吾此段出征，必死無二，死而獲所，吾豈愛生。」及至麻溪，何東王率軍逆戰，方等擊之，軍敗，遂溺死，時年二十二。贈侍中、中軍將軍、揚州刺史，謚曰忠壯世子，并為招魂以哀之。方等注范曄《後漢書》未就，所撰《三十國春秋》及《靜住子》（《南史》作「篤靜子」）行於世。世祖即位，改謚武烈世子〔註1〕。

按，蕭方等之名，楊慎以為佛氏有《方等經》，猶云平等世界，故蕭氏取焉。〔註2〕其「等」字，或有誤以為蓋如史志之著錄「京相璠等《春秋土地名》三卷」之「等」字，謂非出於一人之手者，遂一例削去，殊非，考此誤固不止新、舊《唐

〔註1〕見《梁書》卷四十四〈忠壯世子方等傳〉。
〔註2〕見姚振宗《隋志考證》卷十二（〈史部二·古史類〉「《三十國春秋》三十一卷梁湘東世子蕭萬等撰」條）引。

志》、《宋史》、《通志》及《史略》等爲然，《通鑑》晉元興三年引方等《論綱目》亦但云蕭方。〔註3〕

　　方等所撰《三十國春秋》，乃一反晉世臣子之嫉彼亂華而比諸群盜，其於書中，遂存諸國名諡，僭帝者皆謂之以王，故劉知幾稱之，其言曰：「金行版蕩，戎、羯稱制，各有國家，實同王者。晉世臣子，黨附君親，嫉彼亂華，比諸群盜，此皆苟狥私忿，忘夫至公，自非坦懷愛憎，無以定其得失。至蕭方等，始存諸國名諡，僭帝者皆稱之以王，此則趙猶人君，加以主號，杞用夷禮，貶同子爵，變通其理，事在合宜，小道可觀，見於蕭氏者矣。」〔註4〕方等之所採削，蓋以晉爲主，而附漢劉淵以下二十九國，又上及漢，而迄於晉恭帝，凡一、二百年間事。〔註5〕蕭氏以孤臣孽子，處心既危，而猶能留意史冊，亦云勤矣。然或以小說，刊爲正言，有非正體國史者。〔註6〕至所模擬，於善人君子，亦彰美於應對之中，方諸《左氏》，蓋深得貌異而心同之旨者。〔註7〕惜其原本，今已不得見，章宗源《隋志考證》乃嘗用功稽引，考得《太平御覽・時序部》引有燕王慕容熙事，〈兵部〉引有蜀王李雄、秦王堅、夏王勃勃、吳王晧事，又〈人事部〉引一事，〈兵部〉引三事，《初學記・文部，居處部》各引一事，雖是殘篇斷簡，而片羽彌珍。

〔註3〕見姚振宗《隋志考證》引王應麟說（卷十二〈古史類・「《三十國春秋》三十一卷」條〉）。

〔註4〕《史通・稱謂篇》。

〔註5〕姚振宗《隋志考證》卷十二引云：「《玉海・藝文類》、《中興書目》三十卷，方等采削諸史，以晉爲主，附列漢劉淵以下二十九國，又上取吳・孫晧事，起宣帝，迄恭帝。」（「《三十國春秋》三十一卷蕭萬等撰」條）。章宗源《隋志考證》卷二亦引《郡齋讀書附志》杜延業云：方等採削群史，以晉爲主，附列二十九國。（「《三十國春秋》三十一卷梁湘東世子蕭方等撰」條）。《史略》卷三云：「漢中元、建安，記晉元熙，凡一百五十六年，以晉爲主，包吳孫、劉元海等三十國事。」又湯球輯本，起魏嘉平元年，歷泰始、懷帝、愍帝、元帝、哀帝、帝奕（海西公）、簡文帝、孝武帝、安帝，至恭帝止，除哀帝、簡文帝無文外，餘並或據《御覽》、《通鑑考異》、《晉紀》、《書鈔》、《初學記》、《白帖》、《事類賦注》、《類聚》、郭茂倩《樂府》、李宂《獨異志下》、《史通・模擬》等群籍所引輯存。然諸書所載，或作《十三國春秋》、《三十六國春秋》、《三十國春秋西涼傳》等。

〔註6〕《史通・雜說篇中》：「劉敬昇《異苑》稱，晉武庫失火，漢高祖斬蛇……蕭方等撰《三十國史》，乃刊爲正言。」浦起龍《釋》：「小說不經猶可，撰爲正言則非。然《三十國史》猶非正體國史也。」

〔註7〕《史通・模擬篇》：「善人君子，功業不書，見於應對，附彰其美。如《左傳》稱楚武王欲伐隨，熊率且比曰：『季梁在！何益！』至蕭方等《三十國春秋》，說朝廷聞慕容儁死，曰：『中原可圖矣！』桓溫曰：『慕容恪在，其憂方大。』以此而擬《左氏》，又所謂貌異而心同也。」

三、崔鴻《十六國春秋》

　　崔氏《十六國春秋》，《隋志》著錄一百卷，《魏書》（卷六十七）及《北史》（卷四十四）〈崔鴻傳〉所載卷並同，而又云：別作《序例》、《年表》各一卷，故其子子元所奏乃稱一百二卷，〔註8〕兩《唐志》則作一百二十卷，「十」字疑衍。《史略》卷三有崔鴻《三十國春秋》，亦注云：「百二十卷，魏人。」〔註9〕是書，李昉作《太平御覽》猶見徵引，司馬光撰《通鑑考異》時，雖無全帙，亦屢及之，然《宋志》及《崇文總目》則並佚其名，馬端臨《通考》、晁公武《讀書志》及陳振孫《書錄解題》亦皆不載，則佚已久。〔註10〕至明神宗萬曆以後，此本復出，一時莫知所自，流傳既廣，世以爲即屠喬孫、項琳、姚士粦輩所僞也。〔註11〕

　　今本《十六國春秋》，雖摭拾略備，用心良苦，然既非原書，且有未愜於眾意者，〔註12〕清‧湯球遂別爲輯補一百卷，又有《年表》一卷，存《廣雅書局‧史學叢書》及《叢書集成初編‧史地類》中。考唐修《晉書》，乃兼引十六國史，而

〔註8〕見《魏書》卷六十七附〈子元傳〉。又《史通通釋‧古今正史篇》之敘十六國史曰：「鳩集稽備，而……乃增其篇目，勒成一百二卷。」呂思勉《兩晉南北朝史》云：「浦起龍因改《史通》勒爲十卷之「十」字爲一百二，然《史通》此句，或指其得蜀事後所增卷數言之，亦未可專輒也。」（第二十三章第五節〈史學〉）按，呂氏之臆測，似未得實。攷鴻本傳載其所上表有云：「至三年之末，草成九十五卷，唯常璩所撰……尋訪不獲，所以未及繕成，……臣又別《序例》一卷、《年表》一卷……。」則鴻於江東購得《蜀書》後之所討論增添者，卷數不得有十。余嘉錫《四庫辨正‧史三》有言：「然則鴻書本百卷，《序例》、《年表》別行，《隋志》著錄者是也，合之則爲一百二卷。」知幾所言，當即總其成數，與子元所奏者合。

〔註9〕按，湯球蕭方等《三十國春秋》輯本，依《白帖》引，有崔鴻《三十國春秋》。

〔註10〕《四庫提要‧史部‧載記類》以爲亡於北宋。又金毓黻《中國史學史》第四章謂其書亡於北宋中葉以後，則無可疑也。余嘉錫《辨證》則謂尤袤《遂初堂書目‧偽史類》有此書，尤氏南宋人，不得謂亡於北宋。王鳴盛《十七史商榷》卷五十二（〈晉書‧十‧載記〉「崔鴻《十六國春秋》」條），則以爲蓋當五代及宋初而亡。

〔註11〕如《四庫提要‧史部‧載記類》「《十六國春秋》一百卷」條、余嘉錫《四庫辨證‧史部三》（「《十六國春秋》一百卷」條）、胡玉縉《四庫提要補正》卷二十（〈載記類〉「《十六國春秋》一百卷」條）、浦起龍《史通通釋‧古今正史篇》十六國史按語、王鳴盛《十七史商榷》卷五十二（〈晉書十‧載記〉「崔鴻《十六國春秋》」條），全祖望《鮚埼亭集‧外編》卷四十三（〈答史雪汀問十六國春秋書〉）、錢大昕《十駕齋養新錄》卷十三（「《十六國春秋》」條）、姚際恒《古今偽書考》、朱彝尊《經義考》等諸書所載，雖或詳或略，並已言之。考吳壽暘《拜經樓題跋記》卷二載其父吳騫語有云：「按，屠喬孫等〈十六國春秋序〉，自謂輯錄陳編，原未嘗作僞欺人。」（余氏《辯證》、胡氏《補正》並引）然則輯錄陳編之說，屠氏等已自言之矣，惜屠〈序〉今未見，不知果何如云。

〔註12〕如金毓黻《中國史學史》第四章云：《十六國史》有曰：「惟《魏書》所敘十六國事，其文不必悉同崔書，而作僞者亦爲采入，稱爲鴻作，則謬妄之尤者也。」

撰爲三十載記（《史通・正史篇》），故湯氏所輯，遂以《漢魏叢書》之簡本《十六國春秋》爲主，而以《晉書》張、李兩傳及載記全文補足之，其中有與諸書所引不同者，再據以改正。〔註13〕又《隋志》於《十六國春秋》下，別載有《纂錄》一十卷，未著撰人，〔註14〕湯氏以爲隋時其書原有二本，百卷久已放佚，而《纂錄》本則歷代流傳，尚概見於何鏜《漢魏叢書》中，〔註15〕惟其名不彰，故宋《崇文總目》以爲《十六國春秋略》，《通鑑考異》以爲《十六國春秋鈔》，《四庫簡明目錄》以爲別本《十六國春秋》。〔註16〕湯氏又稱其書編纂簡明，故能行之久遠，但屢經傳鈔，不無刪節及脫誤難讀之處，又幸《北齊修文殿御覽》曾全載於〈偏霸部〉中，乃取以兩相讎校，而定其一十卷之目云〔註17〕。爲崔書輯錄者，湯氏之外，王仁俊亦嘗事於此，除所輯《十六國春秋》佚文一卷，見於《經籍佚文》者外，又輯有《前趙錄》、《後趙錄》、《蜀錄》、《後蜀錄》、《前燕錄》、《後燕錄》、

〔註13〕見金毓黻《中國史學史》第四章。按，金氏又云：「球謂《晉書・載記》所敘十六國事，實采崔書而成，尚無大誤，然遽謂〈載記〉之文即同於崔書，一一錄出，以爲不異原作，雖異乎屠氏之作僞，亦不免失於武斷。」

〔註14〕姚振宗《隋志考證》曰：「按此繫《十六國春秋》之後，明是纂錄其書，特不知出於何人耳。《崇文總目》有《十六國春秋略》二卷，《通鑑考異》所引書又有《十六國春秋鈔》，疑皆出於是書。」（卷十四〈史部四・霸史類〉「《纂錄》一十卷」條）

〔註15〕按，《四庫提要・史部・載記類》著錄別本《十六國春秋》十六卷（浙江孫仰曾家藏本）曰：「舊本亦題魏・崔鴻撰，載何鏜《漢魏叢書》中，其出在屠喬孫本之前，而亦莫詳其所自。十六國各爲一錄，惟列僭僞之主五十八人，其諸臣皆不爲立傳，全爲載記之體，其非一百二卷之舊，已不待言。證以《晉書・載記》，大致互相出入，而不以晉、宋紀年，與《史通》所說迥異，豈好事者摭類書之語，以《晉書・載記》排比之，成此僞本耶？然考《崇文總目》有《十六國春秋略》二卷，不著撰人名氏，司馬光《通鑑考異》所引諸書，亦有《十六國春秋抄》之名，則或屬後人節錄鴻書，亦未可定也。」湯氏以爲即《隋志》所載之《纂錄》本無疑，遂訂改十六卷之數爲十卷，以合《隋志》所著錄者，存於《廣雅書局・史學叢書》及《叢書集成初編・史地類》中（並附清吳翊寅《校勘記》一卷）。金毓黻《中國史學史》乃謂此爲史學界之一發見，稱好學深思，心知其意，湯氏有焉。《十駕齋養新錄》卷十三「《十六國春秋》」條則云：「今世所傳《十六國春秋》凡兩本，其一見於何鏜等所刊《漢魏叢書》，僅十六卷，寥寥數簡，殆出後人依託。」又《四庫辨證・史部三》「《別本十六國春秋》十一卷」條亦云：「……其爲明人抄撮群書僞充古籍甚明，必非《崇文總目》所著錄之《十六國春秋略》也。」則皆與湯氏之意異。

〔註16〕見湯球〈十六國春秋纂錄校本敘〉。按《增訂四庫簡明目錄標注》卷第六（「《別本十六國春秋》十六卷」條）云：「然十六國各爲一錄，與一百卷之數不合，或即《崇文總目》所謂《十六國春秋略》，《通鑑考異》所謂《十六國春秋鈔》也。」

〔註17〕見湯球〈十六國春秋纂錄校本敘〉。按，今如《廣漢魏叢書（萬曆本、嘉慶本）・別史》、《增訂漢魏叢書（乾隆本、紅杏山房本、三餘堂本、大通書局石印本）・別史》、《四部備要（排印本、縮印本）・史部・載記》等諸叢書中，則並有《十六國春秋》十六卷。

《北燕錄》、《南燕錄》、《前涼錄》、《前秦錄》、《後秦錄》、《西秦錄》等各一卷，並存於《玉函山房輯佚書補編》中。

崔鴻，字彥鸞，光弟，敬友之子，東清河鄃人。少好讀書，博綜經史，高祖（後魏孝文帝）太和二十年（496 年），拜彭城王國左常侍。世宗（宣武帝）景明三年壬午（502 年），遷員外郎，勅撰《起居注》。遷給事中，兼祠部郎，轉尚書都兵郎中。詔太師彭城王勰以下公卿、朝士、儒學才明者三十人，議定律令於尚書上省，鴻與光俱在其中，時論榮之。永平初，徙三公郎中，加輕車將軍，遷員外散騎常侍，領郎中。延昌二年（513 年），將大考百寮，鴻以考令於體例不通，乃爲建議，世宗不從。三年（514 年）鴻以父憂解任。十一月，世宗以本官徵鴻，四年（515 年）復加中堅將軍、常侍，領郎如故，後遷中散大夫高陽王友，仍領郎中。其年，爲司徒長史。正光元年（520 年）加前將軍，修《高祖世宗起居注》。光撰《魏史》，徒有卷目，初未考證，闕略尤多，每云此史非我世所成，但須記錄時事，以待後人。臨薨，言鴻於肅宗（孝明帝）。五年（524 年）正月，詔鴻以本官修緝國史。孝昌初，拜給事黃門侍郎，尋加散騎常侍、齊州大中正。鴻在史甫爾，未有所就，尋卒，贈鎮東將軍、度支尚書、青州刺史。鴻弱冠便有著述之志，見晉、魏前史，皆成一家，無所措意，以劉淵、石勒、慕容儁、符健、慕容垂、姚萇、慕容德、赫連屈子、張軌、李雄、呂光、乞伏國仁、禿髮烏孤、李暠、沮渠蒙遜、馮跋等，並因世故，跨僭一方，各有國書，未有統一，乃撰爲《十六國春秋》，勒成百卷，因其舊記，時有增損褒貶焉。鴻二世仕江左，故不錄僭晉劉、蕭之書，又恐識者責之，未敢出行於外。世宗聞其撰錄，遣散騎常侍趙邕詔鴻曰：「聞卿撰定諸史，甚有條貫，便可隨成者送呈，朕當於機事之暇覽之。」鴻以其書有與國初相涉，言多失體，且既未訖，迄不奏聞。鴻後典起居，乃妄載其表曰：「自晉永寧以後，雖所在稱兵，競自尊樹，而能建邦命氏，成爲戰國者，十有六家，善惡興滅之形，用兵乖會之勢，亦足以垂之將來，昭明勸戒。但諸史殘缺，體例不全，編錄紛謬，繁略失所，宜審正不同，定爲一書。」又曰：「暨正始元年（504 年），寫乃向備，謹於吏案之暇，草構此書，區分時事，各繫本錄，破彼異同，凡爲一體，約損煩文，補其不足，三家五門之類，一事異年之流，皆稽以長歷，考諸舊志，刪正差謬，定爲實錄，商校大略，著《春秋》百篇。至三年之末，草成九十五卷。唯常璩所撰李雄父子據蜀時書，尋訪不獲，所以未及繕成，輒筆私求，七載於今。此書本江南撰錄，恐中國所無，非臣力所能終得。其起兵僭號事之始末，乃亦頗有，但不得此書，懼簡略不成，久思陳奏，乞勅緣邊求採，但愚賤無因，不敢輒輒。散騎常侍太常少卿荊州大中正臣趙邕忽宣明旨，敕臣送呈，不悟九皋微志，乃得上聞，奉勅欣惶，慶懼兼至。今謹以所訖者，

附臣邕呈奏。臣又別作《序例》一卷、《年表》一卷……。」鴻意如此。然自正光以前，不敢顯行。其書自後以光貴重當朝，乃頗相傳讀。鴻經綜既廣，多有違謬，如太祖（道武帝）天興二年（399年），姚興改號，鴻以爲改在元年（398年）；太宗（明元帝）永興二年（410年），慕容超擒於廣固，鴻又以爲事在元年（409年）；太常二年（417年），姚泓敗於長安，而鴻亦以爲滅在元年（416年）。如此之失，多不考正。子子元，爲秘書郎，後永安中，乃奏其父書曰：「臣亡考故散騎常侍給事黃門侍郎前將軍齊州太中正鴻……正始之末，任屬記言，撰緝餘暇，乃刊著趙、燕、秦、夏、涼、蜀等遺載，爲之贊序褒貶評論，先朝之日，草構悉了，唯有李雄《蜀書》搜索未獲，闕茲一國，遲留未成，正光三年（522年），購訪始得，討論適訖，而先臣棄世，凡十六國，名爲《春秋》，一百二卷，近代之事，最爲備悉，未曾奏上，弗敢宣流，今繕寫一本，敢以仰呈，儻或淺陋，不回睿賞，乞藏秘閣，以廣異家。」子元後謀反，事發逃竄，會赦免，尋爲其叔鴟所殺。〔註18〕

　　崔氏之書，乃以晉、魏前史，皆成一家，而諸跨僭一方者，各有國書，其興滅之蹟，用兵之勢，亦足垂戒將來，然率殘闕紛謬，乃因其舊記，增損褒貶，爲定一書，再於吏案餘暇，區分時事，約損辭文，凡爲一體，草成九十五卷，唯闕蜀事，又別作《序例》、《年表》各一卷。以其書有與國初相涉，言多失體，且既未訖，故終未奏聞，唯虛撰表文，冀能免禍耳。迨於江東購得李雄《蜀書》，討論適訖，隨即棄世。是其書至歿世之後，其子乃上表進呈，自是諸史遂絀而鴻書大行。此崔氏撰書始末及其命意所在，《魏書》本傳已言之詳矣，《史通·正史篇》亦嘗略及之，其言曰：

> 魏世黃門郎崔鴻，乃考覈眾家，辨其同異，除煩補闕，錯綜綱紀，易其國書曰錄，主紀曰傳，都謂之《十六國春秋》。鴻始以景明之初，求諸國逸史，逮正始元年（504年），鳩集稽備，而獲闕蜀事，不果成書，推求十有五年，始於江東購獲，乃增其篇目，勒爲一百二卷，鴻歿後，永安中，其子繕寫奏上，請藏秘閣，由是僞史宣佈，大行於時。

考鴻書之紀綱，皆以晉爲主。猶班《書》之載吳、項，必繫漢年；陳《志》之述孫、劉，皆宗魏世。〔註19〕其書雖成於魏世，而專詳僭竊。總曰《十六國春秋》，而不載晉朝。其正僞之義，蓋較然彰者。鴻書又有《年表》、贊序，於其間諸僞，蓋頗有甄明，比於《史》、《漢》群篇，要爲切者矣。〔註20〕至其區分時代，各繫本錄。一

〔註18〕 見《魏書》卷六十七、《北史》卷四十四、嚴可均《全後魏文》卷二十五〈崔鴻傳〉。
〔註19〕 《史通·探賾篇》。
〔註20〕 《史通·表曆篇》

事異年之流，悉稽長曆，考諸舊志。體裁詳備，亦足包舉諸家。唐修《晉書》，兼引十六家之史，著成載記，其所采者，遂以崔書爲多。鴻又以二世仕江左，不錄僭晉劉、蕭之書，故〈崔亮傳〉云：齊文襄恨崔鴻《十六國春秋》述諸僭僞不及江東。然則鴻所以不錄者，其意蓋不欲以江東爲僞也。

第二節　後燕、西涼、前秦、後秦諸記

嬴秦之後，我國既成統一之局，諸偏隅割據者，原不能視之爲國，故至唐世，遂將晉諸雄之事編爲「載記」，入之《晉書》，待如漢末群雄。今攷南北朝人所撰之載記類書籍，如後魏・高閭《閭燕志》、後魏・劉昞《敦煌實錄》、劉宋・裴景仁《秦記》、後魏・姚和都《後秦記》等，於後燕、西涼、前秦、後秦諸割據之史，亦並有撰作，茲述如後。

一、高閭《燕志》

高閭《燕志》，《隋志》著錄十卷，注云：「高閭撰。」兩《唐志》卷並同，然《舊唐志》不注撰人。其書已佚，今有清・湯球輯本一卷，存《廣雅書局史學叢書・三十國春秋輯本》中。

高閭，字閭士，漁陽雍奴人。早孤，少好學，博綜經史，下筆成章。至平城，脩刺詣崔浩，浩與語，奇之，使爲謝中書監表。閭，本名驢，浩乃改爲「閭」，由是知名。太武時，徵拜中書博士。和平末，爲中書侍郎。文成（高宗）崩，乙渾擅權，內外危懼，文明太后臨朝，誅渾，引閭與中書令高允入禁中參決大政，賜爵安樂子，加南中郎將，與鎮南大將軍尉元南赴徐州，元表閭以本官領東徐州刺史，後還京城，以功進爵爲侯，加昭武將軍。獻文（顯祖）即位，徙崇光宮，閭表上〈至德頌〉，高允以閭文章富逸，舉以自代，遂爲獻文所知，參論政事。永明初，爲中書令給事中，委以機密，文明太后甚重閭，詔令、書檄、碑銘、贊頌皆其文也。太和三年（479年），出師討淮北，閭表諫陳四疑，請時速返旆，文明太后曰：「六軍電發，有若摧朽，何慮四難也。」遷尙書中書監。孝文（高祖）引見王公以下於皇信堂，令辯忠佞，閭曰：「佞者飾知以行事，忠者發心以附道，譬如玉石，皦然可知。」帝曰：「玉石同體而異名，忠佞異名而同理，求之於同，則得其所以異，尋之於異，則失其所以同，出處同異之間，交換忠佞之境，豈是皦然易明哉？或有託佞以成忠，或有假忠以飾佞，如楚之子綦，後事雖忠，初非佞也。」閭曰：「子綦諫楚，初雖隨述，終致忠言，此適欲幾諫，非爲佞也。子綦若不設初權，後忠無由得顯。」帝善閭對。

後上表謂為國之道，以為其要有五：曰文德、武功、法度、防固、刑賞也。又以為北狄悍愚，同於禽獸，所長者野戰，所短者攻城，若以狄之所短，奪其所長，則雖眾不能成患，雖來不能內逼。又狄散居野澤，隨逐水草，戰則與室家竝至，奔則與畜牧俱逃，是以古人伐北方，攘其侵掠而已，歷代為邊患者，良以儵忽無常故也。昔周命南仲，城彼朔方；趙靈、秦始，長城是築；漢之孝武，蹤其前事。此四代之君，皆帝王之雄傑，所以同此役者，非智術之不長，兵眾之不足，乃防狄之要事，理宜然也。今故宜於六鎮之北，築長城以禦北虜，雖有暫勞之勤，乃有永逸之益。即於要害，往往開門，造小城於其側，因施却敵，多置弓弩，狄來有城可守，有兵可捍，既不攻城，野掠無獲，草盡則走，終始必懲。又宜發近州武勇四萬人，及京師二萬人，合六萬人為武士於苑內，立征北大將軍府，選忠勇有志幹者以充其選，下置官屬，分為三軍，二萬人專習弓射，二萬人專習刀楯，二萬人專習騎矟，修立戰場，十日一習，採諸葛亮八陣之法，為平地禦敵之方，使其解兵革之宜，識旌旗之節，兵器精堅，必堪禦寇，使將有定兵，兵有常主，上下相信，晝夜如一。閭謂築長城之利有五：罷遊防之苦，其利一也；北部放牧，無抄掠之患，其利二也；發城觀敵，以逸待勞，其利三也；省境防之虞，息無時之備，其利四也；歲常遊運，永得不遺，其利五也。又謂任將之道，特須委信，遣之以禮，恕之以情，閫外之事，有利輒決，赦其小過，要其大功，足其兵力，資其給用，君臣相禮，若身之使臂，然後忠勇可立，則勝可果，是以忠臣盡其心，征將竭其力，雖三敗而踰榮，雖三背而彌寵。孝文詔曰：當與卿面論。又議政於皇信堂。帝曰：「刑法者，王道所用。何者為法？何者為刑？施行之日，何先何後？」對曰：「刑制之會，軌物齊眾，謂之法；犯違制約，致之於憲，謂之刑。然則法必先施，刑必後者。」帝曰：《論語》稱：冉子退朝，孔子曰：『何晏也？』曰：『有政。』子曰：『其事也。如其有政，雖不吾以，吾其與聞之。』何者為政？何者為事？」對曰：「政者，上之所行；事者，下之所綜。」以參定律令之勤，賜布帛粟牛馬等。遷都洛陽，閭表諫，言遷有十損，必不獲已，請遷於鄴。帝頗嫌之。雍州刺史曹武據襄陽請降，車駕親幸懸瓠，閭表諫：洛陽草創，武必非誠心。帝不納。武果虛詐，諸將皆無功而還。又車駕南討漢陽，閭上表，諫求迴師，帝不納。漢陽平，賜閭璽書，閭上表陳謝。宣武（世宗）踐阼，閭累表遜位，優詔受光祿大夫金章紫綬，使吏部尚書邢巒就家拜授，賜以肴羞，訪之大政。以其先朝儒舊，告老求歸，帝為之流涕，優詔賜安車、几杖、輿馬、繒採、衣服、布帛，事從豐厚，百僚餞之。景明三年（502年）十月卒於家。閭好為文章，亦高允之流，後稱二高，為當時所服。閭強果敢直諫，其在私室，言裁聞耳，及於朝庭廣眾之中，則談論鋒起，人莫能敵。孝文（高祖）以其文雅之美，每優禮之。

然貪褊矜慢，初在中書，好詈辱諸博士，及老，乃更廉儉自謹，有良牧之譽。〔註21〕

　　所撰《燕志》十卷，不載於本傳。《史通·正史篇》曰：「韓顯宗記馮氏。」姚振宗《隋志考證》引《魏書·韓麒麟傳》謂：麒麟，昌黎棘城人，子顯宗，字茂親，仕爲鎭南廣陽王嘉諮議參軍，撰《馮氏燕志》、《孝友傳》各十卷，傳於世。又高祖謂顯宗曰：見卿所撰《燕志》，大勝比來之文，然著述之功，我所不見，當更訪之監令云云。是顯宗撰是書，而高閭監其事，《隋志》以監令者爲主，乃歸之高閭，《史通》記實，故稱顯宗。〔註22〕

　　《燕志》所記，乃述馮跋事。跋字文起，長樂信都人。殺慕容熙，立高雲爲主。雲爲其幸臣離班桃仁所殺，跋斬班仁，以晉孝武帝太元二十年（395 年）僭號於昌黎，至宋文元嘉七年（430 年）死。弟弘殺跋子翼自立，後爲魏所伐，東奔高句驪。居二年，高句驪殺之，凡二世二十八載。〔註23〕則十卷之書，蓋記其興滅本末。章宗源《隋志考證》嘗從《初學記·居處部》、《御覽·天部、兵部、人事部》引得高閭《燕志》數事〔註24〕

二、劉昞《敦煌實錄》

　　劉昞《敦煌實錄》，《隋志·霸史類》著錄十卷，注云：「劉景撰。」《通志略》、《史略》所著錄並同。《魏書》（卷五十二）、《北史》（卷三十四）本傳、兩《唐志》及《書錄解題》（卷七）並云二十卷，《舊志》入〈雜傳類〉，撰人作劉延明，《新志》歸〈僞史類〉，又〈雜傳類〉重出一部。按，劉景，即劉昞，唐人諱昞，故《隋志》以「景」字代之。又劉昞，字延明，延壽撰《北史》，遂易稱〈劉延明傳〉（卷三十四），而《舊唐志》著錄亦作「劉延明撰」矣。其書已佚，清·湯球有輯本一卷，存於《廣雅書局·史學叢書》及《叢書集成初編·史地類》中。又宛委山堂本《說郛》弓六十有後魏·劉昞撰《敦煌新錄》一卷，題名微異。〔註25〕

〔註21〕見《北史》卷三十四及《魏書》卷五十四〈高閭傳〉。

〔註22〕見姚振宗《隋志考證》卷十四（〈史部四·霸史類〉「《燕志》十卷」條）。

〔註23〕見《晉書》卷一百二十五。按，《晉書斠注》引周家祿《校勘記》曰：「是篇宜移接第二十四〈慕容載記〉後。按，馮跋承慕容之餘緒，又〈慕容載記〉論書云：爲馮氏之驅除。本篇贊文『起常才』以下接『慕容氏』，贊韵亦協，不知何時誤列『乞伏載記』後，殊覺不倫。」

〔註24〕見卷四（〈霸史〉「《燕志》十卷」條）。

〔註25〕按，《崇文總目》卷二〈地理類〉及《直齋書錄解題》卷七〈傳記類〉並有《敦煌新錄》一卷。《書錄解題》謂：「涼武昭王時，有劉昞者，著《敦煌實錄》二十卷，故此號新錄。」《崇文總目》繹按：「《通志略》作『李延範撰』。」是撰《新錄》者，別有其人，劉昞書當作實錄。又蘇瑩輝《敦煌論集·敦煌藝文略·霸史》（《敦煌實錄》二十卷」條）稱：「《敦煌實錄》一書，雖散逸久矣，清武威張澍有輯本。」

　　劉昞，字延明，敦煌人。年十四，就博士郭瑀學。時瑀弟子五百餘人，通經業者八十餘人。瑀有女始笄，妙選良偶，有心於昞，遂別設一席於坐前，謂諸弟子曰：「吾有一女，年向成長，欲覓一快女婿，誰坐此席者，吾當婚焉。」昞遂奮衣來坐，神志肅然曰：「向聞先生欲求快女婿，昞其人也。」遂以女妻之。昞後隱居酒泉，不應州郡之命，弟子受業者五百餘人。李暠（涼武昭王）徵爲儒林祭酒、從事中郎。暠好文典，書史穿落者，親自補治，昞時侍側，前請代暠。暠曰：「躬自執者，欲人重此典籍。吾與卿相值，何異孔明之會玄德。」遷撫夷護軍。雖有政務，手不釋卷。暠曰：「卿注記篇籍，以燭繼晝，白日且然，夜可休息。」昞曰：「朝聞道，夕死可矣，不知老之將至，孔聖稱焉。昞何人斯，敢不如此！」昞以三史文繁，著《略記》百三十篇八十四卷、《涼書》十卷、《敦煌實錄》二十卷、《方言》三卷、《靖恭堂銘》一卷，注《周易》、《韓子人物志》、《黃石公三略》，並行於世。蒙遜平酒泉，拜祕書郎，專管注記。築陸沉觀於西苑，躬往禮焉，號玄處先生，學徒數百，月致羊酒。牧犍尊爲國師，親自致拜，命官屬以下，皆北面受業焉。世祖（太武）平涼州，士民東遷，夙聞其名，拜樂平王從事中郎。昞時老矣，遇疾而卒。正光四年（523 年）六月詔曰：「昞德冠前世，蔚爲儒宗，太保啓陳，深合勸善，其孫等三家，特可听免。」河西人以爲榮。〔註26〕

　　所撰《敦煌實錄》，蓋即劉知幾所謂之郡書。《史通・雜述篇》曰：「汝潁奇士，江漢英靈，人物所生，載光郡國，故鄉人學者，編而記之，……此之謂郡書者也。」又曰：「郡書者，矜其鄉賢，美其邦族，施於本國，頗得流行，置於他方，罕聞愛異，其有如常璩之詳審，劉昞之該博，而能傳諸不朽，見美來裔者，蓋無幾焉。」劉昞，嘗仕於西涼，故《敦煌實錄》當即敘敦煌之事。《晉書・安帝本紀》謂，隆安四年（400 年），河右諸郡奉涼武昭王李玄盛爲秦、涼二州牧、涼公。又〈載記序〉曰：李玄盛據敦煌，稱西涼。〈涼武昭王列傳〉稱：王諱暠，字玄盛，隴西成紀人，姓李氏，漢前將軍廣之十六世孫也，在位十三年薨，子士業嗣，爲沮渠蒙遜所害，玄盛以安帝隆安四年（400 年）立，至宋少帝（營陽王）景平元年（423 年）滅，據河右凡二十四年。《北史・序傳》云：後主諱歆，字士業，武昭王第二子，在位四年，爲沮渠蒙遜所敗，國亡，據河右凡二世，二十一年。世子重耳奔於江左，遂仕於宋，後歸魏，位弘農太守，即皇室七廟之始。則劉昞之書，蓋即記李氏之興亡。李暠嘗徵昞爲儒林祭酒、從事中郎，謂昞曰：「吾與卿相值，何異孔明之會玄德。」其見重如此。終昞之世，乃大受尊禮，而蔭及子孫，亦云盛矣。至其好學，雖有政務，手不釋卷，

〔註26〕見《魏書》卷五十二〈劉昞傳〉，《北史》卷三十四〈劉延明傳〉。

暠嘗勸以注記篇籍，夜可休息，晒乃以爲朝聞道，夕死可矣，故所成實錄，遂稱該博。《宋書》卷九十八〈沮渠蒙遜傳〉謂：元嘉十四年（437 年），河西王茂虔奉表獻方物，並獻《敦煌實錄》十卷云云。蓋以實錄所以表其鄉土，誌其盛衰，而爲一郡史料之精華也。使敦煌不出劉氏，則記傳無聞，西域昆戎之鄉，將何以取聞於後世。著述之功大矣哉。〔註27〕

《史通・論贊篇》曰：「《春秋左氏傳》每有發論，假君子以稱之，二《傳》云公羊子、穀梁子，《史記》云太史公，既而班固曰贊，荀悅曰論，東觀曰序，謝承曰銓，陳壽曰評，王隱曰議，何法盛曰述，揚雄曰譔，劉昞曰奏，袁宏、裴子野自顯姓名，皇甫謐、葛洪列其所號，史官所撰，通稱史臣。萬名萬殊，其義一揆。必取便於時者，則總歸論贊焉。」是劉昞著書，亦頗取古義，假文發論，而題名曰奏。好學深思，延明有焉。惜所撰亡佚既久，詳不可究詰，章宗源乃嘗考得《續漢・五行志》注、《白帖》卷三十一、《太平寰宇記》、《御覽・兵部、人事部、宗親部、樂部、資產部、羽族部》、《太平廣記・夢類》等群籍所引《敦煌實錄》共十二事垂後，蓋亦有功於劉氏者也（詳見《隋志考證》卷四〈霸史〉「《敦煌實錄》十卷劉景撰」條）。

三、裴景仁《秦記》

裴景仁《秦記》，《隋志》著錄十一卷，注云：「宋殿中將軍裴景仁撰，梁雍州主簿席惠明注。」兩《唐志》卷並同。《宋書・沈曇慶傳》作十卷，其注解之人席惠明，兩《唐志》並作「杜惠明」。其書已佚，清・湯球有輯本一卷，存於《廣雅書局・史學叢書》及《叢書集成初編・史地類》中。

裴景仁，河東人。〔註28〕《宋書》卷五十四〈沈曇慶傳〉及《南史》卷三十四〈沈懷文附曇慶傳〉並附見其略歷及撰《秦記》之事曰：大明元年（457 年），曇慶督徐、兗二州及梁郡諸軍事輔國將軍徐州刺史，時殿中員外將軍裴景仁助戍彭城，景仁本北人，多悉關中事，曇慶使撰《秦記》十卷，敍苻氏僭僞本末，其書傳於世。又《晉書・載記》云：苻健弟雄，早卒；雄子堅，字永固，平燕，定蜀，擒代，吞涼，誇三分之二，居九州之七，雖五胡之盛，莫之比也，在位十七年，爲姚萇縊死，時太元十年（385 年）；堅子丕，在位二年，爲晉揚威將軍馮該所斬；堅族孫登，在位九年，爲姚興所敗，被殺。始健以晉穆帝永和七年（351 年）僭立，歷雄、堅、丕，至登五世，凡四十四年，以孝武帝太元十九年（394 年）滅。則裴氏所記，蓋記其事。

〔註27〕詳《史通・雜說篇》。
〔註28〕《史通・正史篇》：「河東裴景仁……刪爲《秦紀》十一篇。」

　　《史通・正史篇》述苻氏史（十六國史之一）有曰：「前秦（苻堅）史官，初有趙淵、車敬、梁熙、韋譚，相繼著述，苻堅嘗取而觀之，見苟太后幸李威事，怒而焚滅其本。後著作郎董誼追錄舊語，十不一存。及宋武帝入關，曾訪秦國事，又命梁州刺史吉翰問諸仇池，並無所獲。先是，秦祕書郎趙整，參撰國史，值秦滅，隱於商（一作南）洛山，著書不輟。有馮翊、車頻，助其經費，整卒，翰乃啓頻纂成其書，以元嘉九年（422年）起，至二十八年（451年）方罷，定爲三卷，而年月失次，首尾不倫。河東裴景仁，又正其訛僻，刪爲《秦紀》十一篇。」〔註29〕知裴氏所作，乃繼趙整、車頻之後，刪取而成，則其於苻氏事，當能盡其詳審。

　　裴氏《秦記》，既踵史官所撰，當皆實錄。及崔鴻取爲《十六國史》，有事不類古者，輒爲改易，文雖雅矣，事則無稽，凡時俗之不同，古今之有異，學者遂失憑藉，故爲知幾所惜。其言曰：「案裴景仁《秦記》，稱苻堅方食，撫盤而詬，王邵《齊志》，述洛干感恩，脫帽而謝。及彥鸞撰以新史，重規（李百藥）刪其舊錄，乃易「撫盤」以「推案」，〔註30〕變「脫帽」爲「免冠」。夫近世通無案食，胡俗不施冠冕，直以事不類古，改從雅言，欲令學者何以考時俗之不同，察古今之有異？」（《史通・敘事篇》）是裴氏原書當較崔鴻《春秋》爲有助於苻氏史之考求，其後有梁雍州主簿席惠明爲之注，〔註31〕惜皆佚失。裴《記》今見於群籍所引者，有稱裴景仁《秦書》，有題裴景仁《苻書》，亦有作景仁《前秦記》，其只引作《秦記》而不著撰名者，亦復不少，雖姚和都亦嘗撰《秦紀》（詳見本節下文），然章宗源《隋志考證》卷四以爲，姚氏《秦紀》字從「系」，景仁《記》從「言」，諸書徵引不著景仁名者，皆作「記」，自係景仁之書，且韋逞母授經、苻朗別味二事，與著景仁名所記正同。則裴《記》雖亡。亦不無片羽之可尋。

四、姚和都《後秦紀》

　　姚和都《後秦紀》，《隋志》著錄十卷，題作《秦記》，注云：「記姚萇事，魏左民尚書姚和都撰。」《史通・正史篇》所述並與《隋志》同。其書已佚，今有清・湯球輯本一卷，題《後秦記》，見於《廣雅書局・史學叢書》及《叢書集成初編・史地類》中。

　　姚和都，姚泓從弟〔註32〕。嘗爲泓給事黃門侍郎，〔註33〕屢爲效力。〔註34〕後

〔註29〕按，車頻《秦書》三卷，而裴氏據以刪爲十一篇，則所刪不多。
〔註30〕按，《晉書・載記》云：「堅方食，去案，怒曰：『天何故降澤賊營？』」
〔註31〕據《隋志》著錄，兩《唐志》並作「杜惠明」注。
〔註32〕《史通・正史篇》：「泓從弟和都，仕魏爲左民尚書。」
〔註33〕《晉書》卷百十九〈姚泓載記〉：「泓遺給事黃門侍郎姚和都屯於堯柳。」
〔註34〕如《晉書》卷百十九〈姚泓載記〉云：「時泓遣姚諶守堯柳，姚和都討薛帛於河東，

泓被殺，〔註35〕和都蓋因此轉仕於魏，爲左民尙書，而追撰《秦紀》。〔註36〕

按，《晉書》卷九〈孝武帝紀〉謂：太元九年（384 年）夏四月，苻堅將姚萇，背堅起兵於北地，自立爲王，國號秦。十年（385 年）八月，姚萇殺苻堅而僭即皇帝位。又〈後秦載記〉稱：姚弋仲，南安赤亭羌人，子襄，襄弟萇，萇子興，興子泓，泓降於劉裕，裕送泓於建康市斬之。萇以孝武帝太元九年（384 年）僭立，至泓三世，以安帝義熙十三年（417 年）而滅，凡三十二年。〔註37〕則姚和都既與於姚氏之事，蓋於痛亡之餘，恐其史之無傳，遂於仕魏之時而追記其事。

《史通・正史篇》述後秦史云：「扶風馬僧虔、河東衛隆景並著《秦史》，及姚氏之滅，殘缺者多，泓從弟和都仕魏爲左民尙書，又追撰《秦紀》十卷。」是姚氏所撰，蓋亦採摭前人之作，而更爲之拾遺補闕者，又於姚泓之轉戰，既嘗親事戎馬，於姚興之創業，亦必時有見聞，則其所紀，自有可觀，惜乎原本已不傳矣。

第三節 段國《沙州記》

段氏《沙州記》，《隋志》不著錄，張澍二酉堂有輯本，序云：「宋新亭侯段國所纂《沙州記》，即《隋志》之《吐谷渾記》也，原二卷，今亡佚甚多。」姚振宗《隋志考證》卷二十一，於「任昉《地記》」之後，「郭璞注《山海經圖讚》」之前，既依章宗源《考證》，附記有「段國《沙州記》」一條，不載卷數，又注云：「即《吐谷渾記》二卷也，張氏二酉堂有集本，見前〈霸史〉。」其書今除《二酉堂叢書》外，別見於《叢書集成初編・史地類》，並有《附錄》一卷。〔註38〕又宛委山堂本《說郛》弓六十一亦存段國《沙州記》一卷。

段國，始末未詳，據《隋志・霸史類》所著錄，知嘗爲宋新亭侯。又《魏書・吐谷渾傳》稱：阿豺者，其七世孫也，兼并羌、氐，地方數千里，遣使通宋，獻其方物。時當宋文帝元嘉之初。則段國撰記，其在元嘉中歟？〔註39〕

闞王師要難，乃兼道赴救，未至而難敗，因破裕裨將于河曲，屯蒲坂。」又云：「鎭東姚璞及姚和都擊敗猗之等於蒲坂。」
〔註35〕《晉書》卷百十九〈姚泓載記〉：「泓計無所出，謀欲降于裕，其子佛念年十一，謂泓曰：『晉人將逞其欲，終必不全，願自裁決。』泓憮然不答。佛念遂登宮牆自投而死。泓將妻之詣壘門而降，讚率宗室子弟百餘人亦降于裕，裕盡殺之，餘宗遷於江南，送泓于健康市斬之，時年三十，在位二年。」
〔註36〕見《史通・正史篇》。
〔註37〕詳見《晉書》卷百十六至百十九諸〈載記〉。
〔註38〕張澍段氏《沙州記》輯本序曰：「又錄《太平寰宇記》吐谷渾始末以補其國。」
〔註39〕見姚振宗《隋志考證》卷二十一（「《吐谷渾記》二卷」條按語）。

　　吐谷渾，慕容廆之庶長兄，其父涉歸，分部落一千七百家以隸之。及涉歸卒，廆嗣位，而二部馬鬥，廆怒曰：「先公分建有別，奈何不相遠離，而令馬鬥耶？」吐谷渾曰：「馬為畜耳，鬥，其常性，何怒於人。乖別甚易，當去汝於萬里之外矣。」於是遂行，謂其部落曰：「我兄弟俱當享國，廆及曾玄，才百餘年耳，我玄孫已後，庶其昌乎！」於是乃西附陰山。屬永嘉之亂，始度隴而西。吐谷渾年七十二卒，子吐延嗣，吐延卒，子葉延嗣，葉延曰：「禮云：公孫之子，得以王父字為氏，吾始祖自昌黎光宅於此，今以吐谷渾為氏，尊祖之義也。」其後世嗣不絕。〔註40〕又《寰宇記》云：吐谷渾，自晉永嘉之末始西渡洮水，建國於群羌之故地，至唐龍朔三年（663 年）為土蕃所滅，凡三百五十年。〔註41〕則段國《吐谷渾記》，蓋止於述其宋時事。

　　今見於《藝文類聚・地部》、《初學記・地部》、《太平御覽・地部、人事部》、《寰宇記・隴右道》所引，並作段國《沙州記》，又《水經・河水注》、《初學記・州郡部》、《後漢書・馬融傳》注亦引《沙州記》，然不著撰名。〔註42〕張氏〈沙州記輯本序〉曰：「按《魏書》：阿豺立，自號沙州刺史，部內有黃沙，周回數百里，不生草木，因號沙州。」呂思勉以其地在域外，故段國所撰，亦稱為外國史。〔註43〕

　　按，伯希和嘗於敦煌窟中採得《沙州志》殘卷，疑為即已佚段國《沙州記》，所著〈敦煌石室訪書記〉，言之甚詳〔註44〕。其言曰：「在余所搜得敦煌地方記載中，其最重要者為《沙州志》，此書雖殘，篇幅尚富，紙成三截，文字聯貫，書名、撰人名及著作年代皆已殘失，然考其內容，此卷本實書于十世紀時，似為已佚之段國《沙州記》。」伯希和以為此書裨益於考古者有二端：其一為現存志書中著作年代最古之本，其二為內容之重要，舉凡全縣水道、城郭、衙署及甘沙間驛站，哈密至他處之驛站等，無不備載，其中史料如敘及西涼事，則足補史乘之闕。又《敦煌石室遺書》中收有題「唐某撰《沙州志》殘一卷」，附羅振玉撰《校錄札記》一卷，《鳴沙石室佚書初編》亦存「唐某撰《沙州圖經》殘一卷」，則伯氏所見，或非段氏之《沙州記》，然以此亦可知此時人所撰地記，大抵皆為兼及史事之方志。

〔註40〕見姚振宗《隋志考證》卷二十一引《晉書・四夷傳》。
〔註41〕姚振宗《隋志考證》卷二十一引。
〔註42〕見章宗源《隋志考證》卷六「《沙州記》」條。
〔註43〕見所撰《兩晉南北朝史》第二十三章第五節〈史學〉。
〔註44〕此篇原文見 1908 年出版《安南法國遠東學院院刊》第八卷頁 501 至 529，有陸翔譯文，載民國 24 年出版《國立北平圖書館館刊》第九卷第五號。

第七章　傳記之撰作

　　《四庫書目・傳記類二》跋尾有云：「傳記者，總名也。類而別之，則敘一人之始末者，爲傳之屬；敘一事之始末者，爲記之屬。敘事之文，其類不一，故曰雜焉。」知傳記云者，固以敘人、事者也。《隋志》稱爲「雜傳」，《崇文總目》以下，率更爲「傳記」，名雖有異，所範圍者，亦或較廣，然質實言之，皆野史之流，而有以補正史所不足者也。故《崇文總目・傳記類敘》曰：「至於風俗之舊，耆老所傳，遺言逸行，史不及書，則傳記之說，或有取焉。」《隋志・雜傳》亦頗敘其原委曰：「古之史官，必廣其所記，非獨人君之舉。……是以窮居側陋之士，言行必達，皆有史傳。……司馬遷、班固撰而成之，股肱輔弼之臣，扶義俶儻之士，皆有記錄。而操行高潔，不涉於世者，《史記》獨傳夷、齊，《漢書》但述楊王孫之儔，其餘皆略而不記。又漢時阮倉作《列仙圖》，劉向典校經籍，始作《列仙》、《列士》、《列女》之傳，皆因其志尚，率爾而作，不在正史。後漢光武始詔南陽撰作《風俗》，故沛、三輔有耆舊、節士之序，魯、盧江有名德、先賢之讚，郡國之書，由是而作。魏文帝又作《列異》，以序鬼物奇怪之事，稽康作《高士傳》，以敘聖賢之風。因其事類，相繼而作者甚眾，名目轉廣。而又雜以虛誕怪妄之說，推其本源，蓋亦史官之末事也。……」知先賢、耆舊、孝子、高士、列女，代有其書；高僧、列仙、鬼神、怪妄之說，亦往往不廢。至於究厥本源，《四庫書目》以爲《晏子春秋》，是即家傳，《孔子三朝記》，蓋記之權輿。晉以門閥之重，郡書、類傳之作遂盛。今考南北朝人所撰，仍多是書。茲依通錄、專錄之別，略爲區分，又殿以釋、道之記，並述如后。

第一節　通錄之書

一、梁元帝《古今同姓名錄》

　　梁元帝《古今同姓名錄》，《隋志》著錄一卷，僅題曰「同姓名錄」，兩《唐志》、《崇文總目》、《直齋書錄解題》等卷並同，《書錄解題》題名有「古今」二字，《金樓子・著書篇》稱「一帙一卷，金樓子撰。」《崇文總目》「錄」字作「傳」。及唐，有陸善經增廣至五代時止，〔註1〕故《郡齋讀書志》著錄有《同姓名錄》三卷，即梁元帝撰、唐陸善經續之者。其書本已不傳，以《永樂大典》引存，又有元人・葉森增補，《四庫全書》乃據以入錄，得二卷，見於〈子部・類書類〉。《函海》（乾隆本、道光本、光緒本）、《叢書集成初編・史地類》（據函海本排印）等，亦並存此書。

　　梁元帝，姓蕭，名繹，字世誠，武帝（高祖）第七子。天監七年（508年）生，十三年封湘東郡王。初爲會稽太守，入爲侍中。普通七年（526年）出爲荊州刺史。中大通四年（532年）進號平西將軍。大同元年（535年）進號安西將軍，三年（537年）進號鎮西將軍，五年（539年）入爲安右將軍、護軍將軍，領石頭戍軍事，六年（540年）出爲江州刺史。太清元年（547年）徙爲荊州刺史。三年（549年）三月，侯景寇沒京師建鄴，四月，太子舍人蕭歆至江陵宣密詔。以繹爲侍中，假黃鉞大都督中外諸軍事司徒承制，餘如故。是月，繹徵兵於湘州，湘州刺史河東王譽拒不遣。十月，遣世子方等帥眾討譽，敗死。是月，又遣鎮兵將軍鮑泉討譽。簡文大寶元年（550年），王僧辯克湘州，斬河東王譽，湘州平。繹後進位至相國而總百揆。三年（552年）三月，王僧辯等平侯景，傳首江陵。十一月，繹即位江陵，改元承聖。承聖三年十一月辛卯，江陵城陷於西魏，繹見執。十一月辛未，爲西魏所害，時年四十七，在位三年（552～554年）。明年（555年）四月，追尊爲孝元皇帝，廟曰世祖。元帝（世祖）聰悟俊朗，天才英發。年五歲，武帝（高祖）問：「汝讀何書？」對曰：「能誦〈曲禮〉。」曰：「汝試言之。」即誦上篇，左右莫不驚歎。初生患眼，武帝自下意治之，遂盲一目，彌加愍愛。既長，好學，博綜群書，下筆成章，出言爲論，才辯敏速，冠絕一時。元帝性不好聲色，頗有高名，與裴子野、劉顯、蕭子雲、張纘及當時才秀爲布衣之交。有《孝德傳》三十卷、《忠臣傳》三十卷、《顯忠錄》三十卷、《丹陽尹傳》十卷、注《漢書》一百一十五卷、《周易講疏》十卷、《內典博要》一百卷、《連山》三十卷、《洞林》三卷、《玉韜》十卷、《補闕子》十卷、《湘東鴻烈》十卷、《金樓子》十卷、《老子講疏》四卷、《研神記》十卷、《懷舊志》、《全

〔註1〕見《直齋書錄解題》卷十一〈小說家類〉。

德志》、《荊南志》、《江州記》、《貢職圖》、《古今同姓名錄》一卷、《筮經》十二卷、《式贊》三卷、《文集》五十卷、《小集》十卷等，多行於世。〔註2〕

所撰《古今同姓名錄》，乃編纂歷代同姓名人以成書者，當爲類書之屬。晁公武云：「齊、梁間士大夫之俗，喜徵事以爲其學淺深之候，梁武帝與沈約徵栗事是也，類書之起，當在是時。」〔註3〕知元帝之所以徵引纂錄，亦俗使然，今所存類事之書，蓋莫古於是。今其書雖佚，見於《永典大樂》者亦不免輾轉附益，已非其舊，然體例分明，猶不淆雜，凡經綴入者，皆一一標註，是尚可考知元帝之原本。〔註4〕

《四庫提要》曰：「《史記・淮陰侯列傳》贊稱兩韓信，此辨同姓名之始。然則知幾《史通》猶譏司馬遷全然不別，班固曾無更張。至遷不知有兩予我，故以宰予爲預田恒之亂；不知有兩公孫龍，故以堅白同異之論，傳合於孔門之弟子。其人相混，其事俱淆，更至於語皆失實。」〔註5〕知異同之殊別，誠亦讀書之要務，非但綴輯瑣聞，藉供談資而已。元帝好學深思，博綜群籍之餘，發凡起例，撰爲此書，蓋亦治學之津梁。明萬曆中，余寅別撰《同姓名錄》十二卷，周應賓又《補》一卷，清・王廷燦又《補》八卷，所錄固比元帝書加詳，然終以梁書爲椎輪之始焉。

類事之書，兼收四部，或經，或史，或子，或集，四部之內，乃難歸屬。如元帝《古今同姓名錄》專考一事者，隋、唐志入〈史部・雜傳類〉，晁公武《郡齋讀書志》則入〈類書類〉，《四庫全書》依之而列類首，入於〈子部〉。《叢書子目類編》無「類書」之目，蓋以姓名之書，有關傳記，遂入〈史部・傳記類・通錄之屬〉，今撰茲編，爰取爲據，且並其他相關之書合爲一節云。

二、梁元帝《懷舊志・序》

梁元帝有《懷舊志》，《隋志》著錄九卷，《唐日本國見在書目》及《唐藝文志》卷並同，《梁書》本紀及《金樓子・著書篇》皆作一卷，《南史》本紀則云《懷舊傳》二卷。其書有〈序〉一篇，今並亡佚。清・王仁俊嘗輯得其〈序〉，題爲一卷，存《玉函山房輯佚書續編・史編・總類》中，嚴可均亦就《藝文類聚》三十四所引，錄於其〈全梁文〉卷十七，題云「懷舊志序」，姚振宗《隋志考證》卷二十〈史部十・雜傳類〉中亦全載其文。〔註6〕

〔註2〕見《梁書》卷五、《南史》卷八〈元帝本紀〉及嚴可均《全梁文》卷十五、丁福保《全梁詩》卷三〈元帝〉。
〔註3〕《郡齋讀書志》第十四卷（〈類書類〉「《同姓名錄》三卷」條）。
〔註4〕見《四庫提要・子部・類書類》「《古今同姓名錄》」條。
〔註5〕見〈子部・類書類〉「《古今同姓名錄》」條。
〔註6〕按，章宗源《隋志考證》卷十三有節文。

　　按，梁元帝有《古今同姓名錄》，並其事蹟已見前述。其《懷舊志·序》有云：「清酒繼進，甘果徐行。長安群公爲其延譽，扶風長者刷其羽毛。……日月不居，零露相半。素車白馬，往矣不追。春華秋實，懷哉何已。獨軫魂交，情深宿草。故備書爵里，陳懷舊焉。」以元帝聰敏英發，頗有高名，嘗與裴子野、劉顯、蕭子雲、張纘及當時才秀交，然逝者如斯，歲月不居，遂多感觸，則其《懷舊志》之所以作，亦可知矣。

三、梁元帝《全德志論》

　　元帝《全德志》一卷，《隋志》著錄，《梁書》、《南史》本紀，《金樓子·著書篇》及兩《唐志》等卷並同，《南史》本紀則作《古今全德志》。其書有〈序〉、〈論〉各一篇，見於《藝文類聚》二十一引，而爲嚴可均《全梁文》卷十七、章宗源《隋志考證》卷十三及姚振宗《隋志考證》卷二十等所收。王仁俊《玉函山房輯佚書續編·史編·總類》亦輯存《全德志論》一卷。

　　按，〈全德志序〉曰：「老子言全德歸厚，莊周云全德不刑，《呂覽》稱全德之人，故以全德創其名也。」此述其得名之由。是《志》以「陸大夫」爲首，蓋以其「有學有辯，不夭不貧。寶劍在前，鼓瑟從後。連環炙輠，雍容卒歲。駟馬高車，優游宴喜。既令公侯踞掌，復使要荒蹶角」也。〔註7〕其〈論〉以爲，或出或處，當以全身爲貴，優之游之，咸以忘懷自逸，其欲面水帶山，足花卉而觀魚鳥，物我俱忘，歌南山而擊西缶者，〔註8〕蓋有以也。

四、何承天《姓苑》

　　何氏《姓苑》，兩《唐志》、《崇文總目》並著錄十卷，《新唐書·柳沖傳》謂宋·何承天有《姓苑》二卷，《通志、氏族略》言宋·何承天撰《姓苑》，陳氏《書錄解題》稱古有何承天《姓苑》，又《隋志》著錄《姓苑》一卷，注云「何氏撰」。據此，知何氏《姓苑》雖爲姓氏家所宗，〔註9〕然早已佚失，故各書所載，卷數率已不合。今見於《廣韻》之徵引最多，又《元和姓纂》亦引之，有清·王仁俊輯本一卷，存《玉函山房輯佚書補編》中，王氏輯本，又別有何承天《說》一卷，及佚名《姓書》一卷。

　　何承天，東海郯人，晉·海西公太和五年（370年）生。五歲喪父，母徐廣姊也，聰明博學，故承天幼漸訓義，儒史百家莫不該覽。叔父肜，爲益陽令，隨肜之

〔註7〕見〈全德志序〉。
〔註8〕見〈全德志論〉。
〔註9〕見《通志·氏族略》。

官。安帝隆安四年（400年），南蠻校尉桓偉命爲參軍，時殷仲堪、桓玄等互舉兵以向朝廷，承天懼禍難未已，解職還益陽。撫軍將軍劉毅鎮姑孰，版爲行參軍，出補宛陵令。趙恢爲寧蠻校尉尋陽太守，請爲司馬，尋去職。高祖以爲太尉行參軍，除太學博士。義熙十一年（415年）爲錢唐令。高祖在壽陽，宋臺建召爲尚書祠部郎，與傅亮共撰《朝儀》。宋武帝永初末，補南臺治書侍御史。謝晦鎮江陵，請爲南蠻長史。晦進號衛將軍，轉登議參軍領記室。晦誅，行南蠻府事。文帝元嘉七年（430年）彥之北伐，請爲右軍事錄事。及彥之敗退，承天以才非軍旅，以補尚書殿中郎，兼左丞。承天爲性，剛愎不能屈意，不爲僕射殷景仁所平，出爲衡陽內史。昔在西與士人多不協，在郡又不公清，爲州司所糾，被收繫獄，值赦免。十六年（439年）除著作佐郎，撰《國史》，尋轉太子率更令，著作如故。十九年（442年）立國子學，以本官領國子博士，皇太子講《孝經》，承天與中庶子顏延之同爲執經。頃之，遷御史中丞。時索虜侵邊，帝訪群臣威戎御遠之略，承天上表頗言其事。二十四年（447年），承天遷廷尉，未拜，上欲以爲吏部，已受密旨，承天宣漏之，坐免官，是年卒於家，年七十八。先是，《禮論》有八百卷，承天刪減并合，以類相從，凡爲三百卷。又精曆數，嘗考定《元嘉曆》，改漏刻，皆從之。〔註10〕

承天之好論議，尤善曆算，皆載於史傳，嚴可均《全宋文》且嘗廣爲搜輯，然所撰《姓苑》，未見言及。據《通志・氏族略》謂：宋・何承天撰《姓苑》，爲姓氏家所宗，蓋有彌足珍貴者，惜已不得其全矣。

五、王僧孺《百家譜》

王氏《百家譜》，《隋志》著錄三十卷，兩《唐志》並同。《隋志》又別有《百家譜集》十五卷，《唐志》無，以《梁書》、《南史》本傳並載僧孺有《百家譜集》十五卷，《東南譜集抄》十卷，又《南史・僧孺傳》云：「僧孺之撰，通范陽張等九族，以代鴈門解等九姓，其東南諸族，別爲一部，不在百家之數焉。」知隋、唐志之作《百家譜》三十卷者，蓋合《百家譜集》十五卷、《東南譜集抄》十卷以著錄而微多卷數。然則《隋志》於《百家譜》三十卷之外，別出《百家譜集鈔》十五卷者，似爲重複。其書已佚，《元和姓纂・皮姓、閭姓》等嘗引之。有清・王仁俊輯本，存《玉函山房輯佚書補編》中。

王僧孺，東海郯人，宋明帝泰始元年（465年）生。六歲能屬文，既長，好學。仕齊，王晏深相賞好，晏爲丹陽尹，召補郡功曹，使僧孺撰《東宮新記》。遷大司馬

〔註10〕見《宋書》卷六十四、《南史》卷三十三〈何承天傳〉及嚴可均《全宋文》卷二十二、丁福保《全宋詩》卷二〈何承天〉。

豫章王行參軍，又兼太學博士司徒。竟陵王子良開西邸，招文學，僧孺亦遊焉。文惠太子聞其名，召入東宮，直崇明殿。時王晏子得元出爲晉安郡，以僧孺補郡丞，除候官令。建武初，有詔舉士，揚州刺史始安王遙光表薦秘書丞王暕及僧孺，時僧孺年三十五，除尙書儀曹郎，遷治書侍御史。天監初，除臨川王後軍記室參軍，待詔文德省，尋出爲南海太守，徵拜中書郎，領著作，復直文德省，撰《中表簿》及起居注，遷尙書左丞，領著作如故。俄除游擊將軍，兼御史中丞。尋以公事降爲雲騎將軍，兼職如故，頃之即眞。時高祖製〈春景明志詩〉五百字，敕在朝之人沈約已下同作，高祖以僧孺詩爲工，遷少府卿，出監吳郡，還除尙書吏部郎，出爲仁威南康王長史，行府州國事。湯道愍暱於王，用事府內，僧孺每裁抑之，道愍遂謗訟僧孺。久之，入直西省，知撰譜事。梁普通三年（522 年）卒，年五十八。僧孺好墳籍，聚書至萬餘卷，率爲異本，與沈約、任昉家書相埒。少篤志精力，於書無所不覩，其文麗逸，多用新事，人所未見者，世重其富。有《集十八州譜》七百一十卷、《百家譜集》十五卷、《東南譜集抄》十卷、《文集》三十卷，及《東宮新記》，並行於世。〔註11〕

　　按，《南史》本傳謂：武帝留意譜籍，因詔僧孺改定《百家譜》，始，晉太元中，員外散騎侍郎平陽賈弼，篤好簿狀，廣集眾家，大搜群族，撰十八州、一百一十六郡，合七百一十二卷。又《梁書》卷五十〈劉杳傳〉謂：「王僧孺被敕撰譜，訪杳血脈所因，杳云：『桓譚《新論》云：太史〈三代世表〉旁行邪上，並效《周譜》，以此而推，當起周代。』僧孺歎曰：『可謂得所未聞。』」據此，知僧孺所撰，乃奉梁武帝詔，就前所有者，再加搜訪考定而成。惜皆亡佚，今僅得片羽存焉。

六、賈執《英賢傳》

　　賈氏《英賢傳》，《隋志》著錄，題云：「《姓氏英賢譜》一百卷，賈執撰。」兩《唐志》並同。《元和姓纂》稱，梁・賈執撰《姓氏英賢傳》，「譜」作「傳」字。又《新唐書・柳沖傳》謂：「執更作《姓氏英賢》一百篇」，無「傳」、「譜」字，又「卷」作「篇」，蓋篇即卷也。宋・鄧名世《古今姓氏書辨證》曰：「稅生執，梁太府卿，精世譜學，撰《姓氏英賢傳》。」此「譜」亦作「傳」。《文選・頭陀寺碑》注及《太平御覽・宗親部》並稱《姓氏英賢錄》。《廣韻》注引作「賈執《英賢傳》」，省「姓氏」二字。名雖有異，大抵皆是一書。今佚已久，清・王仁俊有輯本一卷，云《英賢傳》，存《玉函山房輯佚書補編》中。

〔註11〕見《梁書》卷三十三〈王僧孺傳〉。又《南史》卷五十九、嚴可均《全梁文》卷五十一亦並有傳。

　　賈執，始末未詳，《齊》、《梁書》、《南史》並無傳，《劉孝儀集》有〈彈賈執文〉云：「南康嗣王府行參軍，知譜事。」《南齊書》卷五十二〈賈淵傳〉云：賈淵，字希鏡，平陽襄陵人。世傳譜學，竟陵王子良使撰《見客譜》，出為句容令。先是，譜學未有名家，淵祖弼之廣集百氏譜記，專心治業。晉太元中，朝廷給弼之令史書吏，撰定繕寫，藏秘閣。淵父及淵三世傳學，凡十八州氏族譜，合百帙、七百餘卷，該究精悉，當世莫比。《唐書‧世系‧賈氏表》謂：弼，散騎侍郎，二子躬之、匪之。躬之，宋太宰參軍，子希鏡，南齊外兵郎，生棁，義興太守，生執，梁太府卿。《新唐書》卷一百九十九〈柳沖傳〉載柳芳曰：晉太元中，散騎常侍河東賈弼撰《姓氏譜狀》，十八州百十六郡，合七百一十二篇，甄析士庶，無所遺缺。弼傳子匪之，匪之傳子希鏡，希鏡傳子執（按，此所言世次，與《唐世系》所載者異。）執更作《姓氏英賢》一百篇，又著《百家譜》。《元和姓纂》謂：晉有散騎常侍賈弼，生匪之，宋太宰參軍，希鑑，齊外兵郎，撰《永明氏族》，生執，撰《姓氏英賢傳》。宋‧鄧名世《古今姓氏書辨證》曰：賈氏希鑑生棁，義興太守，棁生執，梁太府卿，精世譜學，撰《姓氏英賢傳》。〔註12〕此賈執事略之可考者，雖其世次、名爵所載或有不同，然賈執之嘗為梁太府卿，精世譜學，撰有《百家譜》及《姓氏英賢傳》，則諸家所說蓋同，南力譜學，實以賈氏為名家，其後官、私所撰，蓋承其餘緒也。

　　所撰《英賢傳》一百篇，當即《隋志》所著錄之《姓氏英賢譜》一百卷，據李善《文選》注所引，乃前列爵里，後詳事蹟，蓋以譜牒、傳記合為一書者。《四庫全書‧子部‧類書類》錄有宋‧章定《名賢氏族言行類稿》六十卷、明‧淩迪知《萬姓統譜》一百四十六卷，蓋皆是書之流裔。〔註13〕其書雖佚，然如見於《元和姓纂》、〔註14〕《文選》注及《御覽》〔註15〕、《廣韵》注及殷敬順《列子釋文》〔註16〕等群籍所引者，亦皆斑斑可考。譜牒之學，蓋所以使人親親長長，數典而不忘祖，可不習乎！〔註17〕

〔註12〕見姚振宗《隋志考證》卷二十二（〈史部十二‧譜系類〉）引。
〔註13〕見姚振宗《隋志考證》卷二十二（〈史部十二‧譜系類〉「《姓氏英賢譜》賈執撰」條）。
〔註14〕見《四庫提要‧子部‧類書類》「《元和姓纂》十八卷」條。
〔註15〕所引二事，並稱《姓氏英賢錄》。
〔註16〕所引稱賈逵《姓氏英覽》。章宗源云：「訛執為逵，訛賢為覽，脫去譜字。」（《隋志考證》卷七〈譜系〉「《姓氏英賢譜》一百卷賈執撰」條。）
〔註17〕按，魏、晉則以之品藻人物，故《唐書》卷一百九十九〈柳沖傳〉曰：「魏氏立九品，置中正，尊世胄，卑寒士，……其州大中正主簿、郡中正功曹皆取著姓士族為之，以定門胄，品藻人物，晉、宋因之，……有司選舉，必稽譜籍而考其真偽，故官有世胄，譜有世官，賈氏、王氏譜學出焉。」

第二節 專錄之屬

一、梁元帝《忠臣傳·序》

梁元帝《忠臣傳》,《隋志》著錄三十卷,《金樓子·著書篇》稱《忠臣傳》三帙、三十卷,金樓子自爲〈序〉,《梁書》、《南史》本紀及兩《唐志》卷並同。今佚已久,清·王仁俊有《忠臣傳·序》輯本二卷,存《玉函山房輯佚書續編·史編·總類》中。

按,元帝有《古今同姓名錄》,並其事蹟已見本章第一節。其撰《忠臣傳》,當在湘東王時成書,有〈上忠臣傳表〉一篇。〔註18〕又所撰乃先簡阮孝緒而後施行,〔註19〕並嘗以示王筠,〔註20〕所紀錄皆忠臣義士及文章之美者。其筆有三品,忠孝兩全者用金管書之,德行精粹者用銀管書之,文章贍逸者以斑竹管書之。〔註21〕其〈總序〉云:「夫天地之大德曰生,聖人之大寶曰位。因生所以盡孝,因位所以立忠。事君事父,資敬之理寧異。爲臣爲子,率由之道斯一。忠爲令德,竊所景行。且孝子、烈女、逸民咸有別傳,至於忠臣,曾無述製。今將發篋陳書,備加論討。」〔註22〕則其《忠臣傳》之所以作,亦可知矣。其所謂「忠臣」,舉凡能諫爭死節者皆是。故元帝又分篇爲傳,而有〈諫爭肩〉、〈死節篇〉等,皆各爲之序,今並爲嚴可均《全梁文》卷十七所收。據章宗源所得,各篇當又有〈贊〉,其見徵引於《類聚》、《御覽》者,不止有〈忠臣傳總序〉、〈諫爭篇序〉、〈死節篇序〉而已,如《藝文類聚·人部》引《忠臣傳》有〈記託篇贊〉(《初學記·人事部》引作〈受託篇〉),又《初學記·文部》引有《忠臣傳》一事。〔註23〕是元帝書雖亡,尚有蹤跡可尋。

二、梁元帝《丹陽尹傳·序》

梁元帝《丹陽尹傳》,《隋志》著錄十卷,《金樓子·著書篇》稱《丹陽尹傳》一帙十卷,金樓爲尹京時自撰,《梁書》本紀及兩《唐志》卷並同。其書已佚,清·王仁俊《玉函山房輯佚書續編·史編·總類》中有輯本一卷,題《丹陽尹傳·序》。

《梁書·元帝本紀》謂:天監十三年(514年),封湘東郡王,初爲寧遠將軍、會稽太守,入爲侍中、宣威將軍、丹陽尹。普通七年(526年)出爲使持節都督荊、

〔註18〕見章宗源《隋志考證》卷十三(〈雜傳類〉「《忠臣傳》三十卷梁元帝撰」條)。
〔註19〕見《南史》卷七十六〈阮孝緒傳〉。
〔註20〕王筠有〈答湘東王示忠臣傳啓〉,見章氏《隋志考證》卷十三(「《忠臣傳》三十卷」條)引。
〔註21〕見王應麟《玉海·藝文類》。
〔註22〕嚴可均《全梁文》卷十七據《藝文類聚》二十、《初學記》十七引。
〔註23〕見章宗源《隋志考證》卷十三(「《忠臣傳》」條)。

湘等六州諸軍事、荊州刺史。又《金樓子・著書篇》注云：「金樓爲尹京時自撰。」知元帝是書蓋作於天監末。書成，並先簡孝緒而後施行，有〈序〉一篇，見徵引於《藝文類聚・職官部》，其言曰：「《傳》（左氏）曰：『大夫受郡』，《漢書》曰：『尹者正也。』……自二京版蕩，五馬南渡，固乃上燭天文，下應地理爾，其地勢可得而言。東以赤山爲成皋，南以長淮爲伊、洛，北以鍾山爲芒阜，西以大江爲黃河。既變淮海爲神州，亦即丹陽爲京尹。雖得仁之盛，頗愧前賢，而眄遇之深，多用宰輔。……若夫位以德敍，德以位成，每念忝莅京河，茲焉四載，以入安石之門，思勤王之政，坐眞長之室，想清談之風，求瘼餘晨，頗多夏景。今綴采英賢，爲《丹陽尹傳》。」〔註24〕是其立傳之旨，亦可窺矣。按，梁元帝有《古今同姓名錄》，並其事蹟已見第一節。

三、梁元帝《孝德傳・序》

元帝《孝德傳》，《隋志》著錄三十卷。《金樓子・著書篇》稱：《孝德傳》三峽三十卷，金樓合眾家《孝子傳》成此。《梁書》本紀及兩《唐志》卷並同。其書已佚，《御覽・逸民部、學部》、《太平廣記・神類》嘗引之，清・王仁俊《玉函山房輯佚書續編・史編・總類》有《孝德傳・序》輯本一卷。

按，《孝德傳》者，傳孝子也。梁元帝時，有眾家《孝子傳》，元帝遂合之而更名曰《孝德傳》。據《藝文類聚・人部》所引梁元帝《孝德傳》，有〈皇王篇贊〉（《初學記・人事部》亦引〈天性篇贊〉），知所作蓋亦分篇爲書，且篇各有〈贊〉。而又爲〈序〉一篇云：「夫天經地義，聖人不加，原始要終，莫踰孝道。能使甘泉自涌，鄰火不焚，地出黃金，天降神女，感通之至，良有可稱。」〔註25〕蓋以孝子既能感天通神，使地出黃金，故爲之傳云。

四、王韶之《孝子傳》

王氏《孝子傳》，《南史》本傳稱有三卷，《宋書》本傳不載，《隋志》卷同《南史》，唯「傳」下多「贊」字，「王韶之」作「王昭之」，按，「昭」當作「韶」。兩《唐志》並作十五卷，《舊唐志》岑氏刊本亦加「讚」字，《新唐志》別有《讚》三卷。〔註26〕其書已佚，清・茆泮林有輯本一卷，題《孝子傳》，見於《十種古逸書・古孝子傳》、《龍谿精舍叢書・史部・古孝子傳》及《叢書集成初編・史地類・古孝子傳》中。

〔註24〕嚴可均《全梁文》卷十七據《藝文類聚》五十引。
〔註25〕嚴可均《全梁文》卷十七據《藝文類聚》二十引。
〔註26〕見姚振宗《隋志考證》卷二十（〈史部十・雜傳類〉「《孝子傳贊》三卷王昭之撰」條）。

按，王韶之有《晉安帝記》，並其事蹟已見第四章第三節。所撰《孝子傳》見於《藝文類聚‧鳥部》、《初學記‧天部》、《北堂書鈔‧衣冠部》及《太平御覽‧人事部、刑法部》等所引，有李陶、竺彌、周青三人事，其《初學記》引竺彌事作王歆《孝子傳》者，「歆」字蓋誤。

五、鄭緝之《孝子傳》

鄭氏《孝子傳》，《隋志》著錄十卷，注云：「宋員外郎鄭緝之撰」，兩《唐志》卷並同，唯「傳」下加「讚」字。其書已佚，今有清‧茆泮林輯本，存《十種古逸書‧古孝子傳》《龍谿精舍叢書‧史部‧古孝子傳》及《叢書集成初編‧史地類‧古孝子傳》中，又王仁俊《玉函山房輯佚書續編‧史編‧總類》中亦有輯本一卷。

鄭緝之，史中無傳，〔註27〕始末未詳，據《隋志》所著錄，知爲劉宋人，嘗官員外郎。所撰《孝子傳》，《世說‧德行篇》注引有吳隱之一事，《法苑珠林‧忠孝篇》引有丁蘭、吳逵、蕭固三事。《法苑珠林》又引有鄭緝之《孝感通傳》，則其書當有篇目。〔註28〕

六、師覺授《孝子傳》

師氏《孝子傳》，《隋志》著錄八卷，《南史》本傳、兩《唐志》並同。其書已佚，《初學記‧人事部》、《藝文類聚‧人部、鳥部、災異部》、《御覽‧時序部、兵部、人事部》等嘗引之。今有清‧茆泮林輯本，見於《十種古逸書‧古孝子傳》、《龍谿精舍叢書‧史部‧古孝子傳》及《叢書集成初編‧史地類‧古孝子傳》中，又黃奭《漢學堂叢書（黃氏逸書考）‧子史鉤沈‧史部傳記類》中亦有輯本一卷。

師覺授，一云姓「帥」，名「昞」，南陽涅陽人。以琴書自娛。宋‧臨川王義慶辟爲州祭酒主簿，不就。文帝元嘉十二年（435年），普使內外群官舉士，義慶爲荊州刺史，乃表上薦之曰：「處士南郡師覺，才學明敏，操介清修，業均井渫，志固冰霜，臣往年辟爲州祭酒，未行其志，若朝命遠暨，玉帛遐臻，異人間出，何遠之有。」會卒。〔註29〕

〔註27〕按《魏書》卷五十六〈鄭羲傳〉附有〈鄭輯之傳〉。與「鄭緝之」雖止「輯」、「緝」之別，然一爲宋員外郎，一在《魏書》中，且考其《魏書》傳記，知非宋之「鄭緝之」矣。

〔註28〕見姚振宗《隋志考證》卷二十（〈史部十‧雜傳類〉「《孝子傳》十卷鄭緝之撰」條）。

〔註29〕見《南史》卷七十三〈師覺授傳〉及《宋書》卷五十一〈臨川烈武王道規附義慶傳〉。又唐林寶《開元姓纂‧帥氏狀》云：本姓師氏，避晉景王諱改爲帥氏，宋有帥覺授，一云名昞，著《孝子傳》。臨川王義慶辟爲州祭酒，不就，入《宋書‧孝義傳》。按，林寶《姓纂》蓋以《南史》誤爲《宋書》。又章宗源《隋志考證》卷十三云：「按《元

　　覺授蓋一生孝義，故《南史》入〈孝義傳〉。其書八卷，皆孝義之事，所撰諸人，如趙徇、程曾、吳叔和、魏連、……等皆孝跡昭著，足垂後世。

七、宋躬《孝子傳》

　　宋氏《孝子傳》，《隋志》著錄二十卷，注云：「宋躬撰。」《新唐志》卷同《隋志》，撰人作「宗躬」，《舊唐志》十卷，「宋」亦作「宗」。其書已佚，有清·茆泮林輯本，見於《十種古孝子傳》、《龍谿精舍叢書·史部·古孝子傳》及《叢書集成初編·史地類·古孝子傳》中。王仁俊《玉函山房輯佚書續編·史編·總類》亦有輯本一卷。

　　宋躬，始末未詳，諸史志所著錄，具不云何時人，以《隋志》著錄於鄭緝之、師覺授《孝子傳》之後，梁元帝《孝德傳》之前，蓋爲宋、梁間人。《南齊書》卷四十八〈孔稚珪傳〉云：永明中，世祖留心法令，詔獄官詳正舊注，使兼監臣宋躬、兼平臣王植等抄撰同異，定其去取。又《南史》卷二十六〈袁象附袁湛傳〉有江陵令宗躬，《隋志·別集類》有齊平西諮議《宗躬集》十三卷。然則宋躬者，當在南齊時嘗爲廷尉監、江陵令、平西將軍府諮議參軍者也。

　　所撰《孝子傳》，《法苑珠林·忠孝篇》、《藝文類聚·人部》、《太平御覽·地部、人事部》並引之。

八、虞盤佐《孝子傳》

　　虞氏《孝子傳》，《隋志》不著錄，兩《唐志》並載一卷。《通志·校讎略》謂虞槃佐作《孝子傳》，又《釋文·敘》有「虞槃佑」，則「盤」或作「槃」（《隋志·雜傳類》著錄虞氏有《高士傳》二卷，撰人亦作「虞槃佐」。）「佐」或作「佑」。其書已佚，清·茆泮林有輯本，見於《十種古逸書·古孝子傳》、《龍谿精舍叢書·史部·古孝子傳》及《叢書集成初編·史地類·古孝子傳》中。

　　盤佐，始末未詳，《釋文·敘錄》稱字弘猷，高平人，東晉處士，注《孝經》。又《隋志·經部·孝經類》「袁敬仲《集議孝經》一卷」條下注云：「梁有……處士虞槃佐……注《孝經》一卷……亡。」據此，則盤佐當爲東晉處士，然《叢書子目類編》廁於師覺授、宋躬《孝子傳》之後，鄭緝之《孝子傳》之前，蓋盤佐後入於劉宋歟？

九、周景式《孝子傳》

　　周氏《孝子傳》，《隋志》不著錄，章宗源《隋志考證》卷十三據諸類書所引補錄，注云「卷亡」。清·茆泮林有輯本，見於《十種古逸書·古孝子傳》、《龍谿精舍

　　和姓纂》覺授一名晒，姓帥，在入聲質部，據此則師乃『帥』字之誤，然諸書皆作『師』。」

叢書・史部・古孝子傳》及《叢書集成初編・史地類・古孝子傳》中。

周景式，諸史無傳，始末未詳。撰有《廬山記》，見《藝文類聚・山部》引。所撰《孝子傳》，《藝文類聚・山部、木部》、《御覽・地部、居處部、人事部、木部、獸部》、《初學記・人事部》等共引三事，又《初學記・獸部》引一事，稱周索氏《孝子傳》，未審即景式書否？《叢書子目類編》廁於王韶之《孝子傳》之後，師覺授《孝子傳》之前，蓋亦劉宋人歟？

又《孝子傳》，除前所述諸人之撰作外，清・茆泮林又別輯有《孝子傳》及《孝子傳補遺》，並見於《十種古逸書・古孝子傳》、《龍谿精舍叢書・史部・古孝子傳》及《叢書集成初編・史地類・古孝子傳》中，王仁俊《玉函山房輯佚書續編・史編・總類》亦別存《孝子傳》一卷，所謂片語彌珍，於古籍之比勘，故實之掇拾，蓋有足多者。

十、王僧虔《能書錄》

王氏《能書錄》，《隋志》不著錄，《南齊書》卷三十三本傳稱，太祖善書，示僧虔古迹十一帙，就求能書人名，僧虔得民間所有帙中所無者，吳太皇帝、景帝、歸命侯書、桓玄書，及王丞相導、領軍洽、中書令珉、張芝、索靖、衛伯儒、張翼十二卷（《南史》作十一卷）奏之，又上羊欣所撰《能書人名》一卷。今宛委山堂本《說郛》弓八十七有齊・王僧虔撰《能書錄》一卷。

王僧虔，琅邪臨沂人。弱冠雅善隸書，宋文帝見其書素扇，為歎曰：「非唯跡逾子敬，方當器雅過之。」除秘書郎、太子舍人。退默，少交接，與袁淑、謝莊善。轉義陽王文學、太子洗馬，遷司徒左西屬。兄僧綽被害，親賓咸勸僧虔逃，僧虔涕泣曰：「吾兄奉國以忠貞，撫我以慈愛，今日之事，苦不見及耳，若同歸九泉，猶羽化也。」孝武初，出為武陵太守，兄子儉於中途得病，僧虔為廢寢食同行，客慰喻之，僧虔曰：「昔馬援處兒姪之間，一情不異；鄧攸於弟子，更逾所生。吾實懷其心，誠未異古。亡兄之胤，不宜忽諸。若此兒不救，便當回舟謝職，無復遊官之興矣。」還為中書郎，轉黃門郎、太子中庶子。孝武欲擅書名，僧虔不敢顯跡，大明世常用拙筆書，以此見容。出為豫章王子尚撫軍長史，遷散騎常侍，復為新安王子鸞北中郎長史、南東海太守，行南徐州事，二蕃皆帝愛子也。尋遷豫章內史，入為侍中，遷御史中丞，領驍騎將軍，復為侍中，領屯騎校尉。明帝泰始中，出為輔國將軍、吳興太守，秩中二千石。王獻之善書，為吳興郡；及僧虔工書，又為郡。論者稱之。徙為會稽太守，秩中二千石，將軍如故。中書舍人阮佃夫家在會稽，請假東歸，客勸僧虔以佃夫要倖，宜加禮接，僧虔曰：「我立身有素，豈能曲意此輩，彼若見惡，

當拂衣去耳。」佃夫言於宋明帝，使御史中丞孫夐奏僧虔，坐免官。尋以白衣兼侍中，出監吳郡太守，遷使持節都督湘州諸軍事建武將軍，行湘州事，仍轉輔國將軍、湘州刺史，所在以寬惠著稱。尋加散騎常侍，轉右僕射。順帝昇明元年（477 年），遷尙書僕射，尋轉中書令、左僕射，二年（478 年），爲尙書令，嘗爲飛白題尙書省，當時嗟賞。僧虔雅好文史，解音律，以朝廷禮樂，多違正典，民間競造新聲雜曲，時高祖（齊高帝）輔政，僧虔上表請正聲樂，乃使侍中蕭惠基調正清商音律。齊建元元年（479 年），轉侍中、撫軍將軍、丹陽尹。二年（480 年）進號左衛將軍，固讓不拜，改授左光祿大夫，侍中、尹如故。文惠太子鎮雍州，有盜發古冢者，相傳是楚王冢，大獲寶物竹簡，書青絲編，簡廣數分，長二尺，皮節如新，有得十餘簡，以示僧虔，云是科斗書。太祖善書，及即位，篤好不已，與僧虔睹書畢，謂僧虔曰「誰爲第一。」僧虔曰：「臣書第一，陛下亦第一。」上笑曰：「卿可謂善自爲謀矣。」示僧虔古迹十一帙，就求能書人名，僧虔得帙中所無者奏之，又上羊欣所撰《能書人名》一卷。其年多，遷持節都督湘州諸軍征南將軍、湘州刺史，侍中如故。清簡無所欲，不營財產，百姓安之。世祖（武帝）即位，遷侍中、左光祿大夫、開府儀同三司，謂兄子儉曰：「汝任重於朝行，當有八命之禮，我若復此授，則一門有二臺司，實可畏懼。」乃固辭不拜，上優而許之，改授侍中、特進左光祿大夫。客問僧虔固讓之意，僧虔曰：「君子所憂無德，不憂無寵，吾衣食周身，榮位已過，所慙庸薄無以報國，豈容更受高爵，方貽官謗邪！」兄子儉爲朝宰，起長梁齋，制度小過，僧虔視之不悅，竟不入戶，儉即毀之。永明三年（485 年）卒，年六十，追贈司空，侍中如故，諡簡穆。

僧虔爲人忠誠篤實，宋世，嘗有書誡子曰：「汝開老子卷頭五尺許，未知輔嗣何所道，平叔何所說，馬、鄭何所異，指例何所明，而便盛於塵尾，自呼談士，此最險事。」又曰：「就如張衡思侔造化，郭象言類懸河，不自勞苦，何由至此，汝曾未窺其題目，未辨其指歸，……而終日欺人，人亦不受汝欺也。」其於子弟，蓋惕厲屬有加，以爲有父子貴賤殊、兄弟聲名異者，應各自努力耳。〔註30〕

僧虔嘗論諸家之書，有「宋文帝書，自言可比王子敬，時議者云，天然勝羊欣，功夫少於欣。……張芝、索靖、韋誕、鍾會、二衛並得名前代，無以辨其優劣，唯見其筆力驚異耳。……謝安亦入能書錄……。」云云，詳見《南史》卷二十二〈王曇首附僧虔傳〉。僧虔又嘗自書〈讓尙書令表〉，辭制既雅，筆迹又麗，時人以比子敬。是如僧虔者，誠善於書道者也。

〔註30〕見《南齊書》卷三十三〈王僧虔傳〉。又《南史》卷二十二〈王曇首傳〉亦附有〈王僧虔傳〉。

第三節　釋慧皎《高僧傳》等諸釋、道之書

一、釋慧皎《高僧傳》

釋慧皎《高僧傳》，《隋志》著錄十四卷，題僧祐撰。「僧祐」當作「慧皎」，《唐日本書目》亦爲此誤。以僧祐所撰，《法苑珠林·傳記篇》全載其目，而無《高僧傳》，其云《高僧傳》一部十四卷并〈目錄〉者，固梁朝·會稽·嘉祥寺沙門釋慧皎所撰。又《開元釋教錄》亦不云僧祐有《高僧傳》，是《隋志》撰人當爲誤題，遂使章宗源以爲釋慧皎《高僧傳》，《隋志》不著錄，而別據《大藏目錄》載「《高僧傳》十四卷僧惠皎撰」著錄於其《隋書經籍志考證》中。按《崇文總目》有《高僧傳》十三卷，作僧惠皎撰，《郡齋讀書志》有《高僧傳》十四卷，作蕭梁·僧釋慧皎撰。知「慧」亦作「惠」，故《開元釋教錄》謂梁·沙門釋惠皎著《高僧傳》一部，兩《唐志》著錄十四卷，撰人「慧」並作「惠」。又《高僧傳·序錄》云：「爲十三卷，並〈序錄〉，合十四軸。」是十四卷之書，去〈序錄〉一卷，止十三卷，今《海山仙館叢書》中有梁·釋慧皎撰《高僧傳》十三卷。

釋慧皎，梁沙門，氏族不詳，會稽上虞人。學通內外，博訓經律。住嘉祥寺，春夏弘法，秋冬著述。梁元帝承聖二年（553 年），避侯景難至湓城，甲戌歲（554年）二月捨化。春秋五十有八，撰有《高僧傳》一部。〔註31〕

所撰《高僧傳》，乃以自漢之梁，沙門秀起，世涉六代，群英間出，而眾家紀錄，敘載各異，如沙門法濟偏敘高逸，法安但列志節，僧寶止命遊方，法進通撰論傳而辭事闕略，皆互有繁簡。宋臨川康王義慶《宣驗記》及《幽明錄》、太原王琰《冥祥記》、彭城劉悛《益部寺記》、沙門曇宗《京師寺記》、大原王延秀《感應傳》、朱君台《徵應傳》、陶淵明《搜神錄》，並旁出諸僧，而亙多疏闕。齊·竟陵王、文宣王《三寶記傳》，混濫難求；琅邪王屮所撰《僧史》，意似該綜，而文體未足；沙門僧祐撰《三藏記》，止有三十餘僧，所無甚眾。中書郗景興《東山僧傳》、治中張孝秀《廬山僧傳》、中書陸明霞《沙門傳》，各競舉一方，不通今古，務存一善，不及餘行。逮于即時，亦繼有作者，然或褒讚之下，過相揄揚，敘事之中，空列辭費，求之實理，無的可稱。故以暇日，搜檢數十餘家，及晉、宋、齊、梁春秋書史，秦、趙、燕、涼荒朝僞曆，並博諮故老，廣訪先達，校其有無，取其同異而成。〔註32〕

其書始於漢明帝永平十年（67 年），終至梁天監十八年（519 年），凡四百五十

〔註31〕見《開元釋教錄》及〈梁釋龍光寺沙門僧果高僧傳後記〉。
〔註32〕見《高僧傳》第十四〈高僧傳序錄〉。

三載（《郡齋讀書志》作凡五百五十二載），二百五十七人，又傍附見者二百三十九人，都合四百九十六人，開其德業，大爲十例，一曰譯經，二曰義解，三曰神異，四曰習禪，五曰明律，六曰遺身，七曰誦經，八曰興福，九曰經師，十曰唱導等，《高僧傳·序錄》及《開元釋教錄》載之詳矣。〈序錄〉又述其取捨論讚之例，謂其有繁辭虛讚，或德不及稱者，一皆省略，故六代賢異，止爲十三卷，並〈序錄〉合十四軸，號曰《高僧傳》。

　　其所以稱爲《高僧傳》者，〈序錄〉又謂：以前代所撰，多曰名僧，然名者本實之賓也。若實行潛光，則高而不名；寡德適時，則名而不高。名而不高，本非所紀；高而不名，則備今敘。故省「名」者，代以「高」字也。

　　據上所述，知慧皎所撰，亦集前人之大成，義例甄著，文詞婉約，誠可傳之不朽，而永爲龜鏡。其後唐釋道宣、宋釋贊寧、明釋如惺亦各有續集，合稱《四朝高僧傳》，〔註33〕亦云盛矣。

二、陶弘景《周氏冥通記》

　　陶氏《周氏冥通記》，《隋志》著錄一卷，不著撰人，《舊唐志》卷同《隋志》，題陶弘景撰，《崇文總目·小說家》有周子良《冥通錄》三卷，《宋志·小說家》四卷，又《通志·藝文略·傳記·冥異類》所載並同《崇文目》，且注云：「記梁隱士周子良與神仙感應事。」《四庫提要·道家存目》有《冥通記》四卷，作梁·周子良撰，《道藏（正統本、景正統本）·洞眞部·記傳類》有陶弘景撰《周氏冥通記》四卷，是《周氏冥通記》之卷數、撰人，諸家所載，各有不同。考《華陽陶隱居集·進周氏冥通記啓》有曰：「臣弘景啓……，忽有周氏事，既在齋禁，無由即得啓聞，今謹撰事蹟，凡四卷，……。」又附注曰：「周子良，隱居高弟，天監中，白日尸解……。」〔註34〕然則《周氏冥通記》當爲陶弘景於周氏卒後所撰呈，凡四卷，《道藏·記傳類》所載者是也。

　　陶弘景，字通明，丹陽秣陵人，宋文帝元嘉二十九年（452 年）生。〔註35〕幼

〔註33〕　見李健光師《國學概論》第三章第六節〈雜史·傳記類〉。

〔註34〕　嚴可均《全梁文》卷四十六及姚振宗《隋志考證》卷二十〈史部十·雜傳類〉並引。

〔註35〕　《梁書》卷五十一及《南史》卷七十六本傳並言弘景卒於大同二年（536 年），年八十五，嚴可均《全梁文》卷四十六所編〈弘景小傳〉從之，然則依此推算，弘景當生於宋文帝元嘉二十九年（452 年），而《南史》本傳却又作生於宋孝建三年（456年）丙申歲夏至日，未審何據？至梁廷燦撰《年譜考略》，竟據《南史》本傳所載弘景生日（宋孝建三年），又依此推算，而並改《梁書》、《南史》本傳卒日，使延爲大同六年（540 年），其離史所言者，蓋愈遠矣。（見民國十八年七月《國立北平圖書館月刊》三卷一號。按《年譜考略》中大同六年作西元四五〇年，當爲五四〇年之誤

有異操，年四、五歲，恒以荻爲筆，畫灰中學書。至十歲，得葛洪《神仙傳》，晝夜研尋，便有養生之志。父爲妾所害，弘景終身不娶。及長，神儀明秀，朗目疏眉，讀書萬餘卷，善琴棊，工草隸。齊高帝作相，引爲諸王侍讀，除奉朝請。雖在朱門，閉影不交外物，唯以披閱爲務，朝儀故事，多所取焉。家貧，求宰縣不遂，武帝永明十年（492年），脫朝服挂神虎門，上表辭祿，詔許之，賜以束帛，敕所在月給服餌。及發，公卿祖之征虜亭，供帳甚盛，車馬填咽，咸云宋、齊以來未有斯事，朝野榮之。於是止于句容之句曲山，自號華陽陶隱居，人間書札，即以隱居代名。始從東陽孫游嶽受符圖經法，徧歷名山，尋訪仙藥。身既輕捷，性愛山水，每經澗谷，必坐臥其間，吟咏盤桓。沈約爲東陽郡守，高其志節，累書要之，不至。弘景爲人圓通謙謹，心如明鏡，遇物便了，言無煩舛，著《夢記》。東昏侯永元初，更築三層樓，弘景處其上，弟子居其中，賓客至其下，與物遂絕，唯一家僮得至其所。本便馬善射，晚皆不爲，唯聽吹笙而已。特愛松風，庭院皆植松，每聞其響，欣然爲樂。好著述，尚奇異，顧惜光景，老而彌篤。尤明陰陽五行，山川地理，醫術本草，著《帝代年曆》，又嘗造渾天象。深慕張良爲人，云古賢無比。梁武帝與之游，及即位後，恩禮愈篤，書問不絕，冠蓋相望。後合飛丹，帝服有驗，益敬重之，每得其書，燒香虔受。後屢加禮聘，並不出，唯畫兩牛，一散放水草間，一著金籠頭，有人執繩以杖驅之。武帝笑曰：「此人無所不作，欲斅曳尾之龜，豈有可致之理。」國家每有吉凶征討大事，無不前以諮詢，月中常有數信，時人謂爲山中宰相，二宮及公王貴要參候相繼，贈遺未嘗脫時，多不納受，縱留者，即作功德。弘景自隱處四十許年，年逾八十而有壯容。簡文臨南徐州，欽其風素，召至後堂，以葛巾進見，談論數日而去，甚敬異之。天監中，獻丹於武帝。中大通初，又獻二丹。無疾，自知應逝，爲告逝詩。大同二年（536年）卒，年八十五。詔贈太中大夫，謚曰貞白先生。弘景不妻無子，從兄以子松喬嗣。所著有《學苑》百卷及《古今州郡記》、《圖像集要》、《帝代年曆》、《本草集注》、《效驗方》、《占候》等，唯弟子得之。〔註36〕

植。）又王鳴盛《十七史商榷》卷六十四「陶宏景年」條云：「據其所言卒年推之，宏景當生於宋文帝元嘉二十九年壬辰也。入齊年二十八，入梁年五十二。」又云：「《南史》多襲取各書無所增益，偶或一有所增，輒成疵累。此傳所增頗多，往往宂誕，似《虞初小說》，此李延壽慣態，不足責。但《梁書》不言宏景生年，而卒年則《南史》與《梁書》同，乃其前文先言宏景以宋孝建三年景申歲夏至日生，兩相矛盾，舛謬可笑，於是爲甚。」

〔註36〕見《南史》卷七十六、《梁書》卷五十一本傳。又嚴可均《全梁文》卷四十六〈陶弘景傳編〉曰：「有《三禮目錄注》一卷、《論語集注》十卷、《眞誥》十卷、《本草》十卷、《本草經集注》七卷、《太清草木集要》二卷、《補闕肘後百一方》九卷、《練化術》一卷、《太清諸丹集要》四卷、《合丹節度》四卷、《服餌方》三卷、《集》三

又周子良，字元猷，本汝南縣人，寓居丹陽。年十二，從弘景受仙靈籙、老子五千文、五嶽圖，遂通眞靈，年二十卒。〔註37〕

是周子良爲陶弘景高弟，不幸早卒。弘景爲上《周氏冥通記》，既於周氏尸解之後，遂爲檢平日事跡進之，是其書固當出於陶手。然其說率荒誕不經，所記遇仙之事，起乙未五月十三日，至丙申七日末，逐日縷載，亦弘景《眞誥》之流也。其文頗古雅，時有奧字。黃生《義府》第二卷末附載此書〈訓釋〉一篇，各有考證，則頗賅洽。〔註38〕又陶書之外，別有梁某撰《桓眞人升仙記》一卷，亦見於《道藏（正統本、景正統本）‧洞眞部‧記傳類》。

十卷、《內集》十五卷。」王鳴盛《十七史商榷》卷六十四「陶弘景以孝成隱」條云：「陶弘景父爲妾所害，故弘景終身不娶，其游於方外，雖性耽野逸，實因痛其親而割棄世緣，蓋以孝成隱，《梁書》不載此事，並《南史》所載，其祖父名及官職皆闕之。」

〔註37〕見《四庫提要‧道家存目》「《冥通記》四卷」引陶弘景所作〈子良傳〉。
〔註38〕見《四庫提要‧道家存目》「《冥通記》四卷梁周子良撰」條。

第八章　政書之撰作
——賀琛《謚法》

劉熙撰《謚法》三卷、沈約撰《謚法》十卷，以及賀琛（「琛」《隋志》作「瑒」、當作「琛」，詳見本文後述。）撰《謚法》五卷，《隋志》並入於〈經部・論語類〉，其敘末云：「《爾雅》諸書，解古今之意，並五經總義，附于此篇。」以《謚法》厠於〈論語類〉，蓋權宜之計，聊且附贅耳，故《國史經籍志》改入〈史部，儀注類〉，敘云：「其謚法國璽，原出他部，余以謂禮之類也，特改而爲傳著於篇。」考《隋志・史部》分目，有舊事、儀注、刑法三類，後世因之，至清編《四庫全書》則併爲〈政書〉一門。政書者，專記文物制度者也，故謚法屬焉。《史記・正義・謚法解敘》曰：「惟周公旦、太公望，開嗣王業，建功于牧野，終將葬乃制謚，遂敘謚法。謚者，行之迹，號者，功之表（古者有大功，則賜之善號以爲稱也。）車服者，位之章也，是以大行受大名，細行受細名，行出於己，名生於人（名謂號謚）。」末云：「以前《周書》謚法，周代君王並取作謚。」又《周書・序》云：「周公肇制文王之謚義以垂于後，作《謚法》。」知謚法之行，由來久矣。今考南北朝人所撰此類之書，唯梁・賀琛之作有輯本存焉，茲述如后。

梁・賀琛《謚法》，《隋志・經部・論語類》末著錄五卷，注云：「梁太府賀瑒撰。」按，賀瑒，《梁書》卷四十八及《南史》卷六十二並有傳，傳言瑒後爲太學博士，梁天監初爲太常丞，有司舉修賓禮，後領五經博士，卒于館，著有《賓禮儀注》一百四十五卷。又《通典・禮典序》亦云：「齊武帝永明二年（484年）詔尙書令王儉制定五禮，至梁武帝，命群儒又裁成焉……賓禮則賀瑒……。」知瑒所精者賓禮，史未言撰有《謚法》五卷，且尋所歷官職，未有爲太府之任者，知《隋志》當有譌脫。考《梁書》卷三十八及《南史》卷六十二所載賀琛事蹟，知琛傳瑒業，尤精《三禮》，

史又並言琛撰《新謚法》，嘗官太府卿，則《隋志》所注「太府」下當脫「卿」字，
又「賀瑒」當作「賀琛」，蓋「瑒」、「琛」形近易誤。以兩《唐志》、《宋志》及《玉
海‧藝文》、《中興書目》亦並云賀琛撰《謚法》三卷，《崇文總目》稱有四卷，晁氏
《讀書志》謂沈、賀《謚法》四卷，沈約撰，賀琛又加。是《隋志》所著錄之《謚
法》五卷，當為賀琛所撰。今其書已佚，清‧王謨《漢魏遺書鈔‧經翼》第二冊有
輯本一卷。

賀琛，字國寶，會稽山陰人。伯父瑒，步兵校尉，為世碩儒。琛幼孤，瑒授其
經業，一聞便通義理，瑒異之，常曰：「此兒當以明經致貴。」瑒卒後，琛家貧，常
往還諸暨販粟以養母，雖自執舟楫，閑則習業，尤精《三禮》。年二十餘，瑒之門徒
稍從問道。初，瑒於鄉里聚徒教授，四方受業者三千餘人，瑒天監中亡，至是又依
琛焉，坐之聽授，終日不疲。梁普通中，刺史臨川王宏辟為祭酒從事史，琛始出都，
時年已四十餘。高祖（武帝）聞其學術，召見文德殿，與語，悅之，謂僕射徐勉曰：
「琛殊有世業。」補王國侍郎，俄兼太學博士，稍遷中衛參軍尚書通事舍人，參禮
儀事，累遷尚書左丞，詔琛撰《新謚法》，至唐時仍施用。頃之，遷御史中丞。琛家
產既豐，買第為宅，為有司所奏，坐免官。俄復為尚書左丞，遷給事黃門侍郎，兼
國子博士，未拜，改為通直散騎常侍，領尚書左丞，並參禮儀事。琛前後居職，凡
郊廟諸儀，多所創定，每見高祖與語，常移晷刻。遷散騎常侍，參禮儀如故。是時
高祖年高，任職者皆緣飾姦諂，深害時政，琛遂啟陳事條封奏，高祖大怒，口授敕
責，於琛書乃逐一批駁，而末云「夫能言之，必能行之，富國彊兵之術，急民省役
之宜，號令遠近之法，竝宜具列，若不具列，則是欺罔朝廷，空示頰舌。凡人有為，
先須內省，惟無瑕者，可以戮人。卿不得歷詆內外，而不極言其事。佇聞重奏，當
後省覽，付之尚書，班下海內，庶亂羊永除，害馬長息，惟新之美，復見今日。」
琛奉敕但謝過而已，不敢復有指斥。久之遷太府卿。太清二年（548 年），遷雲騎將
軍中軍、宣城王長史，侯景舉兵襲京師，尋攻陷城，放兵殺害，琛被槍未至死，賊
求得之，舁至闕下，求見僕射王克、領軍朱异，勸開城納賊，克等讓之，涕泣而止，
賊復舁送莊嚴寺療治之。明年，琛逃歸鄉里。其年冬，賊進寇會稽，復執琛。後遇
疾卒，年六十九。所撰《三禮講疏》、《五經滯義》及諸儀法凡百餘篇。〔註 1〕

其撰《謚法》，蓋集《舊謚法》及《廣謚》，又益以己所撰《新謚》而成，故《崇
文總目》謂：初，沈約本周公之《謚法》，至琛又分君臣、美惡、婦人之謚，各以其
類標其目。曰《舊謚》者，周公之謚法，曰《廣謚》者，約所撰也，曰《新謚》者，

〔註 1〕見《梁書》卷三十八本傳及《南史》卷六十二附〈賀瑒傳〉。

琛所增也。〔註2〕晁氏《讀書志》云：沈約撰凡七百九十四條，賀琛又加〈婦人諡〉二百三十八條。是賀氏《諡法》，乃踵事而增華者也。所撰《新諡》，蓋分〈君諡〉、〈臣諡〉、〈婦人諡〉等，婦人有諡，自周景王之穆后始，匹夫有諡，自東漢之隱者始，宦者有諡，自東漢之孫程始，蠻夷有諡，自東漢之莎車始。其每卷又各分美、平、惡三等，視沈約《諡例》為多，然亦有約載而琛不取者。〔註3〕其書撰成便即施開，至唐撰《梁書》時，猶行之也。〔註4〕

〔註 2〕 姚振宗《隋志考證》卷八（〈經部八〉「《諡法》五卷賀瑒撰」條）引。
〔註 3〕 見姚振宗《隋志考證》卷八引《玉海・藝文》、《中興書目》。
〔註 4〕 《梁書》卷三十八本傳云：「琛撰《新諡法》，至今施用。」

第九章　時令類書籍

　　《詩》曰：「民生在勤，勤則不匱。」故〈堯典〉首敘授時，教民無失，舜初受命，亦先有七政。知天時者，聖人之所重。〈豳風〉、〈月令〉，古之遺法，王政之施藏，民用之出納，隨俗攝養，亦可觀其歲功而考其昇平之跡。故其書代有作者，而或入「農家」，顧所載非專爲農設，且民事即王政，是以陳振孫曰：「前史時令之書，皆入〈子部·農家類〉，今案諸書，上自國家典禮，下至里閭風俗，悉載之，不專農事也。故《中興館閣書目》別爲一類，列之〈史部〉，是矣，今從之。」（《直齋書錄解題·時令類敘》）今考南北朝人史部之著作，得《錦帶》及《玉燭寶典》二書，乃並列爲一章，顏曰：「時令類書籍。」茲分述如后。

第一節　舊題蕭統《錦帶》

　　《錦帶》，《書錄解題》卷六〈時令類〉著錄一卷，題梁元帝撰，云：「比事儷語，若法帖中《章草》、《月儀》之類也。」《四庫提要·子部·類書類存目》亦載《錦帶》一卷，云：「舊本題梁·昭明太子蕭統撰。」又云：「詳其每篇自敘之詞，皆山林之語，非帝胄所宜言，且詞氣不類六朝，亦復不類唐格。疑宋人按〈月令〉集爲駢句，以備箋啓之用，後來附會，題爲統作耳。今刻本《昭明集》中亦有之，題曰〈十二月啓〉，然《昭明集》乃後人所輯，非其原本，未可據以爲信也。」嚴可均《全梁文》卷十九「昭明太子」條收有「錦帶書十二月啓」。

　　按，梁元帝有傳記書多種，並其事蹟已見第七章〈傳記之撰作〉。考其本紀所載，則並未言撰有《錦帶》。

　　又按，昭明太子蕭統之傳略謂：統，梁高祖（武帝）長子，南蘭陵（今江蘇武進附近）人。母曰丁貴嬪，以齊和帝中興元年（501 年）九月生於襄陽。高祖既

受禪，有司奏立儲副，高祖以天下始定，百度多闕，未之許也，群臣固請，天監元年（502 年）立爲皇太子。太子生而聰叡，三歲受《孝經》、《論語》，五歲遍讀《五經》，悉能諷誦。十四年（515 年）正月朔旦，高祖冠太子於太極殿。太子美姿貌，善舉止，讀書數行竝下，過目皆憶，每遊宴祖道，賦詩至十數韻。高祖大弘佛教，親自講說，太子亦崇信三寶，遍覽眾經，乃於宮內別立慧義殿，專爲法集之所，招引名僧，談論不絕。時俗稍奢，太子欲以己率物，服御樸素，身衣浣衣，膳不兼肉。七年（526 年）貴嬪有疾，太子朝夕侍疾，衣不解帶。及薨，水漿不入口，每哭，輒慟絕，高祖遣中書舍人顧協宣旨曰：「毀不滅性，聖人之制，不勝喪比於不孝，有我在，那得自毀如此！可即彊進飲食。」太子素壯，腰帶十圍，至是減削過半，每入朝，士庶見者，莫不下泣。太子自加元服，高祖便使省萬機，太子明於庶事，纖毫必曉。平斷法獄，多所全宥，天下皆稱仁。性寬和容眾，喜慍不形於色，引納才學之士，賞愛無倦。恒自討論篇籍，或與學士商榷古今，閒則繼以文章著述，率以爲常。于時東宮有書幾三萬卷，名才竝集，文學之盛，晉、宋以來，未之有也。性愛山水。嘗泛舟後池，番禺侯軌盛稱此中宜奏女樂，太子不答，詠左思〈招隱詩〉曰：「何必絲與竹，山水有清音。」侯慚而止。普通中，大軍北討，京師穀貴，太子因命菲衣減膳，改常饌爲小食。每霖雨積雪，遣腹心左右周行閭巷，視貧困家有流離道路，密加振賜。若死亡無可以斂者，爲備棺槥。每聞遠近百姓賦役勤苦，輒斂容色。中大通三年（531 年）三月，遊後池，姬人蕩舟，沒溺而得出。恐貽帝憂，深誡不言。及稍篤，左右欲啓聞，猶不許，曰：「云何令至尊知我如此惡？」因便嗚咽，四月乙巳暴惡，馳啓武帝，比至已薨，時年三十一。高祖臨哭盡哀，謚曰昭明。詔司徒左長史王筠爲哀冊文，追尊爲昭明皇帝，廟號高宗。太子仁德素著，及薨，朝野惋愕，京師男女，奔走宮門，號泣滿路，四方氓庶聞喪皆慟哭。所著《文集》二十卷、又撰古今典誥文言爲《正序》十卷，五言詩之善者爲《文章英華》二十卷、《文選》三十卷。〔註 1〕此史之所敘亦云詳矣，然亦並無撰《錦帶》之記載。

以〈元帝紀〉及〈昭明太子傳〉具不云有《錦帶》，琴川毛晉乃亦未知確是誰作，其〈識語〉曰：「坊刻《昭明集》中題云〈十二月啓〉，或又云昭明方九歲時述以《錦帶》十二，……豈永福省中秘笈，至元帝時始流布人間耶？端臨與休圃翁時代不甚相隔，何牴牾至此？」按，休圃翁注〈錦帶序〉云：「梁·昭明太子《錦帶》。」又馬氏《通考》謂：「梁元帝撰。」是《錦帶》之作者，久已難辨。今據《梁書》、《南

〔註 1〕見《梁書》卷八〈昭明太子傳〉、《南史》卷五十三〈梁武帝諸子昭明太子統傳〉及嚴可均《全梁文》卷十九〈昭明太子〉。

史》統傳，知統有《集》二十卷，隋、唐諸志並同，《宋史‧藝文志》、《直齋書錄解題》皆止得五卷，已非其舊，《文獻通考》不著錄，蓋宋末已佚失。《四庫全書》中存有《昭明太子集》六卷者，明‧嘉興‧葉紹泰所刊，凡〈詩賦〉一卷、〈雜文〉五卷。賦每篇不過數句，蓋自類書採掇而成，皆非完本，詩中亦誤收梁簡文帝詩，當由不知《玉臺新詠》所題皇太子乃簡文非昭明。又張溥《百三家集》中亦有統《集》，兩本比勘，互有出入，皆明人所輯。是《昭明集》輯本，雖編有《錦帶書十二月啓》，不得謂即統所撰。〈十二月啓〉中，其姑洗三月有曰：「嗁鶯出谷，爭傳求友之音。」考唐人試鶯出谷詩，李綽《尚書故實》譏其事無所出，使昭明先有此啓，綽豈不見？〔註2〕加以〈十二月啓〉不似齊、梁文體，每篇自敘之詞，又非帝胄所宜言，故《四庫》館臣乃疑其爲宋人按〈月令〉集爲駢句，以備箋啓之用，後人附會，遂題爲統作耳。〔註3〕

今考〈十二月啓〉者，依次計爲太簇正月、夾鍾二月、姑洗三月、中呂四月、蕤賓五月、林鍾六月、夷則七月、南呂八月、無射九月、應鍾十月、黃鍾十一月、大呂十二月，蓋法一年十二月之節令氣候。就嚴氏《全梁文》所見，每月令所書，約一百五十言左右，綜計在一千餘言以上，其敘情事，足啓發後人，故毛晉〈識語〉引《淮南子》曰：「錦帶」者，燦爛身之富也，實濟時之端，助文之備也，遂錄諸棗，以作兒曹月課。其敘陳情事，蓋足啓發後人也。〔註4〕今《津逮秘書》（汲古閣本、景汲古閣本）第十五集、宛委山堂本《說郛》弖七十六、《學津討原》（嘉慶本、景嘉慶本）第十九集、《叢書集成初編‧文學類》等諸叢書中，並存《錦帶書》一卷，作梁‧蕭統撰。〔註5〕

第二節　杜臺卿《玉燭寶典》

《玉燭寶典》，《隋志‧子部‧雜家》著錄十二卷，注云：「著作郎杜臺卿撰。」《北史》卷五十五〈杜弼傳‧附子杜臺卿〉及《隋書》卷五十八〈杜臺卿傳〉並言臺卿撰《玉燭寶典》十二卷，臺卿〈自序〉亦云合十二卷，總爲一部，以《玉燭寶典》爲名焉，《唐日本國見在書目》、兩《唐志》、《宋志》、《直齋書錄解題》等卷並

〔註2〕見《四庫提要‧集部》「《昭明太子集》六卷」條。
〔註3〕見《四庫提要‧子部‧類書類存目一》「《錦帶》」條。
〔註4〕見臺灣商務印書館印行《叢書集成簡編‧錦帶書》。
〔註5〕又臺灣商務印書館別有《叢書集成簡編》，其《錦帶書》等一冊（民國五十五年三月台一版）注云：「本館《叢書集成初編》所選《津逮秘書》及《學津討原》皆收有此書，《津逮》在前，故據以排印。」

同，《唐藝文志》、《宋志》皆入農家，陳《錄》歸〈史部・時令類〉。

　　日本國《經籍訪古志》「《玉燭寶典》十二卷」（貞和四年抄本，楓山官庫藏）條有云：隋著作郎杜臺卿撰，缺第九卷，末有「貞和四年某月某日校合畢，面山叟記」。五卷末有「嘉保三年六月七日書寫並校畢」等字。〔註6〕舊跋按：此書元、明諸家書目不載之，則彼土蚤已亡佚耳，此本爲佐伯毛利氏獻本之一，從加賀侯家藏卷子本鈔出。又光緒十年（1884年）出使日本大臣遵義黎庶昌刻《古逸叢書》亦存此《玉燭寶典》，而缺第九卷，其〈敘目〉謂：覆舊鈔卷子本《玉燭寶典》十一卷，原十二卷，今缺第九卷。《叢書集成初編・自然科學類・時令》所收，乃據《古逸叢書》本影印，又宛委山堂本《說郛》弓六十九存一卷。然則臺卿書今所存者，非原本矣。按，嘉保三年，乃宋哲宗紹聖三年（1096年），貞和四年，即元順帝至正八年（1348年）。又宋・陳振孫《書錄解題》猶載杜書十二卷，是其亡當在宋以後。今所殘十一卷之書，蓋賴黎氏據東瀛所得抄本以傳。

　　杜臺卿，字少山，博陵曲陽人。父弼，齊衛尉卿。臺卿少好學，博覽書記。仕齊奉朝請，歷司空西閣祭酒、司徒戶曹著作郎、中書黃門侍郎，兼尙書左丞。性儒素，每以雅道自居。及周武帝平齊，歸于鄉里，以《禮記》、《春秋》講授子弟。開皇初，被徵入朝。嘗采〈月令〉，觸類而廣之，名《玉燭寶典》十二卷，至是奏之，賜絹二百匹。臺卿患聾，不堪吏職，請修國史，上許之，拜著作郎。十四年（594年）上表請致仕，勅以本官還第。數載，終於家。有《集》十五卷，撰《齊記》二十卷，並行於世，無子。〔註7〕

　　所撰《玉燭寶典》，臺卿〈自序〉言之甚詳，其略有云：「昔因典掌餘暇，考校藝文，《禮記・月令》，最爲備悉，遂分諸月，各以冠篇。首引正注，逮及眾說，續書月別之下，增廣其流，史傳百家，時多兼采。詞賦綺靡，動過其意，除非顯著，一無所取。載土風者，體民生而積習；論俗誤者，冀勉之以知方。始自孟陬，終于大呂，以中央戊己，附季夏之末，合十二卷，總爲一部。至如雷雲霜雨，減降參差，鳥獸魚蟲，鳴躍前後，春生夏長，草榮樹實，孟仲之際，晏早不同者，或敘其發初，或錄其尤盛，或據在周雒，或旁施邊裔。縱令小舛，差可弘通。若乃鄭俗秦聲，楚言越服，須觀同異，的辨華戎，並存舊命，無所改創。其單名互出，即文不審，則注稱今案以明之。若事涉疑殆，理容河漢，則別起正說以釋之。世俗所行節者，雖

〔註6〕按，據《古逸叢書》杜臺卿撰《玉燭寶典》，則除卷三末有「山田直溫野村溫依田利和豬飼傑橫山樵同校畢，三月五日。貞和五年四月十二日一校了、面山叟。」卷六末有「貞和四年八月八日」等字，及卷五末之題記外，餘並無字。

〔註7〕見《北史》卷五十五〈杜弼傳・附子杜臺卿傳〉及《隋書》卷五十八〈杜臺卿傳〉。

無故實，伯升之諺，載于經史，多觸類援引，名爲附說。又有序說，括其首尾。」
又云：「案《爾雅》：四氣和爲玉燭。《周書》：武王說周公推道德以爲寶典。……將
令此作，義兼眾美，以《玉燭寶典》爲名焉。」故《北史》、《隋書》臺卿傳並謂：
臺卿嘗采〈月令〉，觸類而廣，名《玉燭寶典》十二卷，陳振孫《直齋書錄解題》卷
六〈史部・時令類〉曰：「以〈月令〉爲主，觸類而廣之，博采諸書，旁及時俗，月
爲一卷，頗號詳洽。」遵義黎庶昌刻《古逸叢書・敘目》，指其書用《小戴記・月令》
爲主，博引經典集證之，較《周書・月令解》、《呂覽・四時紀》、《淮南・時則訓》
加詳。蓋臺卿以《禮記》、《春秋》講授子弟，最爲備悉，遂觸類援引，月爲一卷，
將以義兼眾美，而撰爲時令之專籍也。

第十章　地理書之繁盛

　　地理之學，又稱「輿地」，或取於《淮南子》以地爲輿之說。其發端甚遠，《隋志‧地理類》已言之詳矣。《四庫提要‧史部‧地理類敘》亦有言曰：「古之地志，載方域、山川、風俗、物產而已，其書今不可見，然〈禹貢〉、《周禮‧職方氏》，其大較矣。《元和郡縣志》頗涉古蹟，蓋用《山海經》例，《太平寰宇記》增以人物，又偶及藝文，於是爲州、縣志書之濫觴。元、明以後，體例相沿，列傳侔乎家牒，藝文溢於總集，末大於本，而輿圖反若附錄，其間假借夸飾，以侈風土者，抑又甚焉。」考昔先王之化民，以五方土地，風氣所生，剛柔輕重，飲食衣服，各有其性，不可遷變，是以疆理天下，物其土宜，知其利害，達其志而通其欲，齊其政而修其教，故有專官以掌其事。漢初，蕭何得秦圖書，乃知天下要害（《隋志‧地理類敘》）。知行師用兵，順民施政，考於圖譜，可以覽焉（《崇文總目‧地理》）。斯則地理書之所以日益壯盛，王儉《七志》遂有〈圖譜〉一目，載地域及圖書。孫星衍撰《祠堂書目》，亦特立〈地理〉一部。皆能爲地理張目者也。今則已由附庸，蔚爲大國，南北朝人之著作，亦多地理之書，茲述如后。

第一節　總志之書

　　《四庫提要‧史部‧地理類敘》曰：「其編類，首宮殿疏，尊宸居也。次總志，大一統也。次……。」此所謂大一統之書，《四庫》館臣所收，計得七部、九百四十一卷。今考南北朝人所撰之地理書，亦多總志之作。其爲通代之屬者，有陸澄《地理書鈔》及任昉《地理書抄》二部；屬南北朝之作者，有沈約《宋書‧州郡志》、劉澄之《宋永初山川記》、蕭子顯《南齊書‧州郡志》、顧野王《輿地志》、魏收《魏書‧地形志》、闞駰《十三州志》以及失撰人之《大魏諸州記》、《周地圖記》等八部；爲

隋之總志者有虞世基《隋區宇圖志》及郎蔚之《隋州郡圖經》等二部。除沈約、蕭子顯及魏收所作，已見於第二章第二節外，餘並詳如下。

一、通代之屬

（一）陸澄《地理書鈔》

陸氏《地理書鈔》，《隋志·史部·地理類》著錄二十卷，兩《唐志·地理類》並闕，〔註1〕蓋佚已久，今有清·王謨輯本一卷，見於《重訂漢唐地理書鈔》（鈔本、嘉慶本）中。

陸澄，字彥淵，吳郡吳人。少好學，博覽所不知，行坐眠食，手不釋卷。仕宋為太學博士。泰始初，為尚書殿中郎。以議皇后諱，坐免官。轉通直郎，兼中書郎，為劉秉後軍長史、東海太守，遷御史中丞。齊高帝建元二年（480年）轉給事中，遷吏部。四年（482年）為秘書監，領國子博士，遷都官尚書，出為輔國將軍。武帝永明元年（483年），轉度支尚書，尋領國子博士。時國學置鄭玄《孝經》，澄謂《孝經》不宜列在帝典。轉散騎常侍，加給事中，尋領國子祭酒。以竟陵王子良得古器，小口方腹而底平，可將七、八升，以問澄，澄曰：「此名服匿，單于以與蘇武。」子良後詳視器底，有字，髣髴可識，如澄所言。鬱林王隆昌元年（494年），以老疾轉光祿大夫，加散騎常侍，未拜，卒，年七十，諡靖子。澄當世稱為碩學，然讀《易》三年，不解文義，欲撰《宋書》，竟不成，王儉戲之曰：「陸公書廚也。」家多墳籍，人所罕見。撰《地理書》及《雜傳》，死後乃出〔註2〕。

所撰《地理書鈔》，本傳失載，傳所言者，《地理書》及《雜傳》。按，陸澄《地理書》，《隋志·地理類》著錄一百四十九卷，又《錄》一卷，注云：「合《山海經》已來一百六十家以為此書。澄本之外，其舊事並多零失，見存別部自行者，唯四十二家，今列之於上。〔註3〕」又《隋志·地理類敘》曰：「齊時陸澄聚百六十家之說，

〔註1〕按，《舊唐志》有《雜志記》十二卷、《地理志書鈔》十卷，皆不著撰人，姚振宗《隋志考證》卷二十一（「《地理書鈔》二十卷陸澄撰」條）遂謂：「兩《唐志》有《雜記》十二卷，似即此書，以二十為「十二」，誤倒其文也。」又謂：「《梁書·文學·庾仲容傳》：仲容鈔《眾家地理書》二十卷。疑即鈔陸氏之書，此或是歟？」

〔註2〕見南《齊書》卷三十九及《南史》卷四十八〈陸澄傳〉。

〔註3〕姚振宗《隋志考證》卷二十一（「《地理書》一百四十九卷」條）注云：「今案：列之于上者，止三十九家，則已佚脫其三家，今無從而知之矣。」注又云：「案四十二家今唯見三十九家，尚有一百二十一家，其書名撰人皆在陸書，今不可見矣。」又云：「澄合百六十家之書而編，卷止于百四十有九，知其中零雜小部，不盈一卷者多矣。」按，至如章宗源《隋志考證》卷六（「《地理書》一百四十九卷」條）之謂：「《隋志》注言，陸澄合《山海經》已來諸家，見存別部自行者二十四家。今志中所列共三十

依其前後遠近，編而爲部，謂之《地理書》。」然則澄此書殆爲地理書之集大成者，其《地理書鈔》，蓋於編此《地理書》時，以搜輯材料或心有所得所成之副產品，故其內容，當多鈔錄而少撰作。〔註4〕章宗源《隋志考證》亦嘗爲搜集其佚文，謂《太平寰宇記·江南東道、山南東道》並引陸澄《地理書鈔》。〔註5〕

（二）任昉《地理書抄》

　　梁·任昉《地理書抄》，《隋志·地理類》著錄九卷，兩《唐志·地理類》所載皆未有作「地理書抄」者，蓋亦早佚，清·王謨《重訂漢唐地理書鈔》（鈔本、嘉慶本）有輯本一卷。

　　任昉，字彥昇，樂安博昌人，宋大明四年（460年）生。幼好學，早知名，宋丹陽尹劉秉辟爲主簿，時昉年十六。以氣忤秉子，久之，爲奉朝請，拜太常博士，遷征北行參軍。永明初，衛將軍王儉領丹陽尹，復引爲主簿，儉雅欽重昉。轉司徒竟陵王記室參軍，〔註6〕以父憂去職。性至孝，居喪盡禮。服闋，遭母憂，常廬于墓哭泣之。服除，拜太子步兵校尉，管東宮書記。昉尤長載筆，起草即成，不加點竄。沈約一代詞宗，深所推挹。明帝崩，遷中書侍郎。永元末，爲司徒右長史。中興初，爲驃騎記室參軍。梁受禪，拜黃門侍郎，遷吏部郎中，尋以本官掌著作。天監二年（503年）出爲義興太守，在任清潔，兒妾食麥而已。除吏部郎中，參掌大選。居職不稱，尋轉御史中丞秘書監，領前軍將軍。自齊永元以來，秘閣四部，篇卷紛雜，昉手自讎校，由是篇目定焉。六年（507年）春，出爲寧朔將軍、新安太守，在郡不事邊幅，爲政清省，吏民便之。視事期歲，卒於官舍，時天監二年（508年），年四十九。闔境痛惜，百姓共立祠堂。高祖（武帝）聞問，悲不自勝，因屈指曰：「昉少時常恐不滿五十，今四十九，可謂知命。」追贈太常卿，諡曰敬子。昉好交結，獎進士友，得其延譽者，率多升擢，故衣冠貴遊莫不爭與交好，坐上賓客，恒有數十，時人慕之，號曰任君。昉墳籍無所不見，家雖貧，聚書至萬餘卷，率多異本。昉卒後，高祖使學士賀縱共沈約勘其書目，官所無者，就昉家取之。昉所著文章數十萬言，盛行於世。東海王僧孺嘗論之，以爲過於董生、楊子。有《雜傳》

　　九家，自是於陸澄所合外，增著十五家。」當以《隋志》注言四十二家誤爲「二十四家」，故有此譌。
〔註4〕參見王庸《中國地理學史》第三章《地志史八·地理總圖志》。
〔註5〕按，《舊唐志》有《雜地記》五卷，《新唐志》有《雜地志》五卷，姚振宗《隋志考證》卷二十一（「《地理書抄》九卷任昉撰」條）遂謂：「兩《唐志》有《雜地記》五卷，似即是書之殘賸。」
〔註6〕齊永明二年（484年），竟陵王蕭子良爲司徒，開西邸，召延文士，任昉、沈約、謝朓、陸倕、范雲、蕭衍、王融、蕭琛等諸人，並爲其門下士，號稱「竟陵八友。」

二百四十七卷、《地記》二百五十二卷、《文章》三十三卷。〔註7〕

　　所撰《地理書抄》九卷，不載於《梁書》、《南史》本傳，傳言昉有《地記》二百五十二卷，《隋志》及兩《唐志》所著錄者並同。又《隋志》「《地記》二百五十二卷」條及〈篇敍〉並謂：「任昉增陸澄之書八十四家，以爲此記。」然則，陸澄《地理書》之外又有《地理書抄》，任昉既踵陸澄之後，蓋亦仿陸氏之別有鈔錄而成九卷之《地理書抄》，亦編纂所得之副產品也。

　　任昉《地記》所增舊書，亦多零失，《隋志》已云：「見存別部自行者，惟十二家。〔註8〕其《地記》之所搜集，既比陸氏爲多，《書抄》所得，自亦與陸氏所錄者不同，惜皆無以觀其全豹。

二、南北朝之屬

（一）劉澄之《宋永初山川記》

　　劉氏《宋永初山川記》，《隋志》著錄二十卷，稱「永初山川古今記」，注云：「齊都官尙書劉澄之撰。」《唐經籍志》闕，《唐藝文志》作「劉澄之《永初山川古今記》二十卷」。今佚，有清・王謨輯本一卷，存《重訂漢唐地理書鈔》（鈔本、嘉慶本）中，題「永初山川記一卷。」王仁俊輯本一卷，見於《玉函山房輯佚書補編》中，稱「宋永初山川記」，又民國・葉昌熾亦有輯本一卷，在《齠淡廬叢稿》中，作「永初山川古今記」。

　　劉澄之，史中無傳，《宋書》卷十〈順帝本紀〉載：昇明元年（477年）八月，以驃騎長史劉澄之爲南豫州刺史。又卷五十一〈營浦侯遵考傳〉稱：遵考，高祖族弟也，元徽元年（473年）卒，謚曰元公。遵考無才能，直以宗室不遠，故歷朝顯遇。子澄之，順帝昇明末貴達。澄之弟琨之，爲竟陵王誕司空主簿。誕作亂，以爲中兵參軍，終不受，乃殺之，追贈黃門郎，詔謝莊爲之誄云。又《通鑑輯覽》謂：齊高帝建元元年（479年）五月，齊主蕭道成弑汝陰王，滅其族，遂殺宋宗室，無少長皆死。劉澄之，遵考之子也，與褚淵善，淵爲之固請，故遵考之族得免。〔註9〕此澄之事之概略也。澄之以善褚淵，得免於難，後入齊，爲齊都官尙書。

　　所撰《宋永初山川古今記》，章宗源《隋志考證》謂《初學記・文部》、《太平御覽・地部》並引之。又《水經・夏水注》、《文選・苦熱行》注、《初學記・天部》，並稱《宋永初山川記》，省「古今」字，《寰宇記》亦從省。《御覽・州郡部・黎陽國》、

〔註7〕見《梁書》卷十四及《南史》卷五十九〈任昉傳〉。
〔註8〕姚振宗《隋書經籍志考證》卷二十一注云：「十二家，當是「十三家」之誤。」
〔註9〕姚振宗《隋志考證》卷二十一（「《永初山川古今記》」條）引。

〈居處部・魏武殿前聽政門〉稱澄之《古今山川記》，省「永初」二字。《水經・河水注、獲水注、汾水注、穀水注》並稱劉澄之《永初記》，省「山川古今」字。又澄之，酈氏《注》或稱「劉中書」。

按，姚振宗《隋志考證》卷二十一（「《永初山川古今記》」條）曰：「宋武受禪，改元永初，永初之時，拓地稍廣，《宋書・州郡志序》言所據諸書有永初郡國，故篇中時以爲言。是書蓋總名『永初郡國記』，故《初學記》、《御覽》引劉澄之《揚州記》、《荆州記》、《江州記》、《豫州記》、《廣州記》、《交州記》，而本〈志〉亦別出《司州山川古今記》三卷，皆是書之篇目也。是書明著二十卷，而章氏云一卷，別以《御覽》諸書所引《廣州記》等六部分著于後，皆以爲本志不著錄，何其謬歟？」姚氏蓋以爲劉氏《宋永初山川古今記》爲《永初郡國記》之一篇目，故於《隋志》所著錄「《司州山川古今記》三卷」條又云：「案《永初山川古今記》據《宋書・州郡志》即《永初郡國記》，不僅記山川一門也，此三卷，殆即前二十卷之佚出者。」然王庸《中國地理學史》則不以爲然，其言曰：「按，姚氏言劉氏各州記之爲郡國記之部分，甚是。唯言《山川古今記》亦爲《永初郡國記》之一部分，恐尚未能遽斷。至於《司州山川記》爲《永初山川記》之一部，則固不成問題也。」（第三章〈地志史八〉）王氏蓋以爲《永初山川記》與《永初郡國記》應各別爲一書，而《司州山川記》則爲《永初山川記》之一部。考永初紀元三年（420～422 年），其時拓地稍多，故劉氏所記，範圍自亦廣博，惜蓋亡於宋南渡之時，今詳不可知。

（二）顧野王《輿地志》

顧野王《輿地志》，《隋志》著錄三十卷，《陳書》（卷三十）、《南史》（卷六十九）本傳及兩《唐志》卷並同。其書已佚，清・王謨有輯本一卷，存《重訂漢唐地理書鈔》（鈔本、嘉慶本）中，王仁俊《玉函山房輯佚書補編》亦有輯本一卷。

顧野王，字希馮，吳郡吳人，梁武帝天監十八年（519 年）生。父烜，以儒術知名。野王幼好學，七歲讀《五經》，略知大旨。九歲能屬文，嘗製〈日賦〉，領軍朱异見而奇之。年十二，隨父之建安，撰〈建安地記〉二篇。長而遍觀經史、精記默識，天文地理、蓍龜占候、蟲篆奇字，無所不通。大同四年（538 年）除太學博士，遷臨賀王府記室參軍。宣城王爲揚州刺史，野王及琅邪王褒並爲賓客，王甚愛其才。野王又善丹青，乃令野王畫古賢，命王褒書贊，時人稱爲「二絕」。及侯景之亂，野王丁父憂，歸本郡，乃召募鄉黨數百人，隨義軍回京邑。野王體素清羸，又居喪過毀，及杖戈被甲，陳君臣之義，逆順之理，抗辭作色，見者莫不壯之。京城陷，野王逃會稽，尋往東陽，與劉歸義合軍據城拒賊。侯景平，太尉王僧辯深嘉之，

使監海鹽縣。高祖作宰，爲安東臨川王府記室參軍，尋轉府諮議參軍。陳文帝天嘉元年（560 年）勅補撰史學士，尋加招遠將軍。臨海王光大元年（567 年），除鎮東鄱陽王諮議參軍。宣帝太建二年（570 年），遷國子博士。後主在東宮，野王兼東宮管記，本官如故。六年（574 年），除太子率更令，尋領大著作，掌國史，知梁史事，兼東宮通事舍人。時宮僚有濟陽江總、吳國陸瓊、北地傅縡、吳興姚察，竝以才學顯著，論者推重焉。遷黃門侍郎光祿卿，知五禮事，餘官竝如故。太建十三年（581年）卒，年六十三。詔贈秘書監，後主至德二年（584 年）又贈右衛將軍。野王少以篤學至性知名，在物無過辭失色，觀其容貌，似不能言，及其勵精力行，皆人所莫及。第三弟充國早卒，野王撫養孤幼，恩義甚厚。其所撰著《玉篇》三十卷、《輿地志》三十卷、《符瑞圖》十卷、《顧氏譜傳》十卷、《分野樞要》一卷、《續洞冥記》一卷、《玄象表》一卷，竝行於世。又撰《通史要略》一百卷、《國史紀傳》二百卷、未就而卒，有《文集》二十卷。〔註 10〕

所撰《輿地志》，蓋如陸澄、任昉《地理書》之體制，亦抄撰眾家之言而成者。〔註 11〕宋南渡之時，蓋已亡佚。〔註 12〕章宗源《考證》謂：「《通典・州郡門》注孔安國云：黑水自北而南，經三危，過梁州，入南海，顧野王撰《輿地志》以爲自樊道入江，其言與〈禹貢〉不同。」又謂：「《太平御覽》、《寰宇記》引《輿地志》甚多。」〔註 13〕是原書今雖不可見，其所撰作，亦可見一斑。

（三）闞駰《十三州志》

闞駰《十三州志》，《隋志》著錄十卷，《魏書》卷五十二及《北史》卷三十四本傳並不載卷數，兩《唐志》皆作十四卷。其書已佚，爲之搜輯者甚多，有清張澍輯本一卷，〔註 14〕見於《二酉堂叢書》、《知服齋叢書》第二集、《關中叢書》第一集及《叢書集成初編・史地類》等諸叢書中，又《國立中央圖書館善本書目・乙編》張介候所著書中，有《十三州輯本原槁》四卷，〔註 15〕王謨《重訂漢唐地理書鈔》（鈔錄、嘉慶本）、王仁俊《玉函山房輯佚書補編》及民國・葉昌熾《騣淡廬叢藁》

〔註 10〕見《陳書》卷三十及《南史》卷六十九〈顧野王傳〉。
〔註 11〕《隋志・地理類敘》：「陳時，顧野王抄撰眾家之言，作《輿地志》。」
〔註 12〕孫星衍〈括地志輯本序〉：「隋、唐志載《輿地志》、《永初山川記》諸書目，凡數十種，今唯《水經注》存，大抵亡於宋南渡時。」
〔註 13〕見章宗源《隋志考證》卷六《輿地志》條。
〔註 14〕按，武威張澍〈輯本序〉曰：「余搜集傳注，都爲一卷。」又張之洞《書目答問》有闞駰《十三州志》二卷，注云：「晉・闞駰，張澍輯，二酉堂本。」
〔註 15〕按，蘇瑩輝《敦煌論集・敦煌藝文略・地理》（「《十三州志》十卷」條）引慕氏《敦煌藝文志》云：「武威張介候先生搜集傳注，都爲二卷。」

中，亦並有輯本一卷。

闞駰，字玄陰，敦煌人。博通經傳，聰敏過人，三史群言，經目則誦，時人謂之宿讀。注王朗《易傳》，學者藉以通經。撰《十三州志》，行於世。沮渠甚重之，常侍左右，訪以政事損益，拜祕書考課郎中，給文吏三十人，典校經籍，刊定諸子三千餘卷，加奉車都尉。牧犍待之彌重，拜大行臺，遷尚書。及姑臧平，樂安王丕鎮涼州，引爲從事中郎。王薨，還京師。家甚貧，不免饑寒。性能多食，一飯至三升乃飽。卒，無後。其以通涉經史，才志不群，價重西州，有聞東國。〔註16〕

所撰《十三州志》，行於當世，甚得重視。《宋書・氐胡傳》謂：元嘉十四年（437 年），茂虔奉表獻方物，并獻《周生子》十卷、《十三州志》十卷，合一百五十四卷。姚振宗《隋志考證》引《晉書・地理志》曰：「至漢平帝元始二年（2年），郡國一百一十有一，凡爲十三部，涼、益、荊、揚、青、豫、兗、徐、幽、并、冀十一州，交阯、朔方二刺史，合十三部。後漢省朔方刺史，合之於司隸，凡十三部，其與漢不同者，司隸校尉部治河南朔方，隸于并州。」（卷二十一「《十三州志》」條），所謂十三州者，其損益可知。闞氏所撰，蓋以言皆雅正，事無偏黨，故爲劉知幾所稱，其言曰：「地理書者，若朱贛所采，浹於九州，闞駰所書，彌於四國，斯則言皆雅正，事無偏黨者矣。其有異於此者，則人自以爲樂土，家自以爲名都，競美所居，談過其實。又城池舊跡，山水得名，皆傳諸委巷，用爲故實。鄙哉！」（《史通・雜述篇》）闞氏《地理志》，蓋近於實錄。張澍〈輯本序〉謂：其書顏師古《漢地理志》注多引之，中古以來，說地理者，或解說經典，或纂述方志，競爲新異，妄有穿鑿，安處附會，頗失其眞，今並不錄，獨有取於闞氏。可知其書之精審。

闞氏書見於《水經注》、《讀書注》、《寰宇記》等所徵引者甚多，《史記・索隱》中，並嘗數見，〔註17〕《尚書・禹貢正義》、《初學記・州郡部》，亦引闞駰《十三州志》，雖所散佚者已不可復其完璧，然斷珪碎玉，彌覺珍貴。

（四）失撰人《大魏諸州記》

《大魏諸州記》，《隋志》著錄二十一卷，不著撰人，兩《唐志》並作二十卷，《舊唐志》作《魏諸州記》，《新唐志》稱《後魏諸州記》。其書已佚，清・王謨有輯本一

〔註16〕《魏書》卷五十二、《北史》卷二十四〈闞駰傳〉。
〔註17〕按，程金造〈史記索引書考略〉（「《十三州志》」條）云：「〈夏本紀〉一見，〈高祖本紀〉一見，〈白起王翦列傳〉一見，〈南越尉佗列傳〉一見。」（載民國二十五年三、四月《國立北平圖書館館刊》第十卷第二號）

卷，題後魏某撰，存於《重訂漢唐地理書鈔》（鈔本、嘉慶本）中。

按《魏書‧孝文本紀》謂：太和十年（486 年）二月初立黨、鄰、里三長，定民戶籍。又《南齊書‧魏虜傳》云：永明四年（486 年）造戶籍，分置州、郡。雍、涼、秦、沙、涇、華、岐、河、西華、寧、陝、洛、荊、郢、北豫、東荊、南豫、西兗、東兗、南徐、東徐、青、齊、濟二十五州在河南。湘、懷、秦、東雍、肆、定、瀛、朔、并、冀、幽、平、司十三州在河北。〔註18〕凡分魏、晉舊司、豫、青、兗、冀、并、幽、秦、雍、涼十三州地及宋所失淮北為三十八州。則《大魏諸州記》所記者，蓋記此諸州。以《隋志》既題曰「大魏」，知當為後魏人於魏分置州、郡後所成。雖《太平御覽‧木部‧都安縣》引《大魏諸州記》，《寰宇記‧河北道‧潞縣》引《後魏諸州記》，《水經注》多引《魏土地記》，《史記‧趙世家正義》亦引《魏土地記》，《元和郡縣志‧河東道》引《後魏風土記》，《寰宇記》亦引《後魏風土記》數事，又《御覽‧地部》、《寰宇記‧河北道》引《後魏輿地風土記》等，題名各異，然章宗源《隋志考證》以之並系於「《大魏諸州記》二十一卷」條之下，蓋以為皆是一書。

（五）失撰人《周地圖記》

《周地圖記》，《隋志》著錄一百九卷，不著撰人，兩《唐志》、《通志‧藝文略》並稱《周地圖》，無「記」字，《舊唐志》九十卷，《新唐志》及《通志‧藝文略》皆作一百三十卷。其書已佚，清‧王謨《重訂漢唐地理書鈔》（鈔本、嘉慶本）有輯本一卷，稱《周地圖記》，題北周某撰。

其書《隋志》著錄於魏、隋諸地理書之前，蓋集北周各地方諸圖記編纂而成，是以王謨之輯本，王庸之撰《中國地理學史》（第三章〈地志史〉），皆以為北周人所作，其言頗是。考北周之世，雖止半壁江山，其《周地圖記》之作，實開以後隋圖志之先河。

《周地圖記》今見於《太平御覽》及《寰宇記》等所引者頗多，《文選‧為曹洪與魏文書》注、《後漢書‧劉焉傳》注、《元和郡縣志‧山南道》及《史記‧正義》等亦並引之。

三、隋之屬

（一）虞世基《隋區宇圖志》

《隋區宇圖志》，《隋志》著錄一百二十九卷，不著撰人，唐‧張彥遠《歷代名畫

〔註18〕按，《南齊書》所載諸州，據錢大昕稱頗有脫誤，詳見錢氏《考異》卷二十五（「《南齊書‧魏虜傳》」條）。

記》（第三卷）述古之秘畫珍圖載有《區宇圖》，注云：「一百二十八卷，每卷首有圖，虞茂氏撰。」兩《唐志》並有虞茂《區宇圖》一百二十八卷。其書久佚，以《太平寰宇記・河北道》及《御覽・地部》等諸籍並引《隋區宇圖志》，清・王謨遂爲之搜輯佚文，有《隋區宇圖志》輯本一卷，題隋・虞茂撰，見於《重訂漢唐地理書鈔》中。按，虞氏，名世基，字茂世，以名、字並犯唐諱，張彥遠改作「虞茂氏」。《兩唐志》逕去「世」字，省稱「虞茂」。

　　《北史》卷八十八及《隋書》卷七十七〈崔廓傳附子賾傳〉並云：「（隋大業）五年，受詔與諸儒撰《區宇圖志》二百五十卷，奏之，帝不善之，更令虞世基、許善心演（此據《北史》，《隋書》「演」作「衍」）爲六百卷。」又《太平御覽》卷六百二引《隋大業拾遺》謂：大業之初，勅內史舍人豆威、起居舍人崔祖濬及龍川贊治侯偉等三十餘人，撰《區宇圖志》一部五百餘卷，以吳爲東夷，屬辭比事，失修撰之意。帝不悅，勅秘書學士十八人修十郡志，內史侍郎虞世基總檢。世基先命學士各序一郡風俗，學士著作郎虞綽序京兆郡風俗，宣惠尉陵敬序河南郡風俗，袁朗序蜀郡風俗，學士宣德郎杜寶序吳郡風俗，四人先成，世基奏聞，勅付世基擇善用之。世基乃鈔〈吳郡序〉付諸頭以爲體式，新成八百卷，奏之，帝以部秩太少，更遣子細修成一千二百卷，〔註19〕卷頭有圖，別造新樣，紙卷長二尺。敘山川，則卷首有山川圖；敘郡國，則卷首有郡邑圖；敘城隍，則卷首有公館圖。其圖上山水城邑題書字及細字並用歐陽肅書，即率更令詢之長子，工於草隸，爲時所重。〔註20〕是《隋區宇圖志》之作，不成於一人，虞茂者，乃受詔總檢其事者也。其書以踵事增華，又承帝貪多之意，部帙自多，然則隋、唐諸志所著錄之一百餘卷者，殆非其全。

　　虞世基，字懋（茂）世，會稽餘姚人。父荔，陳太子中庶子。世基幼恬靜，喜慍不形於色，博學有高才，兼善草、隸，陳中書令孔奐見而歎之。少傅徐陵聞其名召之，世基不往，後因公會陵，一見而奇之，因以弟女妻焉。仕陳，累遷尙書左丞。陳主嘗於莫府山校獵，令世基爲講〈武賦〉，於坐奏之，陳主嘉之，賜馬一匹。及陳滅，入隋，爲通直郎，直內史省。貧無產業，每傭書養親，怏怏不平，嘗爲五言詩以見情，文理悽切，世以爲工。未幾，拜內史舍人。煬帝即位，顧遇彌隆，秘書監河東柳顧言博學有才，罕所推謝，至是與世基相見，歎曰：「海內當共推此一人，非

〔註19〕　姚振宗《隋志考證》云：「案，此言一千二百卷者，蓋合上圖經、圖志而重複之，仍名《區宇圖志》，其體如今之通志，合郡縣風俗、山川、人物、土產爲一篇，是所謂正御書，與通行者不同，故本〈志〉仍分載三書，止於三百八十卷也。」（「《隋諸郡土俗物產》一百五十一卷」條）

〔註20〕　按，章宗源《隋志考證》卷六、姚振宗《隋志考證》卷二十一及王庸《中國地理學史》第三章〈地志史〉並述其事而各有取捨。

吾儕所及也。」俄遷內史侍郎，以母憂去職，哀毀骨立，有詔令視事，拜見之日，殆不能起，左右扶之。詔令進肉，世基悲不能下筯。帝使謂曰：「方相委任，宜爲國惜身。」前後敦勸者數矣。帝重其才，親禮逾厚，專典機密，與納言蘇威、左翊衛大將軍宇文述、黃門侍郎裴矩、御史大夫裴蘊等，參掌朝政。時天下多事，四方表奏，日有百數，帝方凝重，事不廷決，入閣之後，始召世基，口授節度，世基至省，方爲敕書，日旦百紙，無所遺繆。遼東之役，進位金紫光祿大夫。後從幸鴈門，爲突厥所圍，戰士多敗，世基勸帝爲賞格，親自撫循，又下詔停遼東事，帝從之，師乃復振。及圍解，勳格不行，又下伐遼之詔，由是言其詐眾，朝野離心。帝辛江都，次鞏縣，世基以盜賊日盛，請發兵屯洛口倉以備不虞，帝不從，但答云：「卿是書生，定猶怔怯。」于時天下大亂，世基知帝不可諫正，又以高熲、張衡等相繼誅戮，懼禍及己，雖居近侍，惟諂取容，不敢忤意。盜賊日甚，郡縣多沒，世基知帝惡，數聞之後，有告敗者，乃抑損表狀，不以實聞，是後外間有變，帝弗之知也。嘗遣太僕卿楊義臣捕盜，降賊數十萬，列狀上聞，帝歎曰：「我初不聞，賊頓爲此，義臣列降賊何多也？」世基曰：「鼠竊雖多，未足爲慮，義臣剋之，擁兵不少，久在闑外，此最非宜。」帝曰：「卿言是也。」又越王侗遣太常丞元善達間行賊中，詣江都奏事，稱李密有眾數萬，圍逼京都，賊據洛口倉，城內無食，若陛下速還，烏合必散，不然者東都決沒，因歔欷嗚咽，帝爲改容。世基見帝色憂，進曰：「越王年小，此輩詿之，若如所言，善達何緣得至？」帝勃然怒曰：「善達小人，敢廷辱我。」此後，莫敢以賊聞。世基氣貌沉審，言多合意，是以特見親愛，朝臣無與爲比。其繼室孫氏，性驕淫，世基惑之，恣意奢靡，雕飾器服，無復素士之風。孫復攜前夫子夏侯儼入世基舍，而頑鄙無賴，爲其聚斂，鬻官賣獄，賄賂公行，其門如市，金寶盈積。由是爲論者所譏，朝野咸共疾怨，宇文化及之殺逆，世基乃見害焉。〔註21〕

其總檢所成圖志，殆集各地風俗、傳記、異物、地圖之大成者，故《隋書·經籍志·地理類敘》云：「隋大業中，普詔天下諸郡，條其風俗、物產、地圖，上于尙書，故隋代有《諸郡物產土俗記》一百三十一卷，《區宇圖志》一百二十九卷，《諸州圖經集》一百卷，其餘記注甚眾。」世基所成，殆爲官撰方志圖經之始，其圖文兼具，搜博羅廣，誠爲古今之一鉅製，而開唐以後諸地理總圖志及一統志之濫觴焉。

（二）郎蔚之《隋州郡圖經》

郎蔚之《隋州郡圖經》，《隋志》著錄一百卷，題「隋諸州圖經集」，《隋書》、《北史·郎茂傳》、兩《唐志》、《通志》等卷並同。本傳稱撰「州郡圖經」，《唐志》作「隋

〔註21〕見《北史》卷八十三及《隋書》卷六十七〈虞世基傳〉。

圖經集記」，《通志》云「諸州圖經集記」。其書已佚，《御覽・州郡部》引作《隋圖經集記》，〈地部、居處部〉多引《隋圖經》，省「集記」二字，《寰宇記》引之甚多，〔註22〕《重訂漢唐地理書鈔》（鈔本、嘉慶本）中有清・王謨輯本一卷，題《隋州郡圖經》。

　　郎蔚之，名茂，恒山新市人。父基，齊潁川太守。少敏慧，七歲誦《騷》、《雅》，日千餘言。十五，師事國子博士河間權會受《詩》、《易》、《禮》刑名之學，又就國子助教張率（此據《隋書》，《北史》「率」作「奉」。）受《三傳》群言，至忘寢食。家人恐茂成病，恒節其燈燭。及長，稱爲學者，頗解屬文。年十九，丁父憂，居喪過禮。仕齊，解褐司空府行參軍。會陳使，令茂接對之。後奉詔於秘書省刊定載籍，遷保城令，有能名，百姓爲立〈清德頌〉。及周武平齊，上柱國王誼薦之，授陳州戶曹。屬高祖（隋文帝）爲亳州總管，見而悅之，命掌書記，親禮之，後還家爲州主簿。高祖爲丞相，以書召之，言及疇昔，甚歡，授衛州司錄，尋除衛國令。開皇中，累遷戶部侍郎，多有奏事。數歲，以母憂去職，未期，起令視事。茂性明敏，當時以吏幹見稱。仁壽初，以本官領大興令。煬帝即位，遷雍州司馬，尋轉太常少卿。後二歲，拜尚書左丞，參掌選事，茂工法理，爲世所稱。茂與崔祖濬（此據《北史》，《隋書》無「與崔祖濬」四字）撰《州郡圖經》一百卷，奏之，賜帛，以書付秘府。時帝每巡幸，王綱已紊，茂既先朝舊臣，明智世事，然無謇諤之節，見帝忌刻，不敢措言，唯竊嘆耳。以年老乞骸骨，不許。會帝征遼，以茂爲晉陽宮留守。其年，恒山贊治王文同與茂有隙，奏茂附下罔上，詔納言蘇威、御史大夫裴蘊雜治之。茂素與二人不平，因深文巧詆，成其罪狀。帝大怒，及其弟司隸別駕楚之皆除名爲民，徙且末郡。茂怡然受命，不以爲憂，在途作〈登壠賦〉自慰，詞義可觀，附表自陳，帝頗悟。十年，追還京兆，歲餘而卒，時年七十五。〔註23〕

　　所撰《隋州郡圖經》，《北史》本傳稱與崔祖濬同撰。按，崔祖濬，隋起居舍人，大業之初，嘗奉勑與內史舍人豆威及龍川贊治侯偉等三十餘人撰《區宇圖志》一部五百餘卷，〔註24〕蓋與郎氏並爲通地理之學者。《隋志・地理類敍》嘗言：隋大業中，普詔天下諸郡，條其風俗、物產、地圖，上於尚書，故隋代有《諸州圖經集》一百卷。知蔚之所作，蓋即當時各州郡地圖之總集，當依地域成書，亦爲重修千卷《隋區宇圖志》之長編，觀其書成而蒙賜帛，且以付秘府，必亦有稱於帝意者矣。

〔註22〕見章宗源《隋志考證》卷六（《隋諸州圖經集》」條）
〔註23〕見《隋書》卷六十六〈郎茂傳〉及《北史》卷五十五〈郎基傳〉附〈郎茂傳〉。
〔註24〕見《太平御覽》卷六百二引《隋大業拾遺》。

第二節　雜志之屬

　　雜志遊記之書，雖異乎方志，亦足備稽核。今考南北朝人所撰諸籍，實繁乎此類之作。其述今陝西之屬者，有劉澄之《梁州記》一部；述今江蘇之屬者，有山謙之《丹陽記》、《南徐州記》、阮敘之《南兗州記》三部；述今安徽之屬者，有王元謨《壽陽記》一部；述今浙江之屬者，有劉道眞《錢塘記》、張玄之《吳興山墟名》、山謙之《吳興記》、吳均《吳興入東記》、孔靈符《會稽記》、夏侯曾先《會稽地志》及鄭緝之《永嘉記》等七部；述今湖北之屬者，有庾仲雍《荊州記》、郭仲產《荊州記》、盛弘之《荊州記》、劉澄之《荊州記》、佚名之《荊州記》、《荊州圖記》、《荊州圖副》、《荊州圖經》、《荊州土地記》、宗懍《荊楚歲時記》、王韶之《南雍州記》、梁元帝《荊南地記》、《荊南記》等；述今湖南之屬者，有庾仲《雍湘州記》、郭仲產《湘州記》、甄烈《湘州記》、佚名《湘州記》、《湘中記》、《楚地記》、《湘水記》、《五溪記》、《湖南風土記》、黃閔《武陵記》、任安貧《武陵記》等，述今江西之屬者，有雷次宗《豫章古今記》、劉澄之《鄱陽記》二部；述今廣東之屬者，有王韶之《始興記》一部。茲分述如後。

一、陝西雜志之屬
——劉澄之《梁州記》

　　劉氏《梁州記》，《隋志》不著錄，章宗源《隋志考證》謂《初學記》引之，遂據以補錄，入〈地理類〉。又《後漢書》注、《書鈔》、《類聚》並引《梁州記》，不著撰名。今宛委山堂本《說郛》另六十一輯有南齊·劉澄之撰《梁州記》一卷，張宗祥校明鈔本《說郛》卷四〈墨娥漫錄〉中亦存有《梁州記》。

　　劉澄之有《宋初山川記》，並其事蹟，已見本章第一節。所撰《梁州記》，姚振宗《考證》以爲係澄之《永初郡國記》篇目之一，詳見前述澄之《宋永初山川記》。

二、江蘇雜志之屬

（一）山謙之《丹陽記》

　　山謙之《丹陽記》，《隋志》不著錄，章宗源《隋志考證》以《文選》注、《藝文類聚》、《北堂書鈔》、《初學記》等並引之，遂爲補錄於卷六〈地理類〉，注云：「卷亡，山謙之撰，不著錄。」今宛委山堂本《說郛》另六十一輯有劉宋·山謙之撰《丹陽記》一卷，張宗祥校明鈔本《說郛》卷四〈墨娥漫錄〉亦有《丹陽記》。

　　山謙之，史書無傳，始末未詳。章氏以《世說》注已引其書（〈言語篇〉注引東府事與《文選》注同，雖不著名謙之，然可知爲謙之。）故斷爲劉宋人。考《隋志·

地理類》於晉・周處《風土記》之下，宋・劉損《京口記》之後，分載有山謙之《吳興記》及《南徐州記》二書（並詳後），知章氏之說，亦信而有徵。沈約《宋書・自序》云：「宋故著作郎何承天始撰《宋書》，草立紀傳，止于武帝功臣，篇牘未廣，其所撰志，惟〈天文〉、〈律曆〉，自此外悉委奉朝請山謙之，謙之孝建初又被詔撰述，尋值病亡。」烏程・嚴可均〈山謙之吳興記輯本敍〉曰：「山謙之，《宋書》無傳，〈禮志〉三：太祖詔學士山謙之草封禪儀，《隋志・別集類》：梁有宋・棘陽令《山謙之集》十二卷亡。」姚振宗《考證》引《宋書・禮志・耕耤篇》云：元嘉二十年（443 年），太祖將親耕，以其久廢，使何承天撰定《儀注》，史學生山謙之已私鳩集，因以奉聞。其時置儒、玄、文、史四科，科置學士十人，何承天領史學，謙之以史學生而爲史學學士，再出爲棘陽令，孝武初，以奉朝請受詔修史，使踵成何承天《宋書》，以疾終，蓋乃司徒河內山濤之後。〔註25〕此山謙之略歷之可考者。

　　所撰《丹陽記》久佚，嚴可均〈吳興記輯本敍〉曰：「孫晧寶鼎元年（266 年）分吳・丹陽二郡，置吳興郡，歷晉、宋、齊、梁皆領十縣，故謙之記兼十縣事。《宋書・州郡志》：吳興領縣烏程、東遷、武庚、長城、原鄉、故鄣、安吉、餘杭、臨安、於潛，今編輯依其次第云。」《吳志・孫晧傳》云：「寶鼎元年（266 年），分吳・丹陽爲吳興郡。」注云：「晧詔曰：『今吳郡陽羨、永安、餘杭、臨水及丹陽故鄣、安吉、原鄉、於潛諸縣，地勢水流之便，悉注烏程，既宜立郡，以鎮山越，且以藩衛明陵，奉承大祭，不亦可乎！其𣲅分此九縣爲吳興郡，治烏程。』」〔註 26〕是《吳興記》、《丹陽記》，一爲今江蘇雜志之屬，一爲今浙江雜志之屬，其地既近，所記蓋有其相關連者矣，《吳興記》別見後述。

（二）山謙之《南徐州記》

　　山氏所撰《南徐州記》，《隋志》著錄二卷，兩《唐志》並同。其記都邑之事，蓋亦名聞一時，故《史通・書志篇》曰：「案帝王建國，本無恒所，作者記事，亦在相時。遠則漢有《三輔典》，近則隋有《東都記》，於南則有宋《南徐州記》、《晉宮闕名》，於北則有《洛陽伽藍記》、《鄴都故事》。蓋都邑之事，盡在是矣。」又宋・王象之《輿地紀勝》曰：「《潤州舊記》，唐（當作宋）・山謙之、劉損之皆作。」按，劉損，宋太常卿，有《京口記》二卷，見於《隋志》著錄，蓋以京口與南徐州唐時爲潤州故云也。今其書已佚，《文選・七發》注、《藝文類聚・山部》、《太平御覽・地部》等並引之，《世說・捷悟篇》注、〈排調篇〉注、《史記・絳侯周勃世家》正義

〔註25〕見姚振宗《隋志考證》卷二十一（〈地理類〉「《吳興記》三卷山謙之撰」條）。
〔註26〕同上註。

亦引《南徐州記》，不著山謙之。〔註 27〕民國·葉昌熾有輯本一卷，存《觀淡廬叢藁》中。

按，山謙之有《丹陽記》，已見前述。考《宋書·州郡志》有云：晉永嘉大亂，幽、冀、青、并、兗州，及徐州之淮北流民相率過淮，亦有過江在晉陵郡界者。晉成帝咸和四年（329 年），司空郗鑒又徙流民之在淮南者於晉陵諸縣，其徙過江南及留在江北者，並立僑郡縣以司牧之，徐、兗二州或治江北，江北又僑立幽、冀、青、并四州。安帝義熙七年（411 年），始分淮北爲北徐，淮南猶爲徐州。後又以幽、冀合徐，青、并合兗。武帝永初二年（421 年）加徐州曰南徐而淮北但曰徐。文帝元嘉八年（431 年）更以江北爲南兗州，江南爲南徐州，治京口，割揚州之晉陵、兗州之九郡僑在江南者屬焉。故南徐州備有徐、兗、幽、冀、青、并、揚七州都邑，領郡十七，縣六十三。〔註 28〕然則山氏之記，卷止有二，蓋簡略矣。

（三）阮敘之《南兗州記》

阮氏《南兗州記》，《隋志》不著錄，《舊唐志》亦闕，《新唐志》著錄，稱：「阮敘之《南兗州記》一卷。」章宗源《隋志考證》有《南兗州記》一卷，云：「阮昇之撰，不著錄。」又云：「《太平御覽·地部》……，〈州郡部〉……，《寰宇記·淮南道》……，並引阮昇之《南兗州記》。」注云：「〈河南道〉……，〈淮南道〉……，《御覽·地部》……並稱阮昇之記，似此書撰在隋、唐間。」按，阮敘之、阮昇之始末未詳，諸史皆無傳記，未審爲一人否？姚振宗《隋志考證》卷二十一（「任昉《地記》」條下），依章氏《考證》，附錄有《南兗州記》一卷，注云：「阮昇之，亦云阮敘之。」蓋亦未能定也。楊家駱師《南北朝遺籍輯存·史部·地理類》載有阮敘之《南兗州記》一卷，廁於劉宋·山謙之《南徐州記》之後，劉宋·劉道眞《錢塘記》之前，則當以爲即南北朝人也。其書已佚，今有葉昌熾輯本一卷，題阮敘之撰，存《觀淡廬叢藁》中。

三、安徽雜志之屬
——王元謨《壽陽記》

王氏《壽陽記》，《隋志》不著錄，《御覽·時序部》引有宋·王元謨《壽陽記》，章宗源《隋志考證》據以補錄，入於〈地理類〉，注云：「卷亡，宋·王元謨撰，不著錄。」今有民國·葉昌熾輯本一卷，題劉宋·王元謨撰，存《觀淡廬叢藁》中。

〔註 27〕見章宗源《隋志考證》卷六（「《南徐州記》二卷山謙之撰」條）引。
〔註 28〕見姚振宗《隋志考證》卷二十一（「《南徐州記》二卷山謙之撰」條）。

　　按，王元謨，《宋書》無傳，然於卷七十六及《南史》卷十六並載有王玄謨其人曰：王玄謨，字彥德，太原祁人。幼而不群，氣概高亮。武帝臨徐州，辟爲從事史，與語異之，少帝末，謝晦爲荊州，請爲南蠻行參軍武昌太守。晦敗，以非大帥見原。元嘉中，補長沙王義欣鎮軍中兵將軍，領汝陰太守。後爲興安侯義賓輔國司馬彭城太守。義賓薨，玄謨上表，請以皇子撫臨州事。及大舉北征，以玄謨爲寧朔將軍，受輔國將軍蕭斌節度。初圍城，城內多茅屋，眾求以火箭燒之，玄謨恐損亡軍實，不從。及魏救將至，眾請發車爲營，又不從。將士多離怨。又營貨利，一匹布責人八百梨，以此倍失人心。及拓跋燾軍至乃奔退，麾下散亡略盡，蕭斌將斬之，沈慶之固諫，乃止，遣代守碻磝。江夏王義恭爲征討都督，以爲碻磝不可守，召令還，爲魏軍所追，流矢中臂。二十八年（451年）還至歷城。孝武伐逆，玄謨遣濟南太守垣護之將兵赴義，事平，除徐州刺史，加都督。及南郡王義宣與江州刺史臧質反，朝廷假玄謨輔國將軍，拜豫州刺史。質尋至，大破，加都督前將軍，封曲江縣侯中軍司馬。劉沖之白孝武言玄謨在梁山與義宣通謀，上意不能明，使有司奏。玄謨多取寶貨，虛張戰簿，與徐州刺史垣護之竝免官。尋復爲豫州刺史，遷寧蠻校尉，雍州刺史，加都督。玄謨性嚴，未嘗妄笑，時人言玄謨眉頭未曾伸，故帝以此戲之。後爲金紫光祿大夫，領太常。尋遷平北將軍、徐州刺史，加都督。時北方饑饉，乃散私穀十萬斛、牛千頭以振之，轉領軍將軍。孝武崩，與柳元景等俱受顧命，以外監事委玄謨。時朝政多門，玄謨以嚴直不容，徙青、冀二州刺史，加都督。少帝既誅顏師伯、柳元景等，狂悖益甚，以領軍徵玄謨，子姪咸勸稱疾，玄謨曰：「吾受先帝厚恩，豈可畏禍苟免。」遂行，及至，屢表諫諍，又流涕請緩刑去殺以安元元，少帝大怒。明帝即位，禮遇甚優，時四方反叛，以玄謨爲大統，領水軍南討，以腳疾聽乘輿出入，尋除大將軍、江州刺史，頃之，爲左光祿大夫，開府儀同三司，領護軍，遷南豫州刺史，加都督。玄謨性嚴剋，少恩，而將軍宗越御下更苛酷，軍士爲之語曰：「寧作五年徒，不逢王玄謨，玄謨猶自可，宗越更殺我。」泰始四年（468年）卒，年八十一（此據《宋書》，《南史》作八十二）。謚曰莊公。

　　考元謨、玄謨皆爲宋人，「元、玄」亦止一字之差，且元、玄亦有相通用者，〔註29〕豈王玄謨即王元謨歟？然傳中並不言其有何撰作，〔註30〕亦無足證其即爲一人者，則又未能遽定。

〔註29〕如張玄之《吳興山墟名》，諸書所引，「玄之」亦或作「元之」。詳見本節後述。
〔註30〕嚴可均《全宋文》卷三十九亦編有〈王玄謨傳〉，具不載其著作。

四、浙江雜志之屬

（一）劉道真《錢塘記》

劉氏《錢塘記》，《隋志》不著錄，《後漢書》注、《水經注》，《御覽》、《類聚》、《初學記》、《寰宇記》等並引之，章宗源《隋志考證》因據以補錄，入〈地理類〉。王仁俊《玉函山房輯佚書續編・史編・總類》有輯本一卷，題劉宋・劉道真撰。

劉道真，始末未詳，據王仁俊所錄，則為劉宋人，然《宋書》無傳。，王庸引秦榮光《補晉書藝文志》云：「按顏氏〈漢書敘〉，劉寶，字道真，高平人。何由而記錢塘？俟考。」〔註31〕按，顏師古〈前漢書敘例〉曰：「劉寶，字道真，高平人，晉中書郎、河內太守、御史中丞、太子中庶子、吏部郎、安北將軍。」《注》云：「侍皇太子講《漢書》，別有《駁義》。」《補注》：「宋祁曰：景祐余靖校本云：劉寶，字道宇，高平人，晉吏部侍郎。餘無說。朱一新曰：《新書・藝文志》有劉寶《漢書駁義》二卷。先謙曰：據宋說，「真」當作「宇」，「郎」上多「侍」字。餘無說者，《駁義》外無說也。」然則此劉寶豈必即撰《錢塘記》之劉道真耶？又《金樓子》卷第五〈捷對篇〉十一引有「劉道真記事」一條云：「劉道真常與一人共素，拌草中食，見一嫗將二兒過，調之曰：『青羊將二羔。』嫗答曰：『兩豬共一槽。』」此劉道真亦未審是否即撰《錢塘記》之劉道真？姑存此備考。

（二）張玄之《吳興山墟名》

張氏《吳興山墟名》，《隋志》不著錄，章宗源稱：「《太平寰宇記・江南東道》引張充之（又作「元之」）《吳興山墟名》有……二十二事。《輿地碑記目》：《吳興山墟名》張元之作，又云晉・吳興太守王韶之撰。」故其《隋志考證》遂據以補錄，入〈地理類〉，注云：「卷亡，張充之撰。」姚振宗《隋志考證》（「任昉《地記》」條下）依章氏《考證》附錄《吳興山墟名》，注云：「張充之，亦云張元之，又云王韶之。烏程・嚴可均輯本、歸安・鄭元慶《湖錄殘編》輯本。」按，張玄之，始末未詳，民國・繆荃孫亦有輯本一卷，存《雲自在龕叢書》第一集中，稱劉宋・張玄之撰。

（三）山謙之《吳興記》

山氏《吳興記》，《隋志》著錄三卷，兩《唐志》並闕，宋・王象之《輿地碑記目》曰：「《吳興記》，山謙之撰。」章宗源《隋志考證》謂：《續漢書》注、《世說》注，並引《吳興記》，《初學記》、《類聚》並稱山謙之《吳興記》，《太平寰宇記・江南東道》所引尤多。又烏程・嚴可均〈輯本敘〉曰：《隋志》有山謙之《吳興記》三卷，《舊、

〔註31〕見所撰《中國地理學史》第三章〈地志史五・各州郡地記〉。

新唐志》不著錄，因徧檢各書，寫出六十餘事，省倂複重，得四十四事，定著一卷。則山氏所記，蓋猶多可稽檢者，淸・范鍇《范白舫所刊書》、《范聲山雜著》（道光本、景道光本）及民國・繆荃孫《雲自在龕叢書》第一集中亦並有輯本一卷。

　　按，山謙之有《丹陽記》、《南徐州記》，並其事略，已見本節前述。所撰《吳興記》乃述吳興郡所領十縣事。。

（四）吳均《吳興入東記》

　　吳氏《吳興入東記》，《隋志》不著錄，以《寰宇記・江南西道》引有吳均《入東記》曰：「王羲之常游昇烏山，謂賓客曰：百年之後，誰知王逸少與諸卿游此乎？因有昇山之號，立烏亭於山上。」章宗源《考證》遂爲補錄於〈地理類〉，題「入東記」，注云：「卷亡。」姚振宗《隋志考證》卷二十一，於任昉《地記》後，亦附記有「入東記」，注云：「吳均。鄭氏《湖錄殘編》輯本。」又云：「見諸書所引，莫詳其篇卷。」按，梁人・吳均有《齊春秋》，並其事蹟已見第五章第三節，此撰《入東記》之吳均，蓋卽其人，淸・范鍇《范白舫所刊書》、《范聲山雜著》（道光本、景道光本）中，亦並有輯本，題「《吳興入東記》一卷，梁・吳均撰。」

（五）孔靈符《會稽記》

　　孔氏《會稽記》，《隋志》不著錄，《文選》注、《後漢書》注、《類聚》、《御覽》並引之，章宗源《考證》遂據以補錄於〈地理類〉中，稱「《會稽記》，卷亡，孔靈符撰。」

　　按，孔靈符始末未詳。《初學記》引有孔曄《會稽記》，《御覽》所引同。章氏云：「愚按，《寰宇記・江南東道》引『射的白斛一百，射的元解一千』之語，稱孔曄《記》。《御覽・地部》同引之，則稱孔靈符。疑『曄』乃『靈符』名而以字行，故《宋書》本傳祇稱「靈符」也。《藝文類聚・山部》引塗山、土城山、秦望山三事，稱孔皋《會稽記》，『皋』乃『曄』字之訛。」姚振宗《考證》（卷二十一，任昉《地記》下），亦附《會稽記》，《注》云：「孔靈符，似名曄。」又王庸《中國地理學史》亦云：「曄，殆卽靈符名。」〔註32〕考《宋書》卷五十四〈孔季恭傳〉云：季恭，會稽山陰人，子靈符，爲會稽太守。據此。則劉宋・孔靈符，或卽孔曄，既爲會稽人，又嘗官會稽太守，所撰《會稽記》自是可觀。惜已早佚，今有周樹人輯本一卷，見於《會稽郡故事雜集》中，題孔靈符撰。宛委山堂本《說郛》弓六十一亦有孔氏《會稽記》一卷，《經籍佚文》中，又有淸・王仁俊輯《會稽記佚文》一卷。

〔註32〕見第三章〈地志史五・各州郡地記〉「孔靈符《會稽記》」條注。

（六）夏侯曾先《會稽地志》

夏侯曾先《會稽地志》一卷，見於周樹人《會稽郡故書雜集》中。按夏侯曾先史中無傳，始末未詳。楊家駱師《南北朝遺籍輯存・史部・地理類》中著錄其書一卷，廁於劉宋・孔靈符《會稽記》之後，劉宋・鄭緝之《永嘉郡記》之前，蓋亦南北朝人也。

（七）鄭緝之《永嘉記》

鄭氏《永嘉記》，《隋志》不著錄，以《初學記》及《北堂書鈔》並引之，章宗源《隋志考證》逐據以著錄，注云：「卷亡，鄭緝之撰，不著錄。」《類聚・山部》引有《永嘉郡記》，不著撰名。宛委山堂本《說郛》弓六十一存一卷，稱《永嘉郡記》，題「劉宋・鄭緝之撰。」

五、湖北雜志之屬

（一）庾仲雍《荊州記》

庾氏《荊州記》，《隋志》不著錄，以《文選》注、《類聚》及《御覽》等並引之，章宗源《考證》乃據以著錄，云：「卷亡。」入於〈史部・地理類〉中，清・陳運溶《麓山精舍叢書第一集・荊湘地記二十九種》及王仁俊《玉函山房輯佚書補編》中，並有輯本一卷，題「劉宋・庾仲雍撰」。

按，庾氏始末不詳，別有《湘州記》，見後述「湖南雜志之屬」。

（二）盛弘之《荊州記》

盛氏《荊州記》，《隋志》著錄三卷，《注》云：「宋・臨川王侍郎盛弘之撰。」其書已佚，章氏《考證》謂：弘之書見引最多，如《文選》注、《初學記》、《類聚》、《御覽》、《書鈔》、《史記・正義》等皆引之。又《史記・索隱》亦有六見。〔註33〕今有民國・曹元忠輯本，稱《荊州記》，亦有三卷，題劉宋・盛弘之撰，並見於《箋經室叢書》、宛委山堂本《說郛》弓六十一、《五朝小說大觀・魏晉小說・外乘家》中。又張宗祥校明鈔本《說郛》卷四〈墨娥漫錄〉、張宗祥校明鈔本《說郛》卷七十三亦有《荊州記》。清・陳運溶《麓山精舍叢書》第一集中，有陳氏所輯併集證劉宋・盛弘之撰《荊州記》三卷、《附錄》一卷。清・王仁俊《玉函山房輯佚書補編》及民國・葉昌熾《緣淡廬叢藁》中，亦並有輯本一卷。輯存之多，亦云盛矣。

盛弘之，始末未詳，據《隋志》著錄，知乃劉宋人，嘗為臨川王侍郎。所撰

〔註33〕見程金造〈史記索隱引書考略〉（載民二十五年《國立北平圖書館館刊》第十卷第二號）。

《荊州記》，蓋有足觀者，故劉知幾稱之。《史通・雜述篇》曰：「九州土宇，萬國山川，物產殊宜，風化異俗，如各志其本國，足以明此一方，若盛弘之《荊州記》、常璩《華陽國志》、辛氏《三秦》、羅含《湘中》，此之謂地理書者也。」浦起龍《通釋》云：「此兼風土人物，言其書亦史志地俗一類。」然《通典》則謂爲偏記雜說，誕而不經者流。如〈州郡門序〉曰：「凡言地理者多矣，在辨區域，徵因革，知要害，察風土，纖介畢書，樹石無漏，盈盈百軸，豈所謂撮機要者乎？如誕而不經，偏記雜說，何暇徧舉。」《注》云：「謂辛氏《三秦記》、常璩《華陽國志》、羅含《湘中記》、盛弘之《荊州記》之類，皆自述鄉國靈怪，人賢物盛，參以他書，則多紕謬，既非通論，不暇取之矣。」〔註34〕按，《華陽國志》乃一區域史之傑作，〔註35〕學者類多推之，雖難全美，亦爲後世《蜀志》之祖，苟以其不免有瑕疵，遂至無取，寧非自隘乎。是如盛弘之《荊州記》者，蓋亦足昭一方也。

（三）劉澄之《荊州記》

　　劉氏《荊州記》，《隋志》不著錄，章宗源《考證》據《初學記》引補錄，入於〈地理類〉，稱「卷亡」。清・陳運溶《麓山精舍叢書第一集・荊湘地記二十九種》中有輯本一卷。

　　按，劉澄之有《宋永初山川記》，並其事蹟已見本章第一節。所撰《荊州記》，據姚振宗《考證》以爲，係其《永初郡國記》篇目之一，參見前述澄之《宋永初山川記》。

（四）郭仲產《荊州記》及其他失撰名之有關荊州諸作

　　荊州一地，在中國歷史上，南北分裂時期，於南方政權之領土中，無論對內對外，均占有極重要之地位，綜觀六朝興衰，其關係政局者實大，傅樂成〈荊州與六朝政局〉一文中詳之矣。〔註36〕故南北朝人於荊州一地之撰作亦多，惜率逐代散亡。今有輯本者，除上述諸書外，別有劉宋・郭仲產《荊州記》，清・陳運溶有輯本一卷，存《麓山精舍叢書第一集・荊湘地記二十九種》，陳氏所輯，又有《荊州記》一卷、《荊州圖記》一卷、〔註37〕《荊州圖副》一卷、〔註38〕《荊州圖經》一卷、《荊州

〔註34〕姚振宗《隋志考證》卷二十一（「《荊州記》盛弘之撰」條）引。
〔註35〕詳見拙著《兩晉史部遺籍考》第四章第三節。
〔註36〕載國立臺灣大學《文史哲學報》第四期（民國四十一年十二月出版）。
〔註37〕按，王庸〈中國地圖史料輯略〉云：「《文選・登樓賦》注引。」（載民國二十一年九、十月《國立北平圖書館館刊》第六卷第五號。又章宗源《隋志考證》卷六（「《荊州圖副記》」（注云卷亡不著錄）條）云：「《水經・沔水注》……引《荊州圖副記》。」《注》云：「《文選》注、《後漢書》注諸書所引或稱《荊州圖記》，或稱《荊州圖》。」
〔註38〕按，王庸〈中國地圖史料輯略〉云：「《後漢書・南蠻傳》註：『《荊州圖》曰副夷縣……』」

土地記》一卷〔註39〕等，並不著撰名，亦存《麓山精舍叢書第一集・荊湘地記二十九種》中，又王仁俊《玉函山房輯佚書補編》亦有《荊州記》一卷。

（五）宗懍《荊楚歲時記》

宗氏《荊楚歲時記》，《隋志》不著錄。《周書》、《梁書》及《北史》本傳亦皆不載。《舊唐志・雜家類》有十卷，《新唐志・農家類》作一卷，《崇文總目》卷二〈歲時類〉亦有此書二卷，不著撰人，而由錢繹補題曰：「宗懍撰。」《通志略・月令類》作二卷，題宗懍撰、杜公瞻注，《宋志・農家類》及袁本《讀書志・類書類》等並為一卷，衢本晁《志》第十二卷〈農家類〉則作四卷（《通考》引卷同），《書錄解題》卷六〈時令類〉有六卷，又《四庫全書》及《書目答問・史部・地理類》亦皆存一卷。唯其卷數、歸屬參差不同如是。兩《唐志》別有杜公瞻撰者二卷，以懍書有《注》，相傳為杜公瞻作，則此豈即注懍之書者歟？宗懍《歲時記》，據諸家所見，或存數條，或止二十餘事，或曰三十六事，或更有不同者，知已久佚，群書所得，遂有出入。至《舊唐志》之作十卷，余嘉錫《辨證》乃疑其為一卷之誤（見〈史部四〉「《荊楚歲時記》」條）。

今《荊楚歲時記》通行本甚多，見於叢書中者，如《廣漢魏叢書（萬曆本、嘉慶本）・載籍》、《寶顏堂秘笈（萬曆本、民國石印本）・廣集》、宛委山堂本《說郛》引六十九，《五朝小說・魏晉小說・雜志家》、《五朝小說大觀・魏晉小說・雜志家》、《四庫全書・史部・地理類》、《增訂漢魏叢書（乾隆本、紅杏山房本、三餘堂本、大通書局石印本）・載籍》、《湖北先正遺書・史部》及《四部備要（排印本、縮印本）・史部・地理》等並為一卷，又陳運溶《麓山精舍叢書第一集》中有輯本一卷，題梁・宗懍撰。張宗祥校明鈔本《說郛》卷二十五及《舊小說（民國本、1957 年本）・甲集》中，亦存有《荊楚歲時記》。

宗懍之書，舊亦有題作晉・宗懍撰者，如《淡生堂餘苑》及《漢魏叢書》本等是也。考懍之事蹟，《周書》卷四十二、《北史》卷七十本傳及《梁書》卷四十一附〈王規傳〉等並記之頗詳。

按，宗懍，字元懍，南陽涅陽人。少聰敏，好讀書，晝夜不倦，語輒引古事，鄉里呼為小兒學士。梁普通六年（按，此據《周書・宗懍傳》，時即西元 525 年，《梁書》但稱普通中，《北史》則作大同六年，時在 540 年。），舉秀才，及梁元帝鎮荊州，謂長史劉之遴曰：「貴鄉多士，為舉一有意少年。」之遴以懍應命，即

《太平御覽》引稱『《荊州圖副》曰夷陵縣。』

〔註39〕又章宗源《隋志考證》卷六（「《荊州土地志》」（注云卷亡不著錄）條）云：「《藝文類聚・舟車部、……菓部……》並引《荊州土地志》，不著撰名。」

日引見，令兼記室。嘗夕被召，宿省，使制〈龍川廟碑〉，一夜便就，梁元帝歎美之。及移鎭江州，以懷爲刑獄參軍，兼掌書記，歷臨汝、建成、廣晉三縣令。遭母憂去職，哭輒嘔血，兩旬之內，絕而復蘇者三，時論稱之。梁元帝重牧荊州，以懷爲別駕江陵令。及帝即位，擢爲尚書侍郎，又手詔曰：尚書侍郎宗懷，亟有帷幄之謀，誠深股肱之寄，從我於邁，多歷歲時，可封信安縣侯，邑一千戶。累遷吏部郎中、五兵尚書、吏部尚書。初，侯景平後，梁元帝議還建業，唯懷勸都渚宮，以其鄉里在荊州故也。承聖三年（554 年），江陵沒，與王褒、劉毅等俱入周，周文帝（太祖）以懷名重南土，甚禮之。孝閔帝踐阼，拜車騎大將軍，儀同三司。明帝（世宗）即位，又與王褒等在麟趾殿刊定群書。保定中卒，年六十四，有《集》二十卷行於世。〔註40〕

　　知宗懷乃由梁入周，舊題爲晉人者，固誤，諸家並以爲梁人者，亦未得其實，以宗懷既入周，位至將軍而卒於保定中，應屬周人。

　　所撰《荊楚歲時記》，據晁公武《郡齋讀書志》載懷〈自序〉曰：「錄荊楚歲時，自元日至除夕，凡二十餘事。」陳振孫《直齋書錄解題》曰：「記荊楚風物故事。」是所記皆荊楚民間風俗。

　　宗氏之書，相傳有隋・杜公瞻注，《通志・藝文略》著錄此書已然，《注》中凡三引《玉燭寶典》，則當成於《寶典》之後。（按《寶典》爲杜臺卿所撰，詳見第九章第二節。公瞻，即臺卿之兄子，二人均附見《北史・杜弼傳》中。）茲檢宗懷書及《注》，乃頗有淆亂者，蓋此書原本久佚，今本或爲明人自類書中輯出，而查閱未周，缺漏時出，至有不辨時代，隨手掇入者，余氏《四庫辨證・史部四》（「《荊楚歲時記》一卷」條）已詳之矣。是書所記，既可以考見六朝民間風物故事，有益史學不少，然久無善本，雖陳運溶所輯，較舊本爲有條理，而挂漏仍多，良可惜也。

（六）其他屬今湖北雜志之撰作

　　南北人朝所撰今湖北雜志之書，除上所述者外，別有梁元帝撰、清・陳運溶輯《荊南地志》一卷，存《麓山精舍叢書第一集・荊湘地記二十九種》中；又有梁元帝撰、清・王仁俊輯《荊南記》一卷，存《玉函山房輯佚書補編》中。按，梁元帝有傳記之作多種，並其事跡，已見第八章第一、二節。梁元帝蓋以嘗任荊州刺史，故爲此記。又宛委山堂本《說郛》弓六十一，有劉宋・王韶之撰《南雍

〔註40〕宗懷事蹟，別見《梁書》及《南史・元帝紀》。又《北齊書・顏之推傳》載之推〈觀我生賦〉，自注有「吏部尚書宗懷正」云云，余嘉錫《四庫提要辨證・史部四》云：「懷正當是懷之字，然與諸史言字元懷者不同，且之推此注，於諸人皆稱名，而懷獨舉其字，亦所未詳，豈嘗以字行而史略之耶？」

州記》一卷。按，王韶之有《晉安帝記》及《孝子傳》，並其事跡，已見第四章第三節及第七章第二節。上列諸書，雖無存本，然輯佚所得，亦可嘗鼎一臠。

六、湖南雜志之屬

（一）庾仲雍《湘州記》

庾氏《湘州記》，《隋志》著錄二卷，《舊唐志》闕，《新唐志》有《湘州記》四卷，不著撰人。其書已佚，章宗源《隋志考證》謂《初學記》及《御覽》並引之，又《御覽》有引作庾穆之《湘州記》者。今有清·陳運溶輯本一卷，存《麓山精舍叢書第一集·荊湘地記二十九種》中，又有王仁俊輯本一卷，存《玉函山房輯佚書補編》，並題「劉宋·庾仲雍撰」。

庾仲雍，始末未詳，別撰有《荊州記》一卷，已見前述。姚振宗據《續談助鈔》等引庾穆之《湘州記》有「賈誼宅今為陶侃廟」云云，以為似「庾穆之」即「仲雍」。〔註41〕

又《藝文類聚·山部》引有庾仲雍《湘中記》云云，章宗源《隋志考證》以為別是一書，乃又為補錄，入〈地理類〉，作「湘中記」，注云：「卷亡，庾仲雍撰，不著錄。」陳運溶《麓山精舍叢書第一集·荊湘地記二十九種》中，亦別有輯本一卷。

（二）郭仲產《湘州記》

郭氏《湘州記》，《隋志》著錄一卷，注云：「郭仲彥撰。」「彥」當作「產」。《崇文總目》卷二〈地理類〉所載卷同。其書已佚，章宗源《隋志考證》稱《御覽·飲食部》、《寰宇記·嶺南道》並引郭仲產《湘州記》。又清·陳運溶《麓山精舍叢書第一集·荊湘地記二十九種》及王仁俊《玉函山房輯佚書補編》中並有輯本一卷，題「劉宋·郭仲產撰。」

郭仲產，史未立傳，《史通·正史篇》敘十六國史云：「其後燕·太傅長史田融、宋·尚書庫部郎郭仲產、北中郎參軍王度，追撰二石事，集為《鄴都記》、《趙記》等書。」又唐·余知古《渚宮舊事》曰：「郭仲產為南郡王從事，宅在江陵枇杷寺南。元嘉末，為齋屋，以竹為棚，竹遂漸生，枝葉條長數尺，扶疏翁翠，鬱然如林，仲產以為吉祥。俄而同義宣之謀被誅焉。」〔註42〕姚振宗《隋志考證》卷二十一曰：「案，南郡王義宣反事在宋孝武孝建元年（545 年）。」又曰：「按，《新唐志》有郭仲產《荊州記》二卷，諸書所引，又有《南雍州記》、〔註43〕《秦州記》、

〔註41〕見所撰《隋志考證》卷二十一（「《湘州記》庾仲雍撰」條）。
〔註42〕姚振宗《隋志考證》卷二十一（「《湘州記》郭仲產撰」條）引。
〔註43〕按，姚振宗《隋志考證》卷二十一云：「《南雍州》即陳《錄》所云《襄陽記》。」《書

〔註44〕《仇池記》、〔註45〕則所作不止此（湘州記）一卷也。」此郭氏事可考之大略。

（三）甄烈《湘州記》

甄氏《湘州記》，《隋志》不著錄，《太平御覽・地部、州郡部》並引之，章宗源《考證》遂據以補錄，注云：「卷亡。」今有陳運溶輯本一卷，存《麓山精舍叢書第一集・荊湘地記二十九種》中，王仁俊輯本一卷，存《玉函山房輯佚書補編》中，並題「劉宋・甄烈撰」。按，甄烈，史不立傳，始末不詳。

（四）黃閔《武陵記》

撰《武陵記》者，據陳運溶《麓山精舍叢書第一集・荊湘地記二十九種》中所輯，有梁・任安貧及南齊・黃閔所撰者各一卷。任安貧、黃閔正史並不立傳，始末未詳，其書《隋志》皆不著錄。因《後漢書・南蠻西南夷傳》注、《御覽・地部》及《書鈔・樂部》咸引黃氏《武陵記》，章宗源《隋志考證》遂據以著錄，入於〈地理類〉，注稱：「卷亡。」黃書今除陳氏輯本外，王仁俊《玉函山房輯佚書補編》中亦有輯本一卷，作「武陵源記」，又宛委山堂本《說郛》弓六十一亦存《武陵記》一卷。

（五）其他佚名諸作

南北朝人所撰今湖南雜志之書，除上述者外，又有佚名之《湘州記》一卷、《湘中記》一卷及《湖南風土記》一卷等，並見於陳運溶《麓山精舍叢書第一集・荊湘地記二十九種》及王仁俊《玉函山房輯佚書補編》中。陳氏所輯，又有《五溪記》一卷，王氏所輯，別有《湘水記》一卷及《楚地記》一卷，雖爲片語殘瓦，亦堪比按。

七、江西雜志之屬

（一）雷次宗《豫章記》

雷氏《豫章記》，《隋志》著錄一卷，《新唐志》同，《崇文總目》卷二（〈傳記類上〉）所載作《豫章古今誌》三卷，《遂初堂書目》「誌」作「記」，《宋史・藝文志》亦作「記」。其書久佚，《寰宇記・江南西道》引有十二事。今宛委山堂本《說郛》弓六十七、《五朝小說・魏晉小說・外乘家》、《五朝小說大觀・魏晉小說・外乘家》並有雷次宗撰《豫章古今記》一卷。張宗祥校明鈔本《說郛》卷四〈墨娥漫錄〉有

錄解題》曰：「唐・吳從政刪郭仲產《襄陽記》等書爲《襄沔記》。」
〔註44〕按，《後漢書》注、《御覽》、《寰宇記》並引，章宗源《隋志考證》卷六據以著錄。
〔註45〕《御覽》引，章宗源《隋志考證》卷六著錄。

－157－

《豫章記》，又卷五十一有《豫章古今記》。王仁俊《玉函山房輯佚書補編》及葉昌熾《殼淡廬叢藁》中並有雷次宗撰《豫章記》輯本一卷。又《四庫提要・存目》有《豫章古今記》一卷，不著撰人。

雷次宗，字仲倫，豫章南昌人，生於晉孝武帝太元十一年（386年）。少入廬山，事沙門釋慧遠，篤志好學，不交世務。本州辟從事員外散騎侍郎，不就。元嘉十五年（438年），徵至京師，開館於雞籠山，聚徒教授，置生百餘人。時國子學未立，上留心藝術，使丹陽尹何尚之立玄學，太子率更令何承天立史學，司徒參軍謝元立文學，車駕數幸，次宗學館資給甚厚。又除給事中，不就。久之，還廬山，公卿以下，並設祖道。二十五年（448年），詔加散騎侍郎，後又徵詣京邑，為築室於鍾山西巖下，謂之招隱館，使為皇太子諸王講《喪服經》，次宗不入公門，乃使自華林東門入延賢堂就業。是年（宋文帝元嘉二十五、西元448年）卒於鍾山，時年六十三。

所撰《豫章記》，或述寺觀、鬼神、冢墓變化，然鸞岡鶴嶺，以舊說為繫風捕影之論，〔註46〕所記亦不專尚奇異。

（二）劉澄之《鄱陽記》

劉氏《鄱陽記》一卷，見於宛委山堂本《說郛》弓六十一。按，劉氏有《宋永初山川記》，並其事跡，已見本章第一節。

八、廣東雜志之屬
——王韶之《始興記》

王氏《始興記》，《隋志》不著錄，《水經・洭水注》、《初學記・地部》、《文選・苦熱行》注、《類聚・地部》、《御覽・地部》等並引之，「韶」又作「歆」，章宗源《隋志考證》卷六著錄，稱「卷亡」，作「王歆之撰」。宛委山堂本《說郛》弓六十一存一卷、張宗祥校明鈔本《說郛》卷四〈墨娥漫錄〉亦有《始興記》，又清・曾釗有輯本一卷，見於《嶺南遺書第五集》及《叢書集成初編・史地類》，王仁俊《玉函山房輯佚補編》中亦輯存一卷，並題劉宋・王韶之撰。按，王韶之有《晉安帝記》十卷，並無事蹟已見第四章第三節。

〔註46〕見《水經・贛水注》。又《文選・別賦》注云：「雷次宗《豫章記》曰：洪井西鸞崗鶴嶺，舊說洪崖先生與子晉乘鸞鶴憩於此。張僧鑒《豫章》曰：洪井有鸞岡，舊說云：洪崖先生乘鸞所憩處也。鸞岡西有鶴嶺，王子喬控鶴所經過處。」

第三節　酈道元《水經注》等諸山水之書

　　山水之書，固與雜記、遊記等，並有足資參核者，而如酈道元之《水經注》，則為一不朽之總志。以其搜羅之廣富，中國舊時水道，得藉以質徵。今考南北朝人所撰諸山水之作，酈氏之注外，又別有徐靈期《南嶽記》、宗測《衡山記》、宋淵《麓山記》及王韶之《神境記》諸書，茲並述如後。

一、酈道元《水經注》

　　酈氏《水經注》，《隋志》著錄，題「《水經》四十卷酈善長注。」按，善長，道元字。《魏書》卷八十九及《北史》卷二十七〈酈道元傳〉（《北史》附〈酈範傳〉）並云：「撰注《水經》四十卷。」兩《唐志》、《宋志》、晁《志》、陳《錄》等所載卷皆同。其書今存。

　　按，《隋志》有二《水經》，一稱「《水經》三卷，郭璞注。」一即「《水經》四十卷，酈善長注。」具不著撰人。《舊唐志》云：「《水經》二卷，郭璞撰。」《新唐志》謂：「桑欽《水經》三卷，一作郭璞撰。」後人之言《水經》為郭璞或桑欽作者蓋本此。然世多疑之，尤以清儒為盛，有以為《水經》非一時一手所成者（胡渭《禹貢錐指》），《四庫》館臣謂當出於三國時人，可謂眾說紛紜。〔註47〕

　　按，酈道元，字善長，范陽人，青州刺史範之子。太和中，為尚書主客郎。御史中尉李彪以道元秉法清勤，引為治書侍御史。彪為僕射李沖所奏，道元以屬官坐免。景明中，為東府長史。行事三年，為政嚴酷，吏人畏之，姦賊逃於他境。後試守魯陽郡，道元表立黌序，崇尚學教。延昌中，累遷輔國將軍東荊州刺史，威猛為治，如在冀州。蠻民詣闕，訟其刻峻，坐免官。久之，行河南尹，尋即真。肅宗（明帝）以沃野、懷朔、薄骨律、武川、撫冥、桑玄、懷荒，禦夷諸鎮，並改為州，其郡縣戍名，令準古城邑，詔道元持節兼黃門侍郎，與都督李崇籌宜置立，儲兵積粟，以為邊備。會諸鎮叛，不果而還。孝昌初，梁遣將揚州刺史元法僧又於彭城反叛，詔道元持節、兼侍中、攝行臺尚書，節度諸軍，追討，多所斬獲。未幾，除安南將軍御史中尉。道元素有嚴猛之稱，權豪始頗憚之，而不能有所糾正。司州牧汝南王悅嬖近左右丘念，常與臥起，及選州官，多由於念，念匿於悅第，時還其家，道元收念付獄。悅啟靈太后，請全念身，有敕赦之，道元因以劾悅。是時雍州刺史蕭寶夤反狀稍露，侍中城陽王徽素忌道元，因諷朝廷遣為關右大使。寶夤慮道元圖已，

〔註47〕見張心澂《偽書通考・史部・地理》「《水經》」條引。又見畢沅〈山海經新校正篇目考〉。

遣其行臺郎中郭子恢圖道元於陰盤驛亭。亭在岡山，嘗食岡下之井，既被圍，穿井十餘丈不得水，水盡力屈，賊遂踰牆而入，道元與其弟、二子俱被害。道元瞋目叱賊，厲聲而死。寶寅猶遣斂其父子，殯於長安城東。事平，喪還，贈吏部尚書、冀州刺史、安定縣男。道元好學，歷覽奇書，撰注《水經》四十卷，《本志》十三篇，又爲諸文，皆行於世。然兄弟不能篤睦，又多嫌忌，時論薄之。〔註48〕

所撰《水經注》，有〈序〉一篇，先引古書，以見水之爲物，又稱其浮天載地，無所不至，是以達者不能盡其鴻深。次述其《水經注》之所以撰，以《地理誌》所錄，簡而不周，《尚書》與《職方》俱略，都賦所述，裁不宣意，《水經》雖粗綴津緒，又闕旁通，所謂各言其志，而罕能備其宣導者。遂因多暇，而述《水經》，以廣前文也。其序又言其注《水經》曰：「脈其枝流之吐納，診其沿路之所躔，訪瀆搜渠，緝而綴之。經有謬誤者，考以附正。文所不載，非經水常源者，不在記注之限。」〔註49〕其用功蓋亦勤矣。然以縣古芒昧，華戎代襲，郭邑空傾，川流戕改，殊名異目，世乃不同。十二經通，尚或難言，輕流細漾，固難辯究（酈氏《水經注·序》），是以雖欲備陳其說，有不可得者，故於所不知，蓋闕如也。酈氏爲政，以威猛著稱，秉筆綴述，亦有其細謹處。既撰證本經，又附其枝要，雖或不免有難盡信者（見《十駕齋養新錄》卷十一），然其搜博羅廣，參稽之多，言隋以前之地理者，莫不以此爲最要之資料。其能流傳久遠，豈惟備遺忘，易尋省而已！

酈注《水經》，據歐陽圭齋引《崇文總目》，謂其中已亡五卷，是宋景祐年間，其書已不全，〔註50〕《元和郡縣志》、《太平寰宇記》所引滹沱水、涇水、洛水，皆不見於今書。然今書仍作四十卷者，疑爲宋人所重刊分析以足原數。〔註51〕其〈水經注序〉，諸本亦皆亡佚，後從《永樂大典》發見，武英殿聚珍版乃從中錄出，因以流傳，數百年來，誠世所未見。〔註52〕酈道元《水經注》，又以傳寫舛譌，其來已

〔註48〕見《魏書》卷八十九〈酈道元傳〉及《北史》卷二十七附〈酈範傳〉。

〔註49〕案酈道元曰：「水出山而流入海者命曰經水。」又《唐六典·工部》注：桑欽《水經》所引天下之水百三十七，江河在焉。酈善長注《水經》引其枝流一千二百五十二。仁和趙一清《水經注釋·序目》引王應麟《玉海》云：自河水至斤江水，非經水常流，不在記注之限。（姚振宗《隋志考證》卷二十一引）。

〔註50〕見張心澂《僞書通考·史部·地理》「《水經注》四十卷」條。

〔註51〕見《四庫提要·史部·地理類二》「《水經注》四十卷」條。又趙一清《水經注釋·序目》曰：案今本經水凡百十六，較《唐六典》少二十一篇，證以本注及雜采他籍，合一百三十七，與《唐六典》數合。

〔註52〕按，御製〈題酈道元水經注六韻〉有序云：「近因裒集《永樂大典》散見之書，其中《水經注》雖多割裂，而按目稽核，全文具存，尚可彙輯，與今本相校，既有異同，且載道元〈自序〉一篇，亦世所未見，蓋猶據宋人善本錄入。」

久，諸家藏本，互有校讎，遂至有經、注混淆，甚或道元注中有注，今皆混作大字，幾不可辨。〔註53〕酈《注》之啟疑後世，糾葛既多，為之用力探究者遂不乏人，其有能是正經、注，條理分明，或為之校寫、訂譌、注釋、補遺者，蓋皆道元之功臣。燕京大學引得編纂處有《水經注引得》，頗便學者。

二、徐靈期《南嶽記》

徐氏《南嶽記》，《隋志》不著錄，《藝文類聚・居處部、服飾部》、《御覽・居處部、地部》等並引之，章宗源《隋志考證》因著錄於〈地理類〉，注云：「卷亡。」張宗祥校明鈔本《說郛》卷四〈墨娥漫錄〉中存有此書，又清・陳運溶《麓山精舍叢書第一集・荊湘地記二十九種》及王仁俊《玉函山房輯佚書補編》中並存一卷。

按，徐靈期，史志無傳，始末未詳。據陳運溶等所著錄，當是劉宋人。又黃逢元《補晉書藝文志》云：「《南嶽記》，徐靈期撰。元案，宋・陳田夫《南嶽總勝集》卷中『衡嶽觀』條有晉太康八年吳人徐靈期，又『上清宮』條云：吳人徐靈期真人修行之所，採訪山洞巖谷，作《南嶽記》，敘其洞府靈異。〔註54〕」則知徐氏為吳人，蓋由晉入宋，嘗修行於上清宮，所撰乃敘湖南衡山洞巖靈異之事。

三、宗測《衡山記》

宗氏《衡山記》，《隋志》不著錄，所著錄者有宋居士撰《衡山記》一卷，據章宗源、姚振宗二家《考證》，以為「宋」當作「宗」，然則「宗居士」者，宗測也。

宗測，字敬微，一字茂森，南陽人，宋徵士炳孫，世居江陵。少靜退，不樂人間，歎曰：「但當用天之道，分地之利，孰能食人厚祿，憂人重事乎！」州舉秀才主簿，不就。齊驃騎豫章王嶷徵為參軍，不起。測答府召云：「何為謬傷海鳥，橫斤山木。」母喪，身負土植松柏。豫章王復遣書請之，辟為參軍，測答曰：「性同麟羽，愛止山壑，眷戀松筠（此據《南齊書》本傳，「筠」，《南史》作「雲」。）輕迷人路，縱宕巖流，有若狂者，忽不知老至，而今鬢已白，豈容課虛責有，限魚鳥慕哉。」永明三年（485 年）詔徵太子舍人，不就。欲遊名山，乃寫祖炳所畫尚子平圖於壁上。測子在京師，知父此旨，便求祿還為南郡丞，刺史安陸、王子敬、長史劉寅以下，皆贈送之，測無所受。齎《老子》、《莊子》二書自隨，子

〔註53〕見《四庫提要・史部・地理類二》（「《水經注》四十卷」條）、伯希和〈敦煌石室訪書記〉（陸翔譯）、全祖望〈七校水經注題解〉及薛福成〈序全氏校水經注〉。

〔註54〕王庸《中國地理學史》第三章〈地志史四〉「《山川圖記》關於衡山者」條引。

孫拜辭悲泣。測長嘯不視，遂往廬山，止祖炳舊宅。魚腹侯子響爲江州，厚遺贈送，測曰：「少有狂疾，尋山採藥，遠來至此，量腹而進松木，度形而衣薜蘿，淡然已足，豈容當此橫施！」子響命駕造之，測避不見。後子響不告而來，奄至所住，測不得已巾褐對之，竟不交言。子響不悅而退，尚書令王儉贈測蒲褥筍席。頃之，測送弟喪還西，仍留舊宅永業寺，絕賓友，唯與同志庾易、劉虯、宗人尚之等往來講說。荊州刺史隨王子隆至鎮，遣別駕宗哲（《南史》作「忻」）口致勞問，測笑曰：「貴賤理隔，何以及此。」竟不答。明帝建武二年（495 年）徵爲司徒主簿，不就，卒。測善畫，自圖阮籍遇蘇門於行障上，坐臥對之，又畫永業佛影臺，皆爲妙作。頗好音律，善《易》、《老》，續皇甫謐《高士傳》三卷，又嘗遊衡山七嶺，著《衡山》、《廬山記》。〔註55〕

所撰《衡山記》一卷，蓋記其遊衡山之事。當以不樂人間，隱名山寺，有居士之稱，《隋志》因作宋居士撰。其書已佚，《文選・江文通雜體詩》注、《藝文類聚》及《御覽・地部》等並引有《衡山記》。清・陳運溶《麓山精舍叢書第一集・荊湘地記二十九種》中有輯本一卷。

四、宋淵《麓山記》

宋氏《麓山記》，《隋志・地理類》不著錄，其始末未詳。清・陳運溶《麓山精舍叢書第一集・荊湘地記二十九種》及王仁俊《玉函山房輯佚書補編》中並有輯本一卷，亦止題宋淵撰，並不詳何時人。楊家駱師《南北朝遺籍輯本・史部・地理類》中載有此書，蓋南北朝時人也。

五、王韶之《神境記》

王氏《神境記》，《隋志》不著錄，《御覽・地部、羽族部、人事部、百部》並引之，章宗源《隋志考證》因爲補錄於〈地理類〉，注云：「卷亡。」今宛委山堂本《說郛》勞六十存有一卷，又陳運溶《麓山精舍叢書第一集・荊湘地記二十九種》及王仁俊《玉函山房輯佚書補篇》中，亦皆有輯本一卷，題劉宋・王韶之撰。

按，王韶之有《晉安帝記》及《南雍州記》，並其事蹟，已見第四章第三節及本章第二節。所撰《神境記》，以《隋志・地理類》有黃閔《神壤記》一卷，注云：「記滎陽山水。」姚振宗《考證》遂云：「《神境記》，蓋亦記滎陽山水古蹟，與此相類，特不知黃閔與王韶之孰先孰後耳。」姚氏當以諸書所引王韶之《神境記》言及滎陽云云而推之也。

〔註55〕見《南齊書》卷五十四、《南史》卷七十五〈宗測傳〉（按《南史》附〈宗少文傳〉）。

第四節　楊衒之《洛陽伽藍記》

地理之書，有專志一事者，如楊衒之《洛陽伽藍記》是也。楊氏所記，乃假洛陽佛寺之名，以志帝京之事。既慨念故鄉，遂藉以追述其興敗，以發亂後黍離之悲。按，伽藍者，佛寺也。伽藍一語，爲梵語「僧伽藍摩」（Sangharamd）音譯之略稱，義譯曰眾園，原謂僧眾所住之園林。當晉永嘉之時，有寺四十二所，至魏則遞增至千餘，然曾幾何時，乃城崩郭毀，而室傾宮頹。斯然後知麥秀之感，非獨殷墟！楊衒之以清晰之體例，秀逸之文辭，備載其本末事迹，而言多諷喻，都邑之事，蓋盡在於是。茲述如後。

楊氏《洛陽伽藍記》，《隋志·地理類》著錄五卷，衒之自序曰五篇，蓋篇即卷也。《續高僧傳》卷一〈元魏菩提流支傳〉、《法苑珠林·傳記篇、雜集部》、兩《唐志》、陳《錄》卷六等卷並同，《宋志》、晁《志》（卷第八）皆作三卷，「三」疑爲「五」之誤。其書今有傳本，如《古今逸史》、《津逮秘書（汲古閣本，景汲古閣本）第十集》、《學津討原（嘉慶本、景嘉慶本）第七集》、《四庫全書·史部·地理類》、《眞意堂三種》、《玉簡齋叢書》、《景印元明善本叢書十種·古今逸史》、《廣漢魏叢書（萬曆本、嘉慶本）·載籍》及《增訂漢魏叢書（乾隆本、紅杏山房本、三餘堂本、大通書局石印本）·載籍》等諸叢書中，並有此書。其見於《古書叢刊第二輯·丙集》及《四部備要（排印本、縮印本）史部·地理》者，別有清·錢塘·吳若準《集證》一卷。﹝註56﹞存於《四部叢刊三篇·史部》者，附有張元濟《校勘記》。又《龍谿精舍叢書·史部》有民國·唐晏《洛陽伽藍記鉤沈》五卷。宛委山堂本《說郛》弓六十七、《五朝小說·魏晉小說·外乘家》、《五朝小說大觀·魏晉小說·外乘家》等並存《洛陽伽藍記》一卷，張宗祥校明鈔本《說郛》卷四亦有《洛陽伽藍記》，《舊小說（民國本、1957 年本）·甲集》則引有十二則。其流傳之廣，亦云盛矣。及近人范祥雍又嘗爲之校注，周祖謨嘗爲之校釋，徐高阮更嘗爲之重刊。

楊衒之，北魏人。《魏書》、《北齊書》及《北史》等均無傳，其里貫仕履，《廣弘明集》卷六（據釋藏本）則言之頗詳，其〈辨惑篇二〉謂：唐太史傅奕引古來王臣訕謗佛法者二十五人，名爲《高識傳》，一帙十卷，其後詳列傳中人名，楊衒之與焉。按，釋道宣之敘其事蹟云：「楊衒之，北平人，元魏末，爲秘書監，見寺宇壯麗，捐費金碧，王公相競，侵漁百姓，乃撰《洛陽伽藍記》，言不恤眾庶也。後上書述釋教虛誕，有爲徒費。無執戈以衛國，有飢寒於色養，逃役之流，僕隸之類，避苦就樂，非修道者。又佛言有爲虛妄，皆是妄想，道人深知佛理，故違虛其罪。啓（謂

所上之書。嚴可均《全北齊文》卷二作〈上東魏主啟〉）又廣引財事乞貸，（謂盛陳僧徒之貪財）貪積無厭。又云：讀《佛經》者，尊同帝王，寫佛畫師，全無恭敬，請沙門等，同孔、老拜俗，班之國史，行多浮險者，乞立嚴勤，知其眞僞，然後佛法可尊，師徒無濫，則逃兵之徒，還歸本役，國富兵多，天下幸甚。衒之此奏，大同劉晝之詞，（按，北齊劉晝亦嘗上書排佛法。此謂衒之所言，與晝大抵相同也。）言多庸猥，不經周、孔，故雖上事，終委而不施行。」是其敘衒生平言論及其作《伽藍記》之意，可謂簡而且要，余嘉錫《四庫提要辨證・史部四》遂詳引之。又《續高僧傳》卷一〈元魏菩提流支傳〉云：「期城（「期」或誤作「斯」）郡守楊衒之撰《洛陽伽藍記》五卷。」《法苑珠林・傳記・雜集部》云：「《洛陽伽藍記》一部五卷，元魏・鄴都期城郡・楊衒之撰。」《景德傳燈錄》卷三〈菩提達摩傳〉云：「有期城太守楊衒之早慕佛乘。」且載其與達摩問答語甚詳。余嘉錫《辨證》遂爲之論云：「至於衒之爲人，則道宣所記，最得其實。周武帝之廢法，起於衛元嵩之上書。道宣以元嵩嘗爲沙門，故於其躬爲戎首，猶有恕詞，謂其大略以慈救爲先，彈僧奢泰，不崇法度，無言毀佛，有叶眞道（見《廣弘明集》卷七），又於《續高僧傳》中爲元嵩立傳。衒之之奏，初未施行，而道宣憾其排斥僧徒，遽詆爲庸猥不經，則衒之生平必不信佛，亦可知矣，而《傳燈錄》載其與達摩語，自稱弟子歸心三寶有年，智慧昏蒙，尚迷眞理云云，此蓋僧徒造作誣詞，以復其非毀佛法之讎，猶之謂韓文公屢參大顚耳，不足信也。」今據《洛陽伽藍記》書中自述及書首所署官銜，知衒之於北魏莊帝永安中（永安紀元二年，即 528～529 年）爲奉朝請，著書時爲撫軍府司馬（陳《錄》謂爲「後魏撫軍司馬楊衒之撰」），卒於武定五年（547 年）。以行役洛陽，感念廢興，因捃拾舊聞，追敘古蹟，以成是書。此則楊衒之事略之可知者。「楊衒之」三字，《史通・補注篇》及晁公武《讀書志》並作「羊衒之」，嚴可均《全北齊文》卷二〈楊衒之傳〉乃編曰：「衒之，一姓羊，北平人，魏末爲撫軍司馬，歷秘書監，出爲期城太守，齊天保中卒于官。」又余氏《四庫辨證・史部四》云：「《廣弘明集》或作「陽」。」然則「楊衒之」亦作「陽衒之」。〔註57〕

　　所撰《洛陽伽藍記》，乃藉追述洛陽城內外寺院之興廢，及爾朱之亂後，城郭之爲丘墟，而記其麥秀黍離之悲也。《廣弘明集》所謂楊衒之見寺宇壯麗，王公相競，侵漁百姓，乃撰《洛陽伽藍記》，言不恤眾庶者是矣。蓋北魏自孝文帝太和十七年（493

〔註57〕按，或疑楊衒之爲北魏陽固之子，謂固有三子，史載其長子休之，其弟詮之，尚闕一，楊、陽音同。按，《魏書》卷七十二〈陽尼傳〉所載略謂，尼，北平無終人。從子鳴鵠，鳴鵠弟季智，季智從子伯慶，伯慶從父弟藻，藻從弟延興，延興從弟固。固有三子。是言陽固有三子矣。然《北史》卷四十七〈陽尼傳〉則稱，固五子。

年）作都洛陽，一時王公大夫，多造佛室，或捨其私第爲之，僧舍刹廟之多，甲於天下。及孝武帝永熙之亂後，於東魏孝靜帝武定五年（547 年），重覽舊都，則寺觀爲灰爐，廟塔成丘墟，牆被蒿艾，巷羅荊棘，遊兒牧豎，躑躅九逵，農夫耕老，藝黍雙闕，滿目之瘡痍，豈不興悲？故衒之所記，有〈序〉一篇，述其所以作及所作甚詳，其略云：

> 至晉永嘉，惟有寺四十二所，逮皇魏受圖，……王侯貴臣，棄象馬如脫屨，庶士豪家，捨資財若遺跡。于是招提櫛比，寶塔駢羅，爭寫天上之姿，競模山中之影。金刹與靈臺比高，宮殿共阿房等壯，豈直木衣綈繡，土被朱紫而已哉！既永熙多難，皇輿遷鄴，諸寺僧尼，亦與時徒。至武定五年（547 年），歲在丁卯，余因行役，重覽洛陽，城郭崩毀，宮室傾覆，寺觀灰爐，廟塔丘墟，牆被蒿艾，巷羅荊棘，野獸穴于荒階，山鳥巢於庭樹，遊兒牧豎，躑躅于九逵，農夫耕老，藝黍于雙闕，始知麥秀之感，非獨殷墟，黍離之悲，信哉周室。京城表裏，凡有一千餘寺，今日寥廓，鐘聲罕聞，恐後世無傳，故撰斯記。然寺數最多，不可遍寫，今之所錄，止大伽藍，其中小者，取其祥異世諦事，因而出之，先以城內爲始，次及城外，表列門名，以記遠近，凡爲五篇……。」（嚴可均《全北齊文》卷二引）

晉之永嘉，有寺四十二所，至魏則遞增至千餘所，爭寫競模，比高等壯之餘，曾幾何時，而鐘聲寂寥。衒之既感念廢興，因捃拾舊聞，追述故蹟。蓋以佛寺爲經，逐寺舖陳，凡一寺之所在，創建之因由，殿堂盛衰，名僧勝景，敘之并然。而述一寺，則牽及城防故蹟、里巷舊聞、世俗民風，與夫文章辭采。每涉世變，則明其本末；旁及人物，則志其事略。取材雖不齊等，然亦有關佛寺而哀時難。雖名專伽藍，而意主國務也。其或述一端，或備首尾，或志佚聞，或敘史事，既著舊事，亦所以垂戒來茲。

其書雖博貫巨細，然煩而不厭，蓋都邑之事，盡在是矣。劉知幾以下，如晁公武及《四庫》館臣等類多推之。〔註 58〕《四庫提要》至以爲可與酈道元《水經注》（見本章第三節）肩隨，洵不誣也。其兼敘爾朱榮等變亂之事，委曲詳盡，多可與史傳參證。舉凡朝家變亂之端，宗藩廢立之由，以及古迹藝文，花圃橋梁，民間怪異，土風道里等，採摭繁富，足廣異聞。而其考據之精審，非鑿空者比也。故會稽・李慈銘越縵堂讀楊衒之《洛陽伽藍記》五卷畢，亦以爲楊氏此記，足與酈道元相頡頏。〔註 59〕

〔註 58〕見《四庫提要・史部・地理類》、晁公武《郡齋讀書志》卷第八及《史通・書志篇》等。

〔註 59〕王鍾翰錄張孟劬先生《遯堪書題》「《洛陽伽藍記》」條亦云：「道麗峻潔，雅與酈亭

北魏著作，傳者寥寥，衍之所記，固當寶貴。

《史通‧補注篇》曰：「亦有躬爲史臣，手自刊補，雖志存該博，而才闕倫敍，除煩則意有所惆，畢載則言有所妨，遂乃定彼榛楛，列爲子注，若⋯⋯羊衒之《洛陽伽藍記》⋯⋯之類是也。」知楊衒之《洛陽伽藍記》當有自注。蓋以敍事已完，復別有取材，不忍捐棄，乃各隨事義，細事補注，求其詳贍。其文或近小說，事則不盡爲伽藍，以在《注》中，不妨體例，劉知幾《史通》所以止謂其璅雜，更無別說。〔註60〕史之有自注，蓋自此始。〔註61〕今考世所行本，〔註62〕則皆無注，自宋以來，未聞有引用者，《四庫》館臣遂以爲其刊落已久，不可復考。然顧廣圻《思適齋集》卷十四有是書〈跋〉，則曰：「此書原用大、小字分別書之，今一概連寫，是混注入正文也。」又曰：「意欲如全謝山治《水經注》之例，改定一本⋯⋯汗青無日。」錢塘‧吳若準作《洛陽伽藍記集證》（《審書叢刊》、《四部備要》），卒用顧氏之例分析文、注，覽之條理秩然，余嘉錫遂謂衒之自注，具在書中，特與正文混淆爲一。〔註63〕其後，唐晏有《鉤沈》之作（《龍谿精舍叢書》），或又有爲之校勘、校注、校釋及重刊者，用功頗深，雖難謂即能符合楊書之舊，亦後來居上者，誠皆讀楊書者之一助。

第五節　梁元帝《職貢圖》

中外之交通，自古已然，地理之書，遂有總志其事者，如梁元帝《職貢圖》是也。蕭氏所作，蓋即外域人物及其衣著之寫實。斯圖之作，可以察知異地習俗及其山川風土。

梁元帝《職貢圖》，《隋志》不著錄，《知不足齋叢書》、《金樓子‧著書篇》載有「貢職圖一帙一卷」，並有《職貢圖序》。張彥遠《歷代名畫記》（第三卷）述古之秘畫珍圖亦載有《職貢圖》一卷，《南史》（卷八）及《梁書》（卷五）則並稱《貢職圖》，兩《唐志》、《宋志》及《崇文總目》皆著錄一卷，《宋志》作《貢職圖》。又《通志‧

並美。」（載民國二十七年十二月燕京大學歷史學會出版《史學年報》第二卷第五期）。

〔註60〕見余氏《四庫提要辨證‧史部四‧地理類三》「《洛陽伽藍記》五卷」條。

〔註61〕李宗侗《史學概要》第十四編第一章云：「史的有自己的注，始於《洛陽伽藍記》。」

〔註62〕張宗祥〈洛陽伽藍記合校本序〉曰：此書以明‧如隱本爲最古，然尚有吳琯（古今逸史本）、綠君（津逮祕書本）、清‧照曠（學津討源本）從如隱出，（漢魏叢書本）從吳琯本出。故明刻二種，各有淵源。以今校之，正譌互見，清代諸刻，皆據如隱傳鈔。

〔註63〕見《四庫提要辨證‧史部四‧地理類三》「《洛陽伽藍記》五卷」條。

圖譜略》稱爲「梁元帝二十八圖職貢圖」。其圖已佚，《藝文類聚・雜文部》引有梁元帝〈職貢圖序〉，〈巧藝部〉引〈職貢圖贊〉，章宗源《隋志考證》乃據以著錄，稱《職貢圖》，入〈地理類〉，注云：「一卷，梁元帝撰。」清・王謨《重訂漢唐地理書鈔》（鈔本，嘉慶本）有輯本一卷，王仁俊《玉函山房輯佚書續編・史編・總類》中亦存《元帝職貢圖序》一卷。嚴可均《全梁文》（卷十七）所輯元帝諸文中，並存其〈職貢圖序〉及〈職貢圖贊〉。

　　按，梁元帝有傳記類及地理類書籍之作，並其事蹟，已見第七章第一、二節及本章第二節。所撰《職貢圖》，據《歷代名畫記》（卷三）注云：「外國酋渠諸番土俗本末，仍各圖其來貢者之狀，金樓子言之，梁元帝撰。」知爲雜繪外國之人事也。又卷七之述〈梁元帝小傳〉有云：「初生便眇一目，聰慧俊朗，博涉技藝，天生善書畫。」又云：「嘗畫聖僧，武帝親爲贊之，任荊州刺史，日畫蕃客入朝圖，帝極稱善（《梁書》俱載）。」知元帝雖眇一目，然善書畫。所繪外國來獻之事，蓋有能盡其神妙者矣。

　　按，圖書之設，由來尙矣。自古立象垂制，以制其用。三代置其官，國史掌厥職。故元帝謂：「竊聞職方氏掌天下之圖四夷、八蠻、七閩、九貉，其所由來久矣。」〔註64〕其既善書畫，又以瞻其容貌，訊其風俗，感發興起，故於聞見之餘，遂有《職貢圖》之作（詳〈職貢圖序〉），所繪製外域入朝人物及其衣著習俗，殆如《山海經圖》而含地圖之意味。

　　考《大荒經圖》所記，大抵亦圖各方異人奇物，蓋與後世繪製異域風物之《職貢圖》類似，知歷代之作，固不止梁元帝一人〔註65〕，唐、宋迄清，繼作不絕，或稱「朝貢圖」，或爲「風物圖」，或作「入貢圖」，雖內容皆有不同，體制當大略相似，〔註66〕藉由斯圖，亦可以考求風土山川，而察知其習俗情僞也。

〔註64〕見梁元帝〈職貢圖序〉。

〔註65〕按，唐・張彥遠《歷代名畫記》（卷七「江僧寶」條）亦載江僧寶有《職貢圖》，品級則在元帝之下。

〔註66〕見王庸《中國地理學史》第一章第三節〈職貢圖與苗猺風俗圖〉。

第十一章　南北朝人之簿錄學

　　所謂部分不明，則兵亂；類例不立，則書亡。知條綱之訂定，流別之明辨，誠有不可不求者也。至於即類求書、因書究學，乃治學之要法。故古之史官，既司典籍，當有目錄。向、歆父子，剖析條流，循古之制也。自是之後，或徒記書名而已，博覽之士，疾無以辨章學術，以探其原委，而王儉《七志》、阮孝緒《七錄》，相繼著作。今所傳有敘錄之書，以《崇文總目》爲古，晁公武《郡齋讀書志》、陳振孫《直齋書錄解題》，並據爲撰述之準式，鄭樵作《通志・藝文略》，乃欲廢其解題，尤袤《遂初堂書目》因之，遂兩體並行。《校讎通義・宗劉篇》曰：「鄭樵顧刪去《崇文》敘錄，乃使觀者如閱甲乙簿注，而更不識其討論流別之義焉，烏乎可哉！」〈互著篇〉云：「古人著錄，不徒爲甲乙部次計，如徒爲甲乙部次計，則一掌故令史足矣，何用父子世業，閱年二紀，僅乃卒業。蓋部次流別，申明大道，敍列九流百氏之學，使之繩貫珠聯，無少缺逸。」章學誠之言是矣。至於金石之文，則隋、唐志附於〈小學〉，《宋志》乃屬〈目錄〉，《四庫書目》用《宋志》之例，而別爲子目。今考南北朝人於此類之撰作，其有存本或輯本者，知見所及，計得阮孝緒《七錄》、梁元帝《金樓子著書考》、《藏書考》、陶弘景《古今刀劍錄》及虞荔《鼎錄》諸書，茲分述如後。

第一節　目錄之書
——阮孝緒《七錄》及梁元帝《金樓子著書考》、《金樓子藏書考》

一、阮孝緒《七錄》

　　阮氏《七錄》，《隋志》著錄十二卷，兩《唐志》並同。其書已佚，章宗源《隋志考證》謂《書・舜典・正義》、《孝經・序・正義》、《論語・序・正義》、《史記・

天官書、留侯世家、申韓列傳・正義》、《經典・序錄》並引之。《廣弘明集》及王仁俊《玉函山房輯佚書續編・史部總類》皆存一卷。嚴可均《全梁文》（卷六十六「阮孝緒」條）據《廣弘明集・三》存有阮氏〈七錄序〉，又孫耀卿《販書偶記》（卷八〈書目類〉）著錄《七錄》二卷，謂：「梁・阮孝緒撰，武進・臧鏞堂輯，底稿本。」然則阮《錄》雖亡，亦頗有可考者也。

阮氏，字士宗，陳留尉氏人，生於齊高祖建元元年（479 年），卒於梁武帝大同二年（536 年），年五十八。父彥之，宋太尉從事中郎。七歲出繼從伯胤之，胤之母周氏卒，有遺產百餘萬，應歸孝緒，孝緒一無所納。幼至孝，性沉靜。年十五，屏居一室，非定省，未嘗出戶，家人莫見其面，親友因呼爲居士。所居唯有一牀，竹樹環繞。天監初，御史中丞任昉，欲造而不敢，望而嘆曰：「其室雖邇，其人甚遠。」爲名流所欽如此。十二年（513 年），與吳郡范元琰俱徵，並不到。陳郡袁峻謂之曰：「往者天地閉，賢人隱，今世路已清，子猶遁，可乎？」答曰：「爲仁由己，何關人世，況僕非往賢之類邪！」著《高隱傳》若干卷，並〈論〉一篇，上自炎、黃，終於天監之末，斟酌分爲三品：言行超逸，名氏弗傳，爲上篇；始終不耗，姓名可錄，爲中篇；桂冠人世，栖心塵表，爲下篇。湘東王著《忠臣傳》、《集釋氏碑銘》、《丹陽尹錄》、《研神記》，並先簡孝緒而後施行。南平元襄王聞其名，致書要之，不赴。孝緒曰：「非志驕富貴，但性畏廟堂。」鄱陽忠烈王妃，孝緒之姊，王嘗命駕，欲就之遊，孝緒鑿垣而逃，卒不肯見。諸甥歲時饋遺，一無所納。人或怪之，答云：「非我始願，故不受也。」梁武帝大同二年（536 年）卒，年五十八，門徒謚其德行，諡曰文貞處士。所著《七錄》等書二百五十卷（此據《梁書》，《南史》稱所著《七錄削繁》等一百八十一卷。）並行於世。〔註1〕

孝緒《七錄》，有〈序〉一篇，既略敘歷代藝文之聚散著錄，又述其所以撰及所撰甚詳，其言曰：「孝緒少愛墳籍，長而弗倦。臥病閒居，傍無塵雜。晨光纔啓，緗囊已散。宵漏既分，綠帙方掩。……其遺文隱記，頗好搜集。凡自宋、齊已來，王公搢紳之館，苟能蓄聚墳籍，必思致其名簿。凡在所遇，若見若聞，校之官目，多所遺漏，遂總集眾家，更爲新錄。其方內經史、至于術伎，合爲五錄，謂之〈內篇〉；方外佛、道，各爲一錄，謂之〈外篇〉。凡爲錄有七，故名《七錄》。」知阮氏所撰，乃總集眾家，〔註2〕而更爲新書，以別錄爲七，是曰《七錄》也。

〔註1〕見《梁書》卷五十一及《南史》卷七十六〈阮孝緒傳〉。又嚴可均《全梁文》卷六十六（「阮孝緒」條）云：「有《高隱傳》十卷、《七錄》十二卷。」

〔註2〕《通志・校讎略》曰：「阮孝緒作《七錄》已，亦條劉氏《七略》及班固《漢志》、袁山松《後漢志》、魏《中經》、晉《四部》所亡之書爲一錄。」姚振宗《隋志考證》

　　孝緒又自述其分類定名之旨曰：「今所撰《七錄》，斟酌王、劉。王以〈六藝〉之稱，不足標牓經目，改爲〈經典〉，今則從之，故序〈經典錄〉爲〈內篇〉第一。劉、王並以眾史，合於《春秋》。劉氏之世，史書甚寡，附見《春秋》，誠得其例。今眾家記傳，倍于經典，猶從此志，實爲繁蕪，且《七略‧詩賦》不從〈六藝‧詩部〉，蓋由其書既多，所以別爲一略。今依擬斯例，分出眾史，序〈記傳錄〉爲〈內篇〉第二。〈諸子〉之稱，劉、王並同，又劉有〈兵書略〉，王以「兵」字淺薄，「軍」言深廣，故改「兵」爲「軍」。竊謂古有兵革、兵戎、治兵、用兵之言，斯則武事之總名也，所以還改「軍」從「兵」。兵書既少，不足別錄，今附于子末，總以「子兵」爲稱，故序〈子兵錄〉爲〈內篇〉第三。王以詩、賦之名，不兼餘制，故改爲〈文翰〉，竊以頃世文詞，總謂之集，變「翰」爲「集」，于名尤顯，故序〈文集錄〉爲〈內篇〉第四。王以〈數術〉之稱，有繁雜之嫌，故改爲〈陰陽〉，方伎之言，事無典據，又改爲〈藝術〉。竊以〈陰陽〉偏有所繫，不如〈數術〉之該通，〈術藝〉則濫〈六藝〉與〈數術〉，不逮〈方伎〉之要顯，故還依劉氏，各守本名。但房中神仙，既入〈仙道〉，醫術經方，不足別創，故合〈術伎〉之稱，以名一錄，爲〈內篇〉第五。王氏〈圖譜〉一志，劉《略》所無。劉〈數術〉中，雖有歷譜，而與今譜有異。竊以圖畫之篇，宜從所圖爲部。故隨其名題，各附本錄。譜既注記之類，宜與史體相參，故載于〈記傳〉之末。自斯已上，皆〈內篇〉也。釋氏之教，實被中土。講說諷味，方軌孔籍。王氏雖載于篇而不在志限，即理求事，未是所安。故序〈佛法錄〉爲〈外篇〉第一。仙道之事，由來尚矣。劉氏〈神仙〉，陳于〈方伎〉之末。王氏〈道經〉，書于《七志》之外。今合序〈仙道錄〉爲〈外篇〉第二。王則先道而後佛，今則先佛而後道，蓋所宗有不同，亦由其教有淺深也。凡內、外兩篇，合爲《七錄》，天下之遺書秘記，庶幾窮于是矣。」〔註3〕

　　按，劉向奉命讐校篇籍，每一篇已，則論其旨歸，辨其譌謬，錄而奏之，皆載在本書。又別集眾錄，謂之《別錄》。向卒，子歆嗣其前業，遂兼括群篇，撮其指要，著爲《七略》。其首篇，即六篇之總最，故以〈輯略〉爲名。次爲〈六藝〉、〈諸子〉、

卷二十三（「《七錄》」條）云：「案，此見《七錄‧序目》中題曰《古今書最》是也。」按，《古今書最》所載，計有《七略》書、《漢書藝文志》書、袁山松《後漢藝文志》書、《晉中經簿》四部書、《晉元帝書目》、晉義熙四年《秘閣四部目錄》、宋元嘉八年《秘閣四部目錄》、宋元徽元年《秘閣四部書目錄》、齊永明元年《秘閣四部目錄》、梁天監四年《文德正御四部》及《術數書目錄》（秘書丞殷鈞撰《秘閣四部書》少于《文德書》，故不錄其數。）及《新集七錄內外篇圖書》等多種。

〔註3〕按，《通志‧圖譜略》曰：孝緒作《七錄》，散圖而歸部錄，雜譜而歸記注。又曰：孝緒之《錄》，雖不專收，猶有總記，〈內篇〉有圖七百七十篇，〈外篇〉有圖百卷。

〈詩賦〉、〈兵書〉、〈數術〉、〈方伎〉六略，此班固《漢志》之所根稽者也。迨劉宋王儉《七志》，改〈六藝〉爲〈經典〉，次〈諸子〉，次〈詩賦〉爲〈文翰〉，次〈兵書〉爲〈軍書〉，次〈數術〉爲〈陰陽〉，次〈方伎〉爲〈術藝〉。以向、歆雖云《七略》，實有六條，故別立〈圖譜〉一志，以全七限。知目錄之學，向、歆父子既爲其權輿，及其後也，爲之踵事增華者，亦不能無異。及阮氏起，於劉、王所撰，遂更爲斟酌，分爲內、外兩篇，而有〈經典〉、〈記傳〉、〈子兵〉、〈文集〉、〈術伎〉、〈佛法〉、〈仙道〉諸錄。除〈外篇〉二錄外，第就〈內篇〉數之，實得五錄。以梁・劉孝標嘗校進文德殿眾書，其〈數術〉之書，更爲一部，使奉朝請祖恒撰其名錄。則阮氏之前四錄，即用經、史、子、集四部之次而稍異其名，〈術伎〉別爲一錄者，蓋即師《文德殿目》之成例。是阮氏於古今之間，就書之多寡而部居門類，其立〈文集〉一錄，而分爲〈楚辭〉、〈別集〉、〈總集〉、〈雜文〉四部，又創立〈紀傳錄〉，蔚然擴爲十二部，別出〈佛法〉、〈仙道〉二錄，而收書至二千餘種之多，蓋皆其特異者也。

茲據嚴可均《全梁文》（卷六十六）引《廣弘明集》載〈七錄序〉之言其目錄，分著諸篇卷目如后：

〈經典錄內篇一〉

　　〈易部〉：六十四種（案「六十」舊作「本」，誤合二字爲一也，今改正。）九十六帙，五百九十卷。

　　〈尙書部〉：二十七種，二十八帙，一百九十卷。

　　〈詩部〉：五十二種，六十一帙，三百九十八卷。

　　〈禮部〉：一百四十種，二百一十一帙，一千五百七十卷。

　　〈樂部〉：五種，五帙，二十五卷。

　　〈春秋部〉：一百一十一種，一百三十九帙，一千一百五十三卷。

　　〈論語部〉：五十一種，五十二帙，四百一十六卷。

　　〈孝經部〉：五十九種，五十九秩，一百四十四卷。

　　〈小學部〉：七十二種，七十二帙，三百一十三卷。

　　以上九部：五百九十一種，七百一十帙，四千七百一十卷。

〈記傳錄內篇二〉

　　〈國史部〉：二百一十六種，五百九帙，四千五百九十六卷。

　　〈注歷部〉：五十九種，一百六十七帙，一千二百二十一卷。

　　〈舊事部〉：八十七種，一百二十七帙，一千三十八卷。

　　〈職官部〉：八十一種，一百四帙，八百一卷。

　　〈儀典部〉：八十種，二百五十二峽，二千二百五十六卷。

　　〈法制部〉：四十七種，九十五峽，八百八十六卷。

　　〈僞史部〉：二十六種，二十七峽，一百六十一卷。

　　〈雜傳部〉：二百四十一種，二百八十九峽，一千四百四十六卷。

　　〈鬼神部〉：二十九種，三十四峽，二百五卷。

　　〈土地部〉：七十三種，一百七十一峽，八百六十九卷。

　　〈譜狀部〉：四十二種，四百二十三峽，一千六十四卷。

　　〈簿錄部〉：三十六種，六十二峽，三百三十八卷。

　以上十二部，一千二十種，二千二百四十八峽，一萬四千八百八十八卷。

〈子兵錄內篇三〉

　　〈儒部〉：六十六種，七十五峽，六百四十卷。

　　〈道部〉：六十九種，七十六峽，四百三十一卷。

　　〈陰陽部〉：一種，一峽，一卷。

　　〈法部〉：十三種，十五峽，一百一十八卷。

　　〈名部〉：九種，九峽，二十三卷。

　　〈墨部〉：四種，四峽，一十九卷。

　　〈縱橫部〉；二種，二峽，五卷。

　　〈雜部〉：五十七種，二百九十七峽，二千三百三十八卷。

　　〈農部〉：一種，一峽，三卷。

　　〈小說部〉：十種，十二峽，六十三卷。

　　〈兵部〉：五十八種，六十一峽，二百四十五卷。

　以上一十一部，二百九十種，五百五十三峽，三千八百九十四卷。

文集錄內篇四

　　〈楚辭部〉：五種，五峽，二十七卷。

　　〈別集部〉：七百六十種，八百五十八峽，六千四百九十七卷。

　　〈總集部〉：十六種，六十四峽，六百四十九卷。

　　〈雜文部〉：二百七十三種，四百五十一峽，三千五百八十七卷。

　以上四部，一千四十二種，一千三百七十五峽，一萬七百五十五卷。

〈術伎錄內篇五〉

　　〈天文部〉：四十九種，六十七峽，五百二十八卷。

　　〈緯讖部〉：三十二種，四十七峽，二百五十四卷。

　　〈歷算部〉：五十種，五十峽，二百一十九卷。

〈五行部〉：八十四種，九十三袠，六百一十五卷。

〈卜筮部〉：五十種，六十袠，三百九十卷。

〈雜占部〉：十七種，十七袠，四十五卷。

〈刑法部〉：四十七種，六十一袠，三百七卷。

〈醫經部〉：八種，八袠，五十卷。

〈經方部〉：一百四十種，一百八十袠，一千二百五十九卷。

〈雜藝部〉：十五種，十八袠，六十六卷。

以上十部，五百五種，六百六袠，三千七百三十六卷。

（按以上〈內篇〉每錄總數多與每部下數不合，〈外篇〉之〈仙道錄〉亦然。今
無以知爲孰是，仍其舊而錄之。）

〈佛法錄三卷外篇一〉

〈戒律部〉：七十一種，八十八袠，三百二十九卷。

〈禪定部〉：一百四種，一百八袠，一百七十六卷。

〈智慧部〉：二千七十七種，二千一百九十袠，三千六百七十七卷。

〈疑似部〉：四十六種，四十六袠，六十卷。

〈論記部〉：一百一十二種，一百六十四袠，一千一百五十八卷。

以上五部，二千四百一十種，二千五百九十六袠，五千四百卷。

〈仙道錄外篇二〉

〈經戒部〉：二百九十種，三百一十八袠，八百二十八卷。

〈服餌部〉：四十八種，五十二袠，一百六十七卷。

〈房中部〉：十三種，十三袠，三十八卷。

〈符圖部〉：七十種，七十六佚，一百三卷。

以上四部，四百二十五種，四百五十九袠，一千一百三十八卷。

《文字集略》：一袠，三卷，〈序錄〉一卷。

《正史刪繁》：十四袠，一百三十五卷，《序錄》一卷。

《高隱傳》：一袠，十卷，《序例》一卷。

《古今世代錄》：一袠，七卷。

《序錄》：二袠，一十一卷。

《雜文》：一袠，十卷。

《聲緯》：一袠，一卷。

以上七種，二十一袠，一百八十一卷。

（按此數亦不合，說見前。）

阮孝緒撰，不足編前錄而載於此。

又《古今書最》曰：

> 新集《七錄》內、外篇圖書凡五十五部，六千二百八十八種，八千五百四十
> 七帙，四萬四千五百二十六卷。六千七十八種，八千二百八十四帙，四萬
> 三千六百二十四卷經書。二百三種，二百六十三帙，八百七十九卷圖符。
>
> 內篇五錄，四十六部，三千四百五十三種，五千四百九十三帙，三萬七千九
> 百八十三卷。三千三百一十八種，五千三百六帙，三萬七千一百八卷經書。
> 一百三十五種，一百八十七帙，七百七十五卷圖也。
>
> 外篇二錄，九部，二千八百三十五種，三千五十四帙，六千五百三十八卷。
> 二千七百五十九種，五千九百七十八帙，六千四百三十四卷經書。七十六
> 種，七十八帙，一百卷符圖。

依以上所載，雖卷數統計，或有不符，（嚴氏以為皆傳寫之誤。今觀諸史志率常
如是，則豈為未暇細謹核算者耶？）然其分部題目，頗有次序，故《隋志》稱之。
於書有文德殿者，丹筆寫其字，劉知幾亦謂其區分有別，品類可知（《史通·點煩篇》），
至篇帙之繁富，又堪謂為空前之鉅構矣。

《七錄》在分類史中，向據一席之地，而為諸家所探討，姚名達《中國目錄學
史·分類篇》更謂其為一承先啟後之關鍵。姚氏以為《略》、《錄》有大同小異處，
有《七略》所瞠乎其後望塵莫及者，阮氏既挹荀勗、王儉之長，補《七略》之短，
又復細分部類，銓配適當，故能廣羅萬書，垂範百世。《隋志》雖嘗謂其割析辭義，
淺薄不經，然因緣其例，稍加刪併，以勒成其經、史、子、集四部者，且竟為後世
四部目錄不祧之祖。考其四十種，亦無以大異《七錄》之四十六部也。〔註4〕

〔註 4〕詳見姚名達《中國目錄學史·分類篇》「《七志》與《七錄》」條。
　　按，鄭鶴聲《中國史部目錄學》第四〈史目正錄〉云：《隋志》因緣《七錄》，勒為
　　四部，其分部題目多依阮《錄》，以史目言之，《隋志·史部》分……十三目，……
　　茲就兩錄比較如次：

阮	國		注	舊	職	儀	法	偽	雜	鬼	土	譜	簿
史			歷	事	官	典	制	史	傳	神	地	狀	錄
錄	部		部	部	部	部	部	部	部	部	部	部	部

隋	正	古		雜	霸	起	舊	職	儀	刑	雜	地	譜	簿
史	史	史		史	史	居	事	官	注	法	傳	理	系	錄
志	類	類		類	類	類	類	類	類	類	類	類	類	類

　　又程旨雲師《國學概論》上冊第一章〈導言四〉「阮孝緒《七錄》」條云：「文集之名，
　　始於阮氏，為後世所採用。」

　　阮孝緒撰《七錄》，亦有其不及者，如廣羅當代官、私目錄于一篇，然非盡目睹，至有得自他人所抄集者，〈自序〉云：「劉杳從余遊，因說其事，杳有志積久，未獲操筆，聞余已先著鞭，欣然會意，凡所鈔集，盡以相與，廣其聞見，實有力焉。」是聞見雖多，有未經讎校者，故無敘錄。〔註5〕卷帙雖繁，乃未必確有其書。〔註6〕雖大體準乎向、歆，然但記書名，不能辨其流別。則阮《錄》之渾漫濫收，當有不能盡信者矣。〔註7〕

二、傅亮《續文章志》

　　傅氏《續文章志》，《隋志》著錄二卷，兩《唐志》並同。其書已佚，章宗源《隋志考證》謂《文選·海賦》注、《北堂書鈔·設官部》並引傅亮《文章志》，無「續」字。《世說·文學篇》注、〈容止篇〉注、〈汰侈篇〉注並引《續文章志》，不著傅亮名。又傅以禮《傅氏家書》中存輯本一卷。

　　傅亮，字季友，北地靈州人。父瑗，與郗超善。亮四、五歲時，超嘗令人戲解亮衣，使左右持去，初無吝色。亮博涉經史，尤善文詞。初爲建威參軍桓謙中軍行參軍，桓玄篡位，聞其博學有文采，選爲秘書郎，欲令整正秘閣，未及拜而玄敗。義旗初，丹陽尹孟昶以爲建威參軍。義熙元年（405 年），除員外散騎侍郎，直西省，典掌詔命。轉領軍長史，未拜，遭母憂。服闋，爲劉毅撫軍記室參軍，又補領軍司馬。七年（411 年），遷散騎侍郎，仍轉中書黃門侍郎，直西省如故。宋國初建，領世子中庶子，徙中書令。高祖有受禪意而難於發言，乃集朝臣燕飲，從容曰：「桓玄暴篡，鼎命已移。我首唱大義，復興皇室。南征北伐，平定四海。功成業著，遂荷九錫。今年將衰暮，崇極如此。物戒盛滿，非可久安。今欲奉還

至如章宗源所謂：「《隋志》依《七錄》，凡注中稱『梁有今亡』者，皆阮氏舊有。」（《隋志考證》卷八「《七錄》」條）姚振宗《隋志考證》已謂：「本志注『梁有』云云者，不盡是《七錄》一書，亦有在《七錄》之外者。非詳加考索不能知也。」（詳見卷二十九篇末）王重民〈補晉書藝文志書後〉亦云：「《隋志》注『梁有』之書，有在阮《錄》成書以後者，如〈正史類〉注云『梁有《梁元帝注漢書》一百一十五卷亡。』」按阮《錄》作於普通中，時元帝不過十四五歲，烏能注《漢書》？阮氏更烏從預爲著錄？觀《隋志》注間有稱《七錄》云者，則本於《七錄》固不待言，餘必別有所據，不得均以爲出於《七錄》也。」（民國十七年《北平北海圖書館月刊》第一卷第五號）是《隋志》雖踵《七錄》之後，所收書籍，固亦有從梁代別家書目採入者。

〔註5〕見姚名達《中國目錄學史·校讎篇》「南北朝校書十餘次」條。
〔註6〕見姚名達《中國目錄學史·宗教目錄篇》「阮孝緒之佛法錄」條。
〔註7〕姚名達《中國目錄學史·宗教目錄篇》「阮孝緒之佛法錄」條云：「由此論之，則阮《錄》之濫收多誤，信矣。」

爵位，歸老京師。」群臣唯盛稱功德，莫曉此意，日晚坐散。亮還乃悟旨而宮門已閉，於是叩扉請見。亮入便曰：「臣暫宜還都。」高祖達解此意，無復他言。於是即便奉辭，亮即出已夜，見長星竟天，拊髀曰：「我常不信天文，今始驗矣。」〔註8〕至都，即徵高祖入輔。永初元年（420年），遷太子詹事，中書令如故，以佐命功封建城縣公，食邑二千戶，入直中書省，專典詔命，見客神虎門外，每旦車常數百輛。自此後至於受命，表策文誥，皆亮辭也。二年（421年），轉尚書僕射，中書令、詹事如故。少帝即位，進爲中書監尙書令。景平二年（424年），領護軍將軍。少帝廢，亮率行臺至江陵奉迎太祖（文帝）。既至，立行門於江陵城南，題曰：「大司馬門率行臺百僚詣門拜表」威儀甚盛。太祖問義眞及少帝薨廢本末，悲號嗚咽，侍側者莫能仰視。太祖登阼，加散騎常侍、左光祿大夫，開府儀同三司，本官悉如故，又進爵始興郡公，食邑四千戶。元嘉三年（426年），太祖欲誅亮，先呼入見省內，密有報之者，亮辭以嫂病篤，求暫還家，遣信報徐羨之，因乘車出郭門，屯騎校尉郭泓收付廷尉。初至廣莫門，上使以詔謂曰：「以公江陵之誠，當使諸子無恙。」亮讀訖曰：「亮受先帝布衣之眷，遂蒙顧託，黜昏立明，社稷之計，欲加之罪，其無辭乎！」於是伏誅，妻子流建安。亮之方貴，兄迪每深誠焉，而不能從。及見世路屯險，著論名曰〈演愼〉。及少帝失德，內懷憂懼，直宿禁中，睹夜蛾赴燭，作〈感物賦〉以寄意。〔註9〕

　　所撰《續文章志》，《叢書子目類編》收於〈史部・目錄類・總錄之屬・家藏〉內，諸書所引，有省作《文章志》者。〔註10〕姚名達以爲屬於文史目錄，謂殆爲別錄文史書目或篇目之作，爲四部目錄所不能範圍者也。〔註11〕

三、梁元帝《金樓子著書考》及《金樓子藏書考》

　　梁元帝有《金樓子》，《隋志》著錄二十卷，《南史》本紀、《唐日本國見在書目》、兩《唐志》、《崇文目》、陳《錄》、《宋志》等並稱十卷。袁本晁《志》作十五篇，姚振宗《隋志考證》云：「衢本云十篇，脫五字。」皆在〈子部・雜家類〉。隋、唐志稱梁元帝撰，《崇文目》及《宋志》作湘東王繹撰，陳《錄》稱梁元帝繹世誠爲湘東王時所述，《唐日本國見在書目》題蕭世誠撰。今存六卷。

　　所論歷代興亡之迹，求經撰述之勤，如〈箴戒〉、〈立言〉、〈雜記〉、〈自序〉

〔註8〕按，傅亮有《應驗記》，《隋志》著錄一卷，姚振宗《考證》曰：「此《應驗記》一卷，似即其夜見長星而作，當時用以勸進者歟？」
〔註9〕見《宋書》卷四十三、《南史》卷十五〈傅亮傳〉。
〔註10〕見《文選・海賦》注及《北堂書鈔・設官部》。
〔註11〕見所撰《中國目錄學史・分類篇》「《隋志》以前之專科目錄」條。

以及〈著書〉、〈聚書〉諸篇，均足勉人。以在藩時，嘗自號「金樓子」，因以名書。〔註12〕內容既無所不包，唐、宋諸志，遂屬於〈雜家〉。今考其《聚書》、《著書》二篇，亦目錄之學也。自其書漸就散亡，明季學者已有不見其傳本者，〔註13〕今幸《永樂大典》各韻，尚頗載其遺文，核其所據，乃元至正間刊本，勘驗序目，均為完備，雖所列僅十四篇，文又有攙亂複見者，而條目分明，尚可排比成帙，《四庫》館臣乃為之裒綴互訂，釐為六卷。其書於古今聞見事蹟，咸為包載，附以議論，勸戒兼資，而當時周、秦異書，未盡亡佚，具有徵引，〈立言〉、〈聚書〉、〈著書〉諸篇，自表其撰述之勤，所紀典籍源流，亦可補諸書所未備。〔註14〕清·王仁俊《玉函山房輯佚書續編·史編總類》中，存《金樓子著書考》、《金樓子藏書考》各一卷。

按，梁元帝所著書，據史所載，有《孝德傳》、《忠臣傳》、《顯忠錄》、《丹陽尹傳》、《注漢書》、《周易講疏》、《內典博要》、《連山》、《洞林》、《五韜》、《補闕子》、《湘東鴻烈》、《金樓子》、《老子講疏》、《研神記》、《懷舊志》、《全德志》、《荊南志》、《江州記》、《職貢圖》、《古今同姓名錄》、《筮經》、《式贊》、《文集》等各若干卷。其《古今同姓名錄》、《懷舊志序》、《全德志論》、《忠臣傳·序》、《丹陽尹傳·序》、《孝德傳·序》、及《職貢圖》等，今皆有輯本，並其事蹟，已見第七章第一、二節及第十章第二、五節。其《金樓子》，以作於湘東王時，故諸家書目之作湘東王繹撰者，蓋得其實矣。

考〈金樓子序〉曰：「余於天下為不賤焉，竊念藏文仲既歿，其言立於世。曹子桓云：立德著書可以不朽。杜元凱言：德者非所企及，立言或可庶幾。故有述作之意矣。常笑淮南之假手，每嗤不韋之託人，由是年在志學，躬自搜纂，以為一家之言。」此述其撰作之由也。所謂文案盈前，書幌未輟，俾夜作晝，知其著書、聚書，蓋亦勤矣。以博綜群書，雜記古今著述之繁複，凡史外軼聞，他書所未見者，率徵於是，不止明其藝文而已。惟永明以後，豔語盛行，此書亦文格綺靡，不出爾時風氣，是則瑕瑜不掩。〔註15〕

〔註12〕見《郡齋讀書志》第十二卷（〈雜家類〉「《金樓子》十卷」條）及《四庫提要·子部·雜家類》（「《金樓子》六卷」條）。

〔註13〕《四庫提要·子部·雜家類》（「《金樓子》六卷」條）云：「宋濂《諸子辨》，胡應麟《九流緒論》所列子部皆不及是書，知明初漸已湮晦，明季遂竟散亡。故馬驌撰《繹史》，徵採最博，亦自謂未見傳本，僅從他書摭錄數條也。」

〔註14〕詳見《四庫提要·子部·雜家類》（「《金樓子》六卷」條）。

〔註15〕《四庫全書總目提要·子部·雜家類》「《金樓子》六卷」條。

第二節　金石雜著之書
——陶弘景《古今刀劍錄》及虞荔《鼎錄》

《隋志》收漢、魏石經拓文於〈小學類〉，《直齋書錄解題》始收金石書入〈書目類〉，彙集金石題跋爲一書者創於歐陽修《集古錄跋尾》，正名爲「金石錄」者則趙明誠、李清照夫婦也。自此以後，金石之學大盛，鄭樵《通志》乃特撰〈金石略〉。迨金、元浸衰，明、清轉盛，撰金石目錄者，百數十家。或記一地之發現，或錄一家之收藏，或述此學之史傳，或考一物之底蘊，或斷代考究，或保存圖文，乃至錄存碑目，表列器名，無不以古物爲對象，極一時之盛焉（《中國目錄學史·專科目錄篇·金石目錄》）。故《四庫提要》乃以集錄古刻，條列名目者，從《宋志》入〈目錄〉；因器具而及款識者，入〈譜錄〉；石鼓文音釋之類，從《隋志》入〈小學〉。且分〈目錄類〉爲「經籍」、「金石」兩屬，儼然分庭抗禮，不復依傍門戶。今考南北朝人所撰金石類諸書，其見存於叢書中者，有梁陶弘景《古今刀劍錄》及虞荔《鼎錄》，茲考如后。

一、陶弘景《古今刀劍錄》

陶氏《古今刀劍錄》，不見於本傳，《崇文總目》卷三〈小說類〉及《郡齋讀書志》第十四卷〈類書類〉並著錄一卷，「陶弘景」皆作「陶宏景」。《文獻通考》所載，或入〈雜技藝〉。《四庫全書簡明目錄》曰：「夫類聚刀劍與鼎之故實，入類書猶可，入雜技藝，於理未安，故今悉改隸〈譜錄類〉。」〔註16〕其書今存，見於叢書中者，如《百川學海》、《漢魏叢書》、《廣漢魏叢書》、《增訂漢魏叢書》、《四庫全書》、《龍威秘書》、《指海》、《漢魏小說採珍》等，皆收有一卷。又《山居小玩》、《群芳清玩》、宛委山堂本《說郛》、《五朝小說》、《國學珍本文庫》第一集，《美術叢書四集》第四輯等，亦並載一卷，題《刀劍錄》，無「古今」二字。張宗祥校明鈔本《說郛》亦有《刀劍錄》，《叢書子目類編》以之入於〈史部·金石錄·金之屬雜著〉內。

陶弘景有《周氏冥通記》，並其事蹟已見第七章第三節。所撰《古今刀劍錄》，乃歷記古今諸國刀劍之事。所記帝王刀劍，自夏啓至梁武帝，凡四十事；諸國刀劍，自劉淵至赫連勃勃，凡十八事；吳將刀，周瑜以下凡十事；魏將刀，鍾會以下凡六事。〔註17〕記事亦云盛矣，然於關、張、諸葛亮、黃忠等蜀將，則附入吳將中，疑傳寫誤失「蜀將刀」三字；又董卓、袁紹不應附魏，亦不應在鄧艾、郭

〔註16〕見卷十二〈子部九·譜錄類〉「《鼎錄》一卷」條下案語。
〔註17〕見《四庫提要·子部·譜錄類》「《古今刀劍錄》一卷」條。

淮之間。蓋有顚舛。弘景生於宋代，齊高帝作相時，已引爲諸王侍讀，而書中乃稱順帝準爲楊玉所弒，不應以身歷之事，謬誤至此；且弘景先武帝卒，而帝王刀劍一條乃預著武帝謚號，並直斥其名，頗乖事理。疑其書已爲後人所竄亂，非盡弘景本文，或亦張華《博物志》之流，乃眞僞參半。〔註18〕張心澂撰《僞書通考》，收其書入於所考〈子部〉三百十七部書中。

二、虞荔《鼎錄》

《虞氏鼎錄》一卷，不見於本傳，《隋志》亦不著錄，《崇文總目》卷三〈小說類〉下有《古今鼎錄》一卷，按云：「《玉海》引《中興書目》無古今二字。」《郡齋讀書志》第十四卷〈類書類〉有《古鼎記》一卷，作吳協撰，《四庫》館臣云：「晁公武《郡齋讀書志》別出『吳協《鼎錄》』一條，《通考》此書兩收之，然其書他無所見，疑『吳』字近『虞』，『協』字近『荔』，傳寫舛誤，因而誤分爲二也。」〔註19〕《文獻通考》虞荔《鼎錄》入〈雜技藝〉。其書今存，《四庫全書》入於〈子部・譜錄類〉，《續百川學海》、《顧氏文房小說》、《廣漢魏叢書》、《寶顏堂秘笈》、《山居小玩》、《群芳清玩》、宛委山堂本《說郛》、《五朝小說》、《增訂漢魏叢書》、《龍威秘書》、《四明叢書》、《國學珍本文庫》、《叢書集成初編》，《美術叢書》、《漢魏小說探珍》諸叢書中亦各存一卷。

虞荔，字山披，會稽餘姚人。梁武帝天監二年（503 年）生，陳文帝天嘉二年（561 年）卒，年五十九。幼聰敏有志，及長，善屬文。梁武帝於城西置士林館，荔製碑奏上，帝命勒之于館，用荔爲士林學士，尋爲司文郎，遷通直散騎侍郎，兼中書舍人。居于西省，但以文史見知，當時號爲清白，尋領大著作。及侯景之亂，荔率親屬入臺，除鎮西諮議參軍，舍人如故。臺城陷，逃歸鄉里。侯景平，元帝徵爲中書侍郎、貞陽候，授揚州別駕，竝不就。張彪據會稽，荔時在焉，及文帝平彪，武帝、文帝並書招之，迫不得已，乃應命至都。武帝崩，文帝嗣位，除太子中庶子，仍侍太子讀書，尋領大著作東揚、揚州二州大中正，庶子如故。初荔母隨荔入臺，卒於臺內，尋而城陷，情禮不申，由是終身蔬食布衣，不聽音樂。雖任遇隆重，而居止儉素，淡然無營，文帝深器之，常引在左右，朝夕顧訪。荔以感疾，帝數往臨視，以荔蔬食，非羸疾所堪，勅給魚肉，不得固執，荔終不從。卒，贈侍中，謚曰德。柩還鄉里，上親出臨送，當時榮之。〔註20〕

〔註18〕詳見《四庫提要・子部・譜錄類》「《古今刀劍錄》一卷」條。
〔註19〕見《四庫提要・子部・譜錄類》「《鼎錄》一卷」條。
〔註20〕《陳書》卷十九、《南史》卷六十九〈虞荔傳〉。

　　所撰《鼎錄》一卷，舊題梁・虞荔撰，然據上述荔之事略，當已入陳。其書有〈序〉一篇，云：「昔虞、夏之盛，遠方皆至，使九牧貢九金，鑄九鼎。」又云：「鼎成三足而方，不炊而自沸，不舉而自藏，不遷而自行。九鼎既成，定之國都。桀有亂德，鼎遷于殷。載祀六百，殷紂暴虐，鼎遷于周。成王定鼎于郟鄏，卜世三十，卜年七百，天所命也。及顯王姬德大衰，鼎淪入泗水。秦始皇之初，見於彭城，大發徒出之，不能得焉。」〔註21〕其言雖或不經，然記古人鑄鼎原委及其形製，頗具首尾。晁公武所言，正與此合，〔註22〕知晁《志》所著錄，當即為虞書而誤作「唐・吳協撰」者。

　　今考其書，亦有後人攙入之跡。《四庫》館臣曰：「檢書中載有『陳宣帝有太極殿鑄鼎』之文，荔卒於陳文帝天嘉二年（561 年），下距臨海王光大二年戊子（568 年）宣帝嗣位時，首尾七年（按，自天嘉二年至光大二年，首尾應為八年。），安得預稱諡號，其為後人所攙入無疑。又卷首〈序文〉乃紀夏鼎，應在「黃帝」條後，亦必無識者，以原書無〈序〉，移掇其文。蓋流傳既久，屢經竄亂，真偽已不可辨，特以舊帙存之耳。」〔註23〕張心澂撰《偽書通考》，以之列於〈子部・譜錄〉，而從《提要》之言，注云：「有增竄。」

〔註21〕嚴可均《全陳文》卷十二「虞荔」條引。
〔註22〕見《郡齋讀書志》第十四卷〈類書類〉「《古鼎記》一卷」條。
〔註23〕《四庫提要・子部・譜錄類》「《鼎錄》一卷」條。

參考書目

1. 《史記》，漢·司馬遷撰。宋·裴駰集解，唐·司馬貞索隱，唐·張守節正義。清乾隆四年武英殿刊本附《考證》，末附清王念孫《讀書雜志三·史記雜志》六卷。藝文印書館印行。

2. 《漢書補注》一百卷，後漢·班固撰。唐·顏師古注，清·王先謙補注。長沙·王氏虛受堂校刊本，藝文印書館印行。

3. 《後漢書集解》，〈紀〉、〈傳〉南朝·宋·范曄撰。唐·章懷太子李賢注，王先謙集解。〈志〉晉·司馬彪撰。梁·劉昭注補，王先謙集解。長沙·王氏虛受堂校刊本，藝文印書館印行。

4. 《三國志集解》，晉·陳壽撰。南朝·宋·裴松之注，盧弼集解。原排印本，藝文印書館印行。

5. 《晉書斠注》，唐·房玄齡等撰。吳士鑑注。原刻本，藝文印書館印行。

6. 《宋書》，梁·沈約撰。清乾隆武英殿刊本，藝文印書館印行。

7. 《齊書》，梁·蕭子顯撰。清乾隆武英殿刊本，藝文印書館印行。

8. 《梁書》，唐·姚思廉撰。清乾隆正英殿刊本，藝文印書館印行。

9. 《陳書》，唐·姚思廉撰。清乾隆武英殿刊本，藝文印書館印行。

10. 《魏書》，北齊·魏收撰。清乾隆武英殿刊本，藝文印書館印行。

11. 《北齊書》，唐·李百藥撰。清乾隆武英殿刊本，藝文印書館印行。

12. 《周書》，唐·令狐德棻撰。清乾隆武英殿刊本，藝文印書館印行。

13. 《南史》，唐·李延壽撰。清乾隆武英殿刊本，藝文印書館印行。

14. 《北史》，唐·李延壽撰。清乾隆武英殿刊本，藝文印書館印行。

15. 《隋書》，唐·長孫無忌等撰。清乾隆武英殿刊本，藝文印書館印行。

16. 《舊唐書》，後晉·劉昫撰。清乾隆武英殿刊本，藝文印書館印行。

17. 《新唐書》，宋·歐陽修等撰。清乾隆武英殿刊本，藝文印書館印行。

18. 《宋史》，元·脫脫等撰。清乾隆武英殿刊本，藝文印書館印行。

19. 《新校隋書經籍志》，唐·長孫無忌等撰。世界書局印行。

20. 《兩唐書經籍藝文合志》，後晉·劉昫、宋·歐陽修撰。清·沈炳震合編。附《舊唐書經籍志校勘記》清·羅士琳、陳立、劉文淇、劉毓崧撰；《續唐書經籍志》一卷，清·陳鱣撰。世界書局印行。

21. 《宋史藝文志廣編》，正編〈宋史藝文志〉，元·脫脫等修。補編〈宋史藝文志補〉，清·黃虞稷、倪燦撰。清·盧文弨訂正。附編〈四庫闕書目〉，宋紹興中官撰。清·徐松輯。〈秘書省續編到四庫闕書目〉，宋紹興中改定，清·葉德輝考證。〈中興館閣書目〉，宋·陳騤等撰。趙士煒輯。〈中興館閣續書目〉，宋·張攀等撰。趙士煒輯。〈宋國史藝文志〉，宋官修。趙士煒輯。世界書局印行。

22. 《崇文總目輯釋》，宋·王堯臣等編次。清·錢東垣等輯釋。廣文書局印行。

23. 《郡齋讀書志》，宋·晁公武撰。廣文書局印行。

24. 《直齋書錄解題》，宋·陳振孫撰。廣文書局印行。

25. 《史略》，宋·高似孫輯。廣文書局印行。

26. 《玉海》，宋·王應麟撰。臺灣華文書局總發行。

27. 《歷代經籍考》，元·馬端臨等撰。新興書局發行。

28. 《隋書經籍志考證》，清·章宗源撰。臺灣開明書店輯印《二十五史補編》。

29. 《隋書經籍志考證》，清·姚振宗撰。臺灣開明書店輯印《二十五史補編》。

30. 《四庫全書總目提要》，永瑢等撰。臺灣商務印書館印行。

31. 《四庫全書簡明目錄》，清乾隆四十七年官修。世界書局印行。

32. 《四庫提要辨證》，余嘉錫撰。藝文印書館印行。

33. 《四庫提要補正》，胡玉縉著。中國辭典館復館籌備處印行。

34. 《四庫書目續編》（販書偶記），孫耀卿撰。世界書局印行。

35. 《書目答問補正》，張之洞答問。范希曾補正。新興書局印行。

36. 《叢書子目類編》，中國學典館復館籌備處發行。

37. 《史通通釋》，唐·劉知幾撰。清·浦起龍釋，清·蔡焯舉例舉要。世界書局印行。

38. 《文史通義》（附校讎通義），清·章學誠撰。章華紱編。世界書局印行。

39. 《困學紀聞集證》，宋·王應麟撰。萬蔚亭集證。中華叢書編審委員會印行。

40. 《十七史商榷》，清·王鳴盛撰。廣文書局印行。

41. 《廿二史考異》，清·錢大昕著。黟縣·黃士陵初校，順德·李肇沅覆校。樂天出版社印行。

42. 《廿二史劄記》，清·趙翼撰。世界書局印行。

43. 《陔餘叢考》，清·趙翼撰。世界書局印行。

44. 《校史隨筆》，張元濟著。臺灣商務印書館印行。

45. 《廿五史述要》（附李詳〈正史源流急就篇〉、陸紹明〈史家宗旨不同論〉、〈論

史學分二十家爲諸子之流派）），徐浩編。世界書局印行。

46. 《十駕齋養新錄》，清·錢大昕撰。世界書局印行。

47. 《鄭堂讀書記》，清·周中孚撰。世界書局印行。

48. 《越縵堂讀書記》，就清·李慈銘《越縵堂日記》輯錄。世界書局印行。

49. 《玉房山房輯佚書》，清·馬國翰輯。國立臺灣師範大學圖書館藏東北大學寄存書籍。

50. 《全宋文》，清·嚴可均編。黃岡王毓藻校刊。國立臺灣師範大學圖書館藏線裝書。

51. 《全齊文》，清·嚴可均編。黃岡王毓藻校刊。國立臺灣師範大學圖書館藏線裝書。

52. 《全陳文》，清·嚴可均編。黃岡王毓藻校刊。國立臺灣師範大學圖書館藏線裝書。

53. 《全後魏文》，清·嚴可均編。黃岡王毓藻校刊。國立臺灣師範大學圖書館藏線裝書。

54. 《全北齊文》，清·嚴可均編。黃岡王毓藻校刊。國立臺灣師範大學圖書館藏線裝書。

55. 《全後周文》，清·嚴可均編。黃岡王毓藻校刊。國立臺灣師範大學圖書館藏線裝書。

56. 《全隋文》，清·嚴可均編。黃岡王毓藻校刊。國立臺灣師範大學圖書館藏線裝書。

57. 《仰風樓文集初編》，楊家駱師著。楊門同學會編刊。

58. 《北堂書鈔》，隋·虞世南撰。文海出版社印行。

59. 《文選》，梁·昭明太子撰。唐·李善注。藝文印書館印行。

60. 《太平御覽》，宋·李昉等奉敕撰。新興書局發行。

61. 《世說新語校箋》，楊勇著。明倫出版社印行。

62. 《歷代名畫記》，唐·張彥遠撰。明·毛晉訂。臺灣商務印書館印行。

63. 《偽書考五種》（《唐人辨偽集證》，唐·孔穎達等撰。《朱熹辨偽書語》，宋·朱熹撰。《諸子辨》，明·宋濂撰。《四部正譌》，明·胡應麟撰。《古今偽書考》，清·姚際恒撰。附《宋、胡、姚三家所論列古書對照表》，姚名達撰）。世界書局印行。

64. 《偽書通考》，張心澂著。宏業書局印行。

65. 《中國歷史研究法》，梁啓超著。臺灣中華書局印行。

66. 《中國史學史》，金毓黻著。國立編譯館出版。臺灣商務印書館發行。

67. 《史學概要》，李宗侗編著。正中書局印行。

68. 《兩晉南北朝史》，呂思勉著。臺灣開明書店發行。

69. 《中國史部目錄學》，鄭鶴聲編。臺灣商務印書館發行。

70. 《中國目錄學史》，姚名達著。臺灣商務印書館印行。

71. 《目錄學》，姚名達著。臺灣商務印書館印行。

72. 《中國地理學史》，王庸著。臺灣商務印書館發行。

73. 《國學概論》，李健光師撰。經文書局印行。

74. 《國學概論》，程旨雲師著。國立編譯館出版。正中書局印行。

75. 《敦煌論集》，蘇瑩輝著。臺灣學生書局印行。

76. 《國立北平圖書館館刊》，國立北平圖書館館刊編輯部。臺灣學生書局印行。

77. 《國立北京大學國學季刊》，國立北京大學國學季刊編輯部。臺灣學生書局印行。

78. 《史學年報》，燕京大學歷史學會編輯。臺灣學生書局印行。

79. 《學文》，學文雜誌社編。臺灣學生書局印行。

80. 《文史哲學報》。國立臺灣大學文史哲學報編輯委員會編。國立臺灣大學文學院印行。